本书得到中山大学"九八五"项目资助

主　编／罗观翠
编　委／王　壬　刘　念　黄锦淑

社会工作实习
教育与指导手册

*S*ocial Work
Practicum Education
and Guidance Handbook

社会科学文献出版社
SOCIAL SCIENCES ACADEMIC PRESS (CHINA)

目 录

序 言 ··· 1

第一章 社会工作教育 ··· 1
  1.1 职业训练视角下的社会工作教育 ······················ 1
  1.2 社会工作教育元素 ··· 3

第二章 社会工作实习教育 ······································ 11
  2.1 社会工作实习 ·· 11
  2.2 社会工作实习教育发展历程 ···························· 21
  2.3 我国港台及国外的社会工作实习教育发展现状 ··· 24
  2.4 社会工作实习教育的意义 ······························· 41

第三章 我国社会工作实习教育发展现状 ················· 45
  3.1 我国社会工作实习教育发展概况 ······················ 45
  3.2 我国社会工作实习教育目前所面临的困境 ········· 50
  3.3 中山大学社会工作实习教育发展过程 ··············· 55

第四章 社会工作实习教育的目的 ···························· 65
  4.1 掌握专业知识和技能 ····································· 66

4.2 提升自我效能感 ………………………………… 68
4.3 养成批判性思考 ………………………………… 70
4.4 学会终身学习 …………………………………… 71
4.5 培养专业认同和促进专业成长 ………………… 73

第五章 社会工作实习教育的内容 …………………… 82
5.1 社会工作实习概念图 …………………………… 82
5.2 社会工作学系的角色和行政安排 ……………… 83
5.3 实习机构的期待与角色 ………………………… 87
5.4 实习学生的实习责任和专业操守 ……………… 96
5.5 实习督导的角色与工作事项 …………………… 117
5.6 学校准备社会工作实习的条件 ………………… 141

第六章 社会工作实习的准备 ………………………… 174
6.1 实习时间的分配 ………………………………… 174
6.2 实习工作坊的安排 ……………………………… 175
6.3 社会工作实验室的运用 ………………………… 179
6.4 实习契约的制定 ………………………………… 180
6.5 导向报告的撰写 ………………………………… 196

第七章 社会工作实习的实施 ………………………… 215
7.1 社会工作实习的通用过程 ……………………… 215
7.2 社会工作方法的选取与整合 …………………… 221
7.3 社会工作三大基本方法应用 …………………… 222
7.4 个案工作 ………………………………………… 222
7.5 小组工作 ………………………………………… 236
7.6 社区活动 ………………………………………… 252

第八章 社会工作实习评估与结束 ·············· 266
  8.1 实习评估的内容 ·············· 267
  8.2 实习评估的方式 ·············· 269
  8.3 评估考核的客观性 ·············· 270
  8.4 收集实习评估资料 ·············· 272
  8.5 评估前的准备事宜 ·············· 273
  8.6 进行正式实习评估 ·············· 274
  8.7 实习评估可能出现的偏误 ·············· 277
  8.8 评估中止实习 ·············· 279
  8.9 实习结束的总结与跟进工作 ·············· 281

Contents

Preface / 1

Chapter 1   Social Work Education / 1
    1.1   Social Work Education as Professional Training / 1
    1.2   Fundamentals of Social Work Education / 3

Chapter 2   Social Work Practicum / 11
    2.1   What is Social Work Practicum? / 11
    2.2   The Historical Development of Social Work Practicum / 21
    2.3   The Present Situation of Social Work Practicum in Hong Kong, Taiwan and Other Foreign Countries / 24
    2.4   The Significance of Social Work Practicum / 41

Chapter 3   Social Work Curriculum and Practicum Training in China / 45
    3.1   Overview of the Development of Practicum in Social Work Education in China / 45
    3.2   Challenges of Implementing Practicum Education in China / 50
    3.3   Social Work Practicum Education in Sun Yat-sen University / 55

Chapter 4　Aims of Social Work Practicum / 65
　　4.1　Acquiring Professional Knowledge and Skills / 66
　　4.2　Fostering Personal Growth / 68
　　4.3　Enhancing Reflective Thinking / 70
　　4.4　Promoting Life-long Learning / 71
　　4.5　Strengthening Professional Identification and Promoting Professional Growth / 73

Chapter 5　Contents of Social Work Practicum / 82
　　5.1　The Conceptual Framework of Social Work Practicum / 82
　　5.2　Roles of Social Work School / 83
　　5.3　Roles of Service Organization / 87
　　5.4　Roles of Social Work Students / 96
　　5.5　Roles of Supervisors / 117
　　5.6　Conditions for Implementing Social Work Practicum / 141

Chapter 6　Preparation for Social Work Practicum / 174
　　6.1　Time Scheduling of Practicum / 174
　　6.2　Orientation Workshops / 175
　　6.3　The Use of Social Work Laboratory Training / 179
　　6.4　Writing Learning Contract / 180
　　6.5　Writing Orientation Report / 196

Chapter 7　Process of Practicum Training / 215
　　7.1　The General Process of Practicum Training / 215
　　7.2　Selection and Integration of Social Work Approaches / 221
　　7.3　Application of the Three Fundamental Intervention Methods / 222
　　7.4　Case Work / 222
　　7.5　Group Work / 236
　　7.6　Community Work / 252

Chapter 8　Evaluation and Ending of Practicum Training / 266
  8.1　What to Evaluate / 267
  8.2　How to Evaluate / 269
  8.3　Objectivity in Evaluation / 270
  8.4　Compilation of Information and Data for Evaluation / 272
  8.5　Preparation for the Evaluation / 273
  8.6　Process of Evaluation / 274
  8.7　Dealing with Disagreement on Evaluation / 277
  8.8　Termination of Practicum / 279
  8.9　The End of Practicum and Follow-up Work / 281

序　言

　　社会工作教育是一门应用性很强的学科，相对于其他学术科目，它除了要求学生学习理论和基础知识之外，更注重实务的训练，目的是培养有操作能力的专业人员。所以，社会工作教育过程会要求学生参加实习，在实习过程中积累实操经验，以准备将来就业时应对各种问题，更好地为有需要的群体服务。

　　社会工作专业课程的设计必须整合理论与实操两部分，才能给予学生系统和完整的训练。可惜的是，本土社会工作教育在过去一直未受到重视，投放在师资和实习需要上的资源很少，远远未能满足学生最基本的需要。这种情况在近几年更为突出，特别是在广东省，政府积极推进社会工作服务的发展，提供政策和资金支持，鼓励社会组织的成立，分担政府在地区实施社会工作服务的功能，以至于短时间内对一线社会工作者的需求量大增。而社会工作专业毕业生，只有部分愿意加入社会工作者行列，他们普遍感到在校时的实务训练不足以应对工作需求而产生挫败感；又有不少毕业生，因对社会工作专业认同感不足，不愿意投身此行业。毕业生的这两种就业态度，反映了社会工作专业课程设置所存在的问题。

　　本书是为丰富社会工作训练而出版的。它的工具性比较强，主要是基于过去在中山大学教学的经验，并以社会工作专业本科生与硕士生实习手册为蓝本发展而来的。中山大学自 2001 年招收第一届社会工作专业本科生后，于 2004 年招收了第一届社会工作专业硕士生。自第一届社会工作实习开始以来，中山大学已要求学生进行 800 小时实习，而每届学生反馈的意见，皆认为实习是社会工作专业课程中最能让学生磨炼社会工作技巧、反思社会工作价值的最重要的学习过程。

　　本书的实习指引最开始的方案是参考香港和内地学者提供的数据，可以说是集合了许多人的智慧和经验而成，内容也经过许多学生使用并加以修订。书中的内容不一定完善，也不一定适用于所有社会工作专业课程，但起码可以多一份本土社会工作训练的参考，提供给参与社会工作专业课程教与学的老师和同学使用。

　　本土社会工作专业课程在自行制定实习手册、实习时间、实习场地和服务性质时，都有一定的差异，但社会工作实习教育的目标应该是一致的，那就是要求学生经过一个较长时间的实务参与，培养他们将知识应用到服务上、把理论与实践系统地融合的能力，提升他们的工作技巧，使他们能够认同正确的专业价值观和建立专业的工作态度，并且持续地进行对社会工作价值观与服务发展的反思。换言之，价值观、知识、技巧三方面是评估每个社会工作专业学生水平的基本依据。

　　社会工作实习教育是一个体验式的过程，参与其中的有服务对象、社区人士、学生、导师、机构、大学等，参与者的互动对学生能力的培养和人才素质的提升有着重要和深远的影响，最终也影响着我们的服务接受者和社会工作服务的质量。所以，我们期望政府、社会工作者、老师、学生和社会工作机构对社会工作实习教育加以重视，并能不断地改进。

主　编　罗观翠教授
二〇一二年十一月于康乐园

第一章
社会工作教育

| 本章导语 |

要讲清楚社会工作实习，离不开对社会工作教育的理解。一些对社会工作不甚了解的人往往会觉得社会工作就是一门技术，关注的是操作层面的具体事情，因此社会工作实习也就是简单的操作练习。然而，事实并非这么简单。本章主要从高等教育的角度介绍社会工作教育的属性、特点，进而分析社会工作教育的基本组成元素（包括价值、知识、技能）与实现社会工作教育目的的常用手段（包括课堂教学、实验室模拟、实习）之间的区别与联系。

1.1 职业训练视角下的社会工作教育

人类从事某一项生产活动和社会活动时，离不开四种类型的人才：第一类是学术型人才，这类人才发现规律、创造理论；第二类是工程型人才，这类人才从事规划、策划、设计工作；第三类是技术型人才，通过他们的劳动，将工程型人才的设计、规划、决策变为物质形态的产品或对社会运行产生具体的作用；第四类是技能型人才，这类人才也是在生产的第一线，主要从事直接操作型工作（沈序康，2004）。教育是人才培养的重要途径，面对不同类型人才的培养需要多种教育方式齐下。一般情况下，人们通过参加高等教育训练成为某类型的专门人才，高等教育正是进行专业教育、培养高级专门人才的社会活动，而当人们没有机会参与高等教育时，还可通过其他形式，如职业教育或职业训练来进行获取从事某种职业所必需的知识和技能的训练。

社会工作既是一门专业也是一门职业，具有专业性、技术性、艺术性等特点。从人才类型来讲，社会工作人才首先是技能型人才和技术型人才，社会工作者能够运用其专业方法直接提供社会工作前线服务；同时，社会工作者也是工程型人才，在工作中规划社会工作专业服务；更进一步，社会工作者可以是学术型人才，能够理解社会工作专业理念和专业知识，并不断深化和与时俱进，完善社会工作内涵和理论技巧。所以，社会工作人才的培养，是以培养专业型和职业型人才为目标，面向选择社会工作专业的人进行教育和训练，使其成为一个能够实现社会工作专业理念、知识和专业方法的社会工作人才。在这个过程中，社会工作教育发挥着不可或缺的重要作用。而社会工作教育可通过结合高等教育与职业培训等各种方式进行，不同的高校对社会工作人才的培养方向和模式会因教育目标的不同取向而有所不同，有的属于研究取向的人才培养体系，有的属于实务导向的职业资格教育体系。

在高等教育中，受教育者能够得到系统而深入的专业价值观训练，掌握社会工作的理论和方法以及国家的相关社会政策，学会整合社会资源、协调社会关系、预防和解决社会问题，为困难群体和个人提供帮助和服务，使其正常功能得到恢复和发展，等等，这是高校社会工作教育所具有的特殊功能（杨敏，2010）。所以，社会工作人才通过接受系统的教育，认识和内化社会工作的价值内涵，并将所学的社会工作知识融入工作生活中，这是成为专业、高素质的社会工作人才的必经阶段。高等教育对社会工作人才的培养发挥着独特的作用。

实现专业化、职业化的社会工作人才的培养，高等院校发挥着主力军的作用，而在职或业余的职业培训能够辅助实现更多的社会工作人才教育，拓宽社会工作人才的受教育途径和培养数量（李迎生，2008）。大力加强社会工作的高等学历教育的同时，也要加强社会工作的职业培训。

无论是通过高等教育还是职业培训来训练和培养社会工作人才，都需要传授和教授社会工作的价值内涵及专业知识，将社会工作教育所涉及的元素形成系统的培养方案，从而真正培养专业化、职业化的社会工作人才。

1.2 社会工作教育元素

1.2.1 社会工作专业化"金三角"

我国学者夏学銮（2000）指出，在社会工作专业化过程中，社会工作者需要用知识、价值和技能"金三角"把自己武装起来，知识、价值和技能"金三角"代表当代社会工作专业化的最高成果。它们是合格的社会工作者必备的看家本领（见图1-1）。

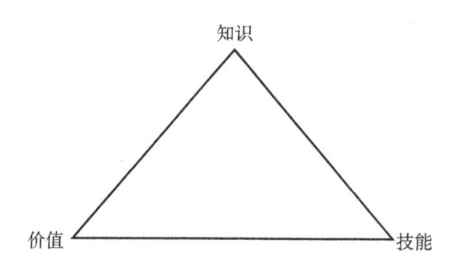

图1-1 知识、价值和技能"金三角"

社会工作专业必须发展知识基础、拥有价值基础，以及发展一系列独特的技能。社会工作专业或实践的知识、价值和技能"金三角"是一个完整的、不可分割的统一体系，是它们共同界定了社会工作专业，共同塑造了社会工作实践。所以，社会工作教育必须彰显社会工作的专业性，通过教育过程，让社会工作专业学生理解并内化社会工作价值观和理念，掌握知识和技能，并且实践知识技巧，使其成为真正的社会工作人才。通过社会工作教育，无论是社会工作价值理念的传递，还是知识和技能的教授与训练，都体现了社会工作科学的特性和艺术的特点。

社会工作专业化的"金三角"是相互影响的，黄陈碧苑等（2005）扩展并说明了社会工作价值、知识和技能的关系。他们提出社会工作信念影响社会工作知识体系，而社会工作技巧建基于知识和信念之上。社会工作自身有一套完整的信念，这套信念是在社会工作专业内得到认同的道德标准和方向，为专业目标和专业方法提供行动的取向。社会工作专业也具有一套完整的知识体系，为社会工作服务奠定科学和实证基础，并且在社会工作信念和知识的基础上，产生社会工作交往技巧，所以社会工作技巧既有知识的客观性和可验证性，又有信念的主观性和直觉性。要想很好地掌握这些技巧，社会工作者不但要学习社会工作的知识，还要认同社会工作的信念，充分利用自己的直觉和感受（见图1-2）。

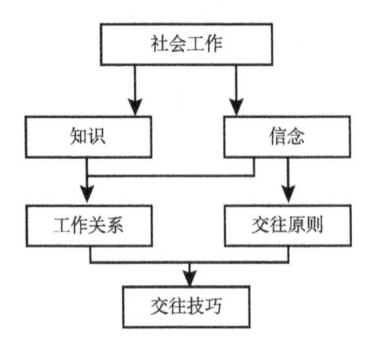

图1-2 社会工作信念、知识与技巧三者的关系

因此，社会工作教育要体现其价值、知识和技能三者的关系，通过让社会工作专业的学生更全面地接受这三方面的教育，从而得以训练和培养成合格的、优秀的社会工作人才,真正服务社会,践行社会工作的宗旨。

1.2.2 社会工作教育元素

基于社会工作专业化的"金三角",社会工作教育元素需要以社会工作价值、知识和技能为基础,培养应用型、复合型社会服务人才和社会管理专门人才。对于社会工作人才的培养目标主要包括以下三点:一是使学生具备牢固的社会科学知识基础,培养学生建立稳固的社会工作专业价值观、知识及实务能力;二是增强学生的理论分析能力和反思能力,使他们在实践中逐渐内化社会工作的价值观和理论知识;三是帮助学生及时掌握国际社会工作发展的状况及趋势(本科和硕士因不同培养层次而培养目标有所不同)。

社会工作教育主要包括理论知识的学习和实务工作两个重要领域,理论知识的学习通常在课堂进行,实务工作则要到社会服务机构开展实习。理论知识和实践是相辅相成的,理论知识有指导作用,让实习学生明白实务操作背后有一套相应的理念、原则、手法和技巧;实践需要理论知识的支持,通过经验、体会和反思,学生能够理解和掌握在课堂所学的理论知识(梁丽清、陈启芳,2008)。因此,社会工作专业学生通过理论知识的学习,认知并掌握社会工作的价值、知识和技能,再通过实务工作,深化对社会工作价值的理解,并有机会运用所学知识和技能于实务,不断积累经验,为成为真正的社会工作者做足充分准备。而在社会工作专业学生从课堂到实习的过渡阶段,需要发挥社会工作实验室的作用,使学生能够在社会工作实验室学习和预演实习中可能出现的各种情况,以便帮助学生更有效地从理论知识过渡到实务工作。

从图1-3可以看出,社会工作教育需要做好每一步,从理论知识课程的设置,到社会工作实验室的运用,再到社会工作专业实习的开展,帮助社会工作专业学生成为社会工作人才,需要完成每一步的培养工作。

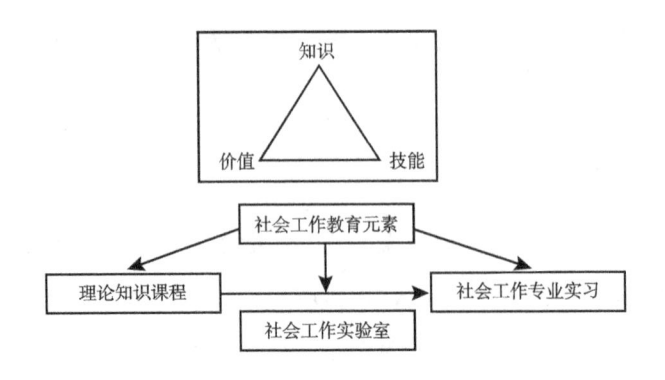

图1-3 社会工作教育元素体系

(1) 课程安排与设置

社会工作专业课程安排与设置是社会工作教育的重要部分，在进行社会工作课程设置之前，需要先确定社会工作者的核心能力指标。社会工作能力是指"有能力转换技巧与知识到新的情境，包括组织与规划工作、创新与应付非例行的活动，以及人事的效能"（Evans，1997）。林万亿（2010）总结 Baer 和 Zastrow 对于社会工作能力指标的分析，提出社会工作能力指标至少应包括以下10种。

①界定与评估情境；
②发展与执行计划；
③强化人解决问题、抗衡与发展的能力；
④联结人与资源、服务与机会体系；
⑤有效地进行介入；
⑥促进服务、资源与机会体系的有效且人道的运作；
⑦积极参与他人共同促进服务、资源与机会体系的创新、修正和改进；
⑧评估介入的效果；
⑨评估个人专业成长与发展；
⑩贡献知识以提升服务输送的标准。

设定社会工作能力的基本指标后，可以更有效地设计社会工作的相关课程。依照全美社会工作教育委员会（The Council on Social Work

Education，CSWE）对社会工作专业教育课程的要求，一个国际认证的、符合社会工作专业标准的课程，在内容上必须包括下列 8 个重要主题（Wagner，2001）。

①价值观与伦理守则；

②社会与人的多样性；

③社会福利政策与服务；

④危机与边缘群体、社会正义与经济正义；

⑤人类行为与社会环境；

⑥社会工作实施方法；

⑦研究；

⑧实习教育。

英、美等国，以及中国港台地区的社会工作专业课程基本上都涉及以上八大主题。表 1-1 总结了英国及中国的台湾、香港和内地高校关于社会工作专业课程设置的情况（包括本科与硕士）。可以看出，不同国家或地区高校的社会工作专业课程设置大同小异，基本围绕社会工作专业化"金三角"和社会工作人才的能力培养目标设计相应的课程，并辅之以根据各地实际的社会需求而设计的相关课程（以选修课为主）。

因此，社会工作专业课程的设置，需要涵盖有关社会工作的价值理念、理论知识和专业技能各个方面，并且根据社会日新月异的发展和社会问题的变化，根据社会工作的本土化需要，设计相对应的社会工作专业课程，开发出一套既符合社会工作专业需要，又符合学生能力的课程。

（2）社会工作实验室的作用及说明

当社会工作专业学生学习了有关社会工作的价值理念、理论知识和专业技能后，需要通过社会工作实习来训练和在实践中达成对课堂所学知识的理解。而在学生直接投入社会工作实习，进入真实社会服务情境前，需要通过社会工作实验室的教学作用，帮助其模拟实习情境，从而更有效地进入实习阶段。

表 1-1　不同国家或地区高校社会工作专业课程设置情况

英国 （以东伦敦大学为例）	中国台湾 （总结各高校）	中国香港 （总结各高校）	中国内地 （以中山大学为例）
必修： 1. 社会工作发展理论 2. 社会工作概论/介绍 3. 社会工作者法律 4. 社会-心理理论 5. 以案主为中心的实务整合 6. 与儿童、医疗、社区照顾相关的法律 7. 社会政策 8. 人际沟通技巧 9. 社会工作研究方法 10. 社会工作伦理价值观 11. 人类发展与成长 12. 社会工作专业技能 13. 专业实习 选修： 14. 儿童与家庭社会政策 15. 心理健康（政策与实践） 16. 后殖民视角 17. 社区工作 等等	必修： 1. 社会科学（包括法学、社会学、心理学、政治学、经济学等任意三科以上） 2. 社会工作概论 3. 人类行为与社会环境 4. 社会个案工作 5. 社会团体工作 6. 社区组织与社区发展 7. 社会（工作）研究法与社会统计 8. 社会福利行政 9. 社会政策与立法 10. 社会工作实习 选修： 11. 社会福利导论 12. 方案规划与评估 13. 社会问题 14. 会谈技巧 15. 咨询理论 16. 团体动力学 17. 社会工作理论 等等	必修和选修： 1. 社会科学入门（包括社会学、心理学、经济学、统计学等） 2. 对社会工作实务环境的理解（包括社会福利政策、社会行政、香港社会福利有关的法律等） 3. 社会工作实践的知识（包括社会工作专业"实践的理论"。除介绍社会工作实践过程的理论外，还使学生认识社会工作专业的三个基本实践模式：个案辅导、小组工作和社区工作） 4. 社会工作实践的技巧（这是与通才教育相结合、与社会工作实践知识紧密联系在一起的课程，有技巧实验室、各种工作坊以及实地实习的训练） 5. 社会工作研究的知识与技巧 6. 培养社会工作者专业的态度（这是专业社会工作者的必修课） 7. 培养整合理论与实践的能力（这是社会工作训练课程的重点课。有的是把训练放在实习课程或选修课内；有的另设整合课，专门培养这方面的能力）	必修： 1. 社会工作导论 2. 个案工作 3. 小组工作 4. 社区工作 5. 人类行为与社会环境 6. 社会政策 7. 社会福利 8. 社会工作理论 9. 社会工作研究方法 10. 心理学导论 11. 社会工作行政 12. 整合社会工作实践 13. 社会工作伦理 14. 专业成长工作坊 15. 社会工作实习 16. 毕业论文 选修： 17. 家庭社会工作 18. 企业社会工作 19. 医疗社会工作 20. 心理咨询实务 21. 社会心理学 22. 项目策划与管理 23. 农村社会工作研究 24. 性与社会工作 25. 非营利组织管理 26. 公民社会与发展 等等

资料来源：李迎生等，2007；林万亿，2010；袁继红，2008。

社会工作实验室是社会工作专业发展的重要条件之一，它具有教育功能、科研功能、服务功能和创新功能（石瑛，2010；王春燕，2009）。社会工作实验室能为社会工作的各个手法，如个案工作、小组工作和社区工作三大方法的学习，以及与家庭、青少年等有关的实务课程提供实验教学的场所，通过实验教学，培养学生的社会工作技能和方法，帮助学生在实验教学中逐步体会社会工作的价值理念。社会工作实验室也可以为教师和学生进行各项学术科研工作提供重要平台，利用实验室的设置，开展各类课题活动，探索社会工作方法与理论。社会工作专业师生还可以社会工作实验室为依托，与服务机构或行业协会合作开展项目，打开高校对外服务的门路，也为师生参与服务实践提供机会。另外，社会工作实验室作为师生自由交流的平台，可以帮助师生充分探索，有利于学生创新思维和个性的培养。

一般来讲，社会工作实验室的功能室包括个案工作室、家庭工作室、单面镜观察室、多媒体教室、控制室等。通过利用社会工作实验室的各个功能，可以更好地协助社会工作专业学生学习和操练社会工作的相关知识和技巧。

（3）实习课程设计

社会工作作为一门应用性学科，如何运用专业的知识和原则来处理问题是一个重要的内容。因此，社会工作教育的目标在于使学生能够学以致用，能够为服务对象提供有质量保证的服务。

学生在学习专业知识的过程中，除了由专业教师在课堂上教授理论知识以外，学生必须有机会参与具体的服务，并在其中真正体会课堂上理论知识和专业技能的运用并发展新的知识。此外，还需要在实务情境中观察和了解不同的行为反应，探索和反省个人感受，以获得个人的成长和发展。所以，社会工作实习的本质是通过提供机会给学生学习来开展社会工作服务，以至达到社会工作教育的目的。

社会工作实习课程的设计涉及实习的各个元素，如学校、实习机构、学生和实习督导等各实习主体的相互关系和责任，以及有关实习时间、实习内容、实习责任、实习契约、专业技巧和实习评估等方面的说明和界定。根据社会工作专业的培养目标，设计好相对应的实习课程，才能有效地帮助学生投入社会工作实习，为成为高素质的社会工作人才做好准备。

参考文献

黄陈碧苑等：《交往技巧的运用与分析》，清华大学出版社，2005。
李迎生：《我国社会工作职业化的推进策略》，《社会科学研究》2008年第5期。
李迎生、张朝雄、孙平、张瑞凯：《英国社会工作教育发展概况及其启示》，《华东理工大学学报》（社会科学版）2007年第3期。
梁丽清、陈启芳编《知而行·行而知：香港社会工作教育的反思与探索》，（香港）中文大学出版社，2008。
林万亿：《我国社会工作教育的发展：后专业主义的课题》，《台大社会工作学刊》2010年第22期。
沈序康：《高等教育大众化与高等职业教育》，《雅安职业技术学院学报》2004年第1期。
石瑛：《社会工作专业实验室建设与管理研究》，《中国教育技术装备》2010年第33期。
王春燕：《社会工作实验室的现状分析及建议》，《工会论坛》2009年第2期。
夏学銮：《社会工作的三维性质》，《北京大学学报》（哲学社会科学版）2000年第1期。
杨敏：《社会工作发展与我国高等教育的理念转变和制度创新——专业化职业化大背景下中国社会工作发展的一点思考》，《学习与实践》2010年第10期。
袁继红：《香港社会工作教育概览》，《社会工作》（实务版）2008年第6期。
Evans, D., "Demonstrating Competence in Social Work", In M. Davis (Ed.), *The Companion to Social Work*, Oxford: Blackwell Publishing Ltd., 1997.
Wagner, M., "The 2001 Educational Policy and Accreditation Standards: Implications for MSW Programs", *Advances in Social Work*, 2 (2), 2001.

第二章
社会工作实习教育

| 本章导语 |

既然社会工作实习在社会工作教育中占有如此重要的地位，那么社会工作实习到底是什么？它是怎样发展的？港台或国外社会工作实习教育的经验有哪些？社会工作实习的意义又有哪些呢？本章就上述几个问题进行梳理，希望读者能够对社会工作实习有一个新的、完整的认识，为社会工作实习的开展做好思想上的准备。

2.1 社会工作实习

教育范畴的实习是一种课程的形态或是学习的模式，与课堂教学不同，实习强调在实际中运用学过的理论或概念知识将知识转换为行动。法律、医学、师范及社会工作等专业，都是运用某一种形式的专业实习来促使学生的专业知识在实际服务中转换，使学生能够将一般性的知识、理论、原则运用到特定的实际环境中。

社会工作实务工作者和教育者在使用"实习"这一专有名词时，有不同的说法，如"Practicum""Field Work""Field Instruction"

"Field Practicum""Internship"等（Horejsi & Garthwait，2003）。"实习"并不是社会工作专业所独有的，但社会工作专业实习有着与其他专业相区别的显著特点，主要表现为社会工作实习有其自身的一套方法、要素、程序和评估体系。这些内容将在本书的后面几章进行详细论述。

那么，什么是社会工作实习呢？对于社会工作实习，全美社会工作教育委员会曾做出下列的陈述（CSWE，1994）。

社会工作教育应将实地实习当成整合课程的构成要素之一。在实习课程中，学生通过督导的指引从事社会工作实务，实习课程是学生将课堂上所学的知识、技巧与理论应用到实际工作场合的机会（第B6.13条与第M6.14条）。

同时，全美社会工作教育委员会在其课程大纲中对社会工作专业本科实习（第B5.7条）和社会工作专业硕士实习（第M5.7条）做出了明确的规定：社会工作实习是运用多种社会工作基础知识、专业的价值观和广泛的社会工作技巧以促使系统发生一定的变化。这种系统的变化通过以下四个主要步骤和过程来完成的：①社会工作专业学生的实习是在一种组织的框架和督导的情况下开展的有效的实践；②实习需要社会工作专业学生承担一定的专业角色；③社会工作专业学生需要反思与批判性思考来规划使系统改变的过程；④社会工作专业学生也注重案主系统的自我增权（Council on Social Work，1992）。

Jenkins和Sheafor（1981）则进一步提出下列对社会工作实习的解释。

实习是一种经验形式的教学与学习，在这一过程中学生能够获得协助，以便能够做到以下几点：①明白如何将适合的知识带入实务工作的情境；②培养执行实务技巧所需的能力；③在社会工作价值观与伦理操守指引之下学习如何从事实务工作；④发展对社会工作实务的专业承诺；⑤培养与个人长处和能力切合的实务工作风格；⑥建立必要的能力，以便在社会机构中有效地执行各项工作。

Pillari（2002）认为，社会工作可以被描述成一种遇到困难或需要未得到满足的人们接受社会工作者帮助的过程，这种变化的过程包括个人、家庭、群体、社区以及社会组织的变化；社会工作实习则是社会工作专业学生在此过程中不断学习，逐步意识到和扮演一个社会工作者的角色，通过实际的服务工作去协助案主满足其需求。在实习过程中，学生会扮演不同的功能角色，运用多层次的技巧，最终通过实习达到社会工作者所必需的专业认同感。

我国的社会工作教育者也对社会工作实习进行了阐释。

在《中国社会工作百科全书》中，社会工作实习被称为"野外实习"，认为"它是衡量社会工作教育是否正规化的一个标志"。野外实习为社会工作专业学生提供了把课堂上所学的理论知识在实践中进行运用并整合，以及发展对社会工作的认同感和承诺的宝贵机会（陈良谨，1994）。

此种将社会工作实习定义为"野外实习"的说法，突出了社会工作实务性、应用性的学科取向，比较形象和更易理解，此定义也指出了实习对整合和实际应用专业理论知识、提升专业认同感的重要作用。但是，在某种程度上也反映出我国社会工作教育对社会工作实习的认识还不够深入，将社会工作实习与其他文科类实习混为一谈，没有认识到社会工作实习的专业性，以及实习督导和安排方面的复杂性与系统性。

也有社会工作教育者指出，社会工作实习有广义和狭义之分。广义的社会工作实习，是指学生在课堂之外参与的一切服务社会的专业实践活动；狭义的社会工作实习，是指学校有计划、有安排、有督导地组织学生到机构或社区中接受社会工作实务技能训练和价值观培养的过程。史柏年（2003）认为，社会工作专业的实习是在狭义的范畴中进行的，并称在狭义意义上的实习"才是社会工作专业教育的有机组成部分"。可见，史柏年更强调社会工作实习的专业性体现和对社会工作实习需要在真实的场所或环境中进行的理解。通过广义和狭义之分，可以将社会工作专业的实习与其他专业的实习进行一定的区分，但这种将社会工作实习区分为广义和狭义的说法，也从侧面反映了我国社会工作教育对社会工作实习的认识尚不统一、对社会工作实习的要求缺乏一致标准的现状。

因此，我们有必要深入地认识社会工作实习的意义与教学目标、专业化评判标准和本质。

2.1.1 社会工作实习的意义与教学目标

一个社会工作者应具备一些共同的特性和共同掌握的知识，否则便脱离了专业的根本，甚至可能造成对他人的损害。社会工作者必须做到以下几点：掌握人类行为与成长的知识；了解社区及社会制度的动力；明了当地社会福利的问题以及运作程序和资源；熟悉个人、团体以及社区工作的方法与技巧。同时，社会工作者还要掌握专业守则以使服务对象能够得到保障。很显然，具备上述知识，光靠课堂的学习是不够的，因为这些知识不同于普通的常识和理论的思辨。因此，作为一个社会工作者，一定要接受专业训练与实际操练。

社会工作实习对于学生了解专业理论知识、决定是否投入社会工作行业均有很好的指导和帮助作用，而这涉及社会工作实习在整个专业教育中的重要作用，将在后面的章节中详细提及。

2.1.2 社会工作实习专业化程度的评判标准

社会工作实习具有突出的实务性、临床性和操作性特点，它与社会工作的专业理论知识、专业价值和操守以及专业的三大基本工作手法——个案工作、小组工作和社区工作紧密地结合在一起。同时，社会工作实习能够将课本的知识转变为实际的动手能力，使社会工作者不断熟悉、提升和填补缺漏的知识结构。可见，社会工作实习的专业化有着至关重要的作用。

评判社会工作实习专业化程度高低的指标有以下几方面：①达到国际上公认的实习时间；②符合主要运用社会工作方法技能的实习内容；③有专业的实习督导进行指导；④在真实的实践情境中进行；⑤签订和遵守实习契约；⑥有一个专业社会工作者群体的工作环境；⑦实习过程中有专业的评估工作；⑧遵守明确公认的专业操守；等等。

在这些影响因素中，以实习时间、实习内容和专业实习督导对实习的专业性影响最为显著。可以说，实习时间是实习的基本保障；实习内容是社会工作实习区别于其他专业实习的核心；专业实习督导是学生实习最直接的指导者，也是促进学生技能提升的重要保证。

2.1.3 社会工作实习的本质

从本质上看，社会工作实习是一种教育模式，是一种在实际运用中的体验式教学方式。

在社会工作专业教育中，实习教育与课堂教育一样，都是为了达到培养真正的"社会工作者"这一目的的一种手段。与课堂教育相比较，实习教育是一种特殊的学习模式，它有别于学校课堂上的知识传授，而是让学生有机会去接触真实的服务对象，进入真实的服务场景中学习知识和技巧。

Dewey（1998）强调，我们要着重理解"社会工作实习作为一种特殊的教育形式"这一理念所包含的特殊意义。社会工作实习是要将社会工作教育还原到一个大的教育范畴之内，以教导社会工作专业学生明白如何成为一位真正的、专业的社会工作者。曾华源（1997）认为，由于社会工作是属于运用和建构学术理论以提供服务工作的专业，而非纯理论探索的学术科目，因此，在让实习学生认识未来工作的特征，有效地学习和运用专业知识，特别是提升他们的专业认同感，促使他们思考自己是否选择社会工作作为职业等方面，社会工作实习有着举足轻重的影响。

而促使社会工作专业学生向专业化和职业化转变的最重要的因素是"体验"。"体验式"教学是使知识能够在教与学之间顺利转换的关键，它正好弥补了"教室"与"田野"之间的间隔。"体验"是学习的基础，这不仅仅是对社会工作专业而言的，对其他专业也一样。"体验式"的社会工作实习教育模式能够弥补"教室"与"田野"各自的局限，弥补两者之间在教育上的不连贯性和知识结构上的空洞。

思维扩展与讨论

（一）社会工作课堂教育与实习教育有何区别与联系？

观点1：课堂教育的责任主要在于将知识本身系统地、精练地传递给学生，而实习教育则提供实际的服务经验。

分析1：此看法在一定程度上指出了课堂教育与实习教育的重点是不同的，但课堂教育与实习教育之间并非割裂的关系。实际上，两者是相辅相成的。全美社会工作协会（NASW）认为课堂教育与实习教育是一种相互影响的"交互关系"。一方面，在社会工作专业教学过程中，教师常常需要讲述和引用实践中发生的案例来支撑理论知识的传授，这些实践中的案例能够使我们更好地理解所学的知识，因此课堂教育实际上已经在传授实际的经验了；另一方面，社会工作实习补充和促进了课堂教育的知识的完善性，学生在实习中有机会将所学知识运用到真正的服务中去并帮助真实的服务对象，在实习督导的指导下进一步地强化所学的知识。社会工作者也正是通过实务经验的积累，不断地反思、修正所学知识，从而推动社会工作专业知识不断更新和专业理论不断发展。

观点2：实习教育是社会工作专业教育的核心。

分析2：笔者认为把实习教育定位于社会工作专业教育的核心，并非是对社会工作早期学徒式教育的一种怀旧，也不是对类乌托邦式学院教育的一种彻底颠覆。

课堂教育与实习教育的"交互关系"和相辅相成的作用，以及实习教育对社会工作者成长的重要性，决定了实习教育逐渐成为社会工作教育中的核心环节（Goldstein，2001）。实习教育主要在于强调和确定一些社会工作教育的基础性原则，这些原则成为社会工作专业化和职业化发展的前提条件。这些原则包括三项：①课堂教育应与实习教育有机地整合起来，结为一个整体；②期望和培养实习学生对所学的知识、技巧怀有强烈的责任感；③实习督导能够提供连续、规范和有效的督导。上述三项原则，目前国内许多社会工作专业院校还难以达到，社会工作实习教育从形式到内容都与上述要求相距甚远，这也在一定程度上导致社会工作专业本科毕业生较高的转行率。

观点3：我国社会工作发展的客观条件不允许，因此我国社会工作实习教育应该相应降低要求，不大可能做到"把实习教育定位为专业教育的核心"。

分析3：从客观条件来看，现阶段我国发展社会工作实习教育的确遇到了很多困难。首先，实习指导教师目前多由社会工作教师承担，教师本身承担着繁重的教学科研任务，对于实习指导这样需要花费大量时间和精力的教学任务常常不愿意投入过多的个人资源；其次，我国目前合适的社会工作专业实习机构为数甚少，能够为学生提供实习位置的实习机构面临着各个方面的巨大压力，包括资金的压力、服务需求的压力和不断增长的机构管理的压力等；再次，一些新兴的社会工作机构由于存在人手与经费的紧缺问题，会将实习学生当作正式的社会工作者使用，而忽略对实习学生培养教育的投入；最后，很多实习机构并不提供专业的社会工作服务，导致实习机构在接收实习学生后，往往会让学生处理大量与学习社会工作实务关系不大的行政与杂务，学生在实习机构中无法将所学知识运用到实际的服务当中。这些因素均导致社会工作实习在国内的发展困难重重。

然而，我们也应该看到，在国家大力推动社会工作人才队伍建设工作的背景下，社会工作专业毕业生的专业水平将极大地影响整体社会工作发展的走向。如果社会工作专业学生并没有掌握实操的能力，那么当他们步入工作岗位时就不能展现社会工作者的专业价值与专业地位，而这种专业价值难以体现、专业地位受人质疑的现象正是阻碍我国社会工作发展的最大阻力之一。在这种背景下，高校更应该克服困难，将社会工作实习作为教学的核心工作，因地制宜，克服困难，尽可能地为学生提供更丰富的实务操作的机会。克服上述困难的方法可能包括以下几点：①引进或外聘具有实务工作经验的社会工作者作为实习督导；②为学生提供更多到专业社会工作机构参观、交流的机会；③高校与社会工作机构建立起"产、学、研"结合的实习基地；④建立社会工作专业学生实习交流网络，促进实习学生内部对专业的认同与追求的氛围，克服环境对实习学生带来的挫败感，促进实习学生内部的互相支持。

（二）田野调查与社会工作实习有何区别与联系？

国内社会工作专业往往与社会学、人类学、行政管理学等学科分设在一个系或学院内，而很多社会工作专业的教师也有社会学、人类学的教育背景，在组织社会工作实习时，往往会与社会学、人类学最常用的田野调查方法产生混淆。因此，澄清田野调查与社会工作实习的区别与联系是很有必要的。

田野调查又可称为田野工作或实地考察，是来自文化人类学、考古学的基本研究方法论，即"直接观察法"的实践与应用，同时也是研究工作开展之前，为了取得第一手资料的前置步骤。所有实地参与现场的调查研究工作，都可称为"田野研究"或"田野调查"。田野调查涉猎的范畴和领域相当广，如语言学、考古学、民族学、行为学、人类学、文学、哲学、艺术、民俗等，都可通过田野资料的收集和记录，架构出新的研究体系和理论基础。从田野调查的定义可见，田野调查是一种研究方法，属于方法论的范畴。

社会工作实习与田野调查的相同之处在于：两者都属于实习的教学模式，都以将所学转化为实践的能力作为教学的目的，强调走出书本，在"田野"中完成学习，两者都是一种实践性的活动。

社会工作实习作为一种特殊形式的教育方式，与作为一种研究方法的田野调查有着本质的区别。国内一些高校将社会工作实习看成与田野调查相类似的活动，甚至认为实习学生就是到"田野"中去做社会调查即可，这完全混淆了两者在性质上的差别。而社会工作实习与田野调查的不同之处体现在以下几方面。

（1）从两者的目的来看，田野调查在于运用田野调查的方法收集研究所需的资料，以达到研究目的。而社会工作实习的最终目的则是教导学生如何成为一名真正的社会工作者，使知识能够转化为实际的服务技巧和效果，并将社会工作的伦理操守内化，这个过程需要在真实的场所和实际的服务情境中去经历。

（2）社会工作实习作为一种教育方式，始终以学生为中心，将教育的责任放在整个实习的第一位。同时，学生在整个实习过程中必须遵守一系列的伦理规范，如保密原则、以案主为中心原则，服务的重点在于协助服务对象解决实际问题，促进其身心发展，协助其生活向良好的方向改变。田野调查则以收集研究资料为首要目标，当资料的收集达到理论饱和的要求时，整个实践活动则可结束。田野调查并不能协助被访者解决问题，相比较而言是被访者提供信息去帮助田野调查研究者。田野调查结束后并未对被访者的生活带来改变，或改变甚微。

（3）社会工作实习与人类学的田野调查实习由于专业内容不同，两者的教学目的也并不相同。社会工作实习是期望通过实习来培养学生的专业实务能力，培养其专业操守与对专业的认同感与责任感。而人类学的田野调查实习则主要以运用书本知识为目标，对于培养学生的专业操守、认同感、责任感并不关注。

（三）法律、医学、师范实习对理解社会工作实习有何启发？

社会工作与法律、医学、师范是看似风马牛不相及的四个专业，但这四个专业都将实习看作其专业的根本，因而也有一定的相似性，这表现在四个专业都具有以下特点：①非常重视实习教学；②社会大众对专业的要求使得这四个专业都非常强调专业知识与技术的实操能力；③都非常强调在实习中培养从业人员的专业操守与品德；④在实习教育过程中，均有类似于师傅、督导的有经验的从业者带领；⑤均有注册或认证的制度，以对从业人员进行管理与监督，而实习是职业化与专业化的基础。

基于上述的相似性，我们可以更容易地理解社会工作专业实习对社会工作专业教育的必要性和重要性。也就是说，社会工作实习对于社会工作者来说，就像法学院的学生到律师事务所或司法机构进行实习、医学院的学生到医院进行见习、师范类的学生到学校开始试讲等一样,是一个专业教学的关键和基础性的工作。这种关键和基础性的地位决定了社会工作实习与其他三个专业的实习一样,需要有严谨的实习课程设计与督导体系。

2.2 社会工作实习教育发展历程

社会工作作为一门应用性学科,并非纯粹地探索研究知识和学理,对其实践性的要求可以从社会工作实习教育的发展历程中有关教育模式的转变看出。社会工作实习教育大致经历了"传统学徒式训练",到强调"学校专业教育",再到发展为"认知学徒制"三个阶段。

2.2.1 传统学徒式训练

早期的社会工作教育为传统学徒式训练,强调"做",进行一对一、手把手地传授。由资深的社会工作者带新进人员,通过经验的传递和直接服务案主的过程,以获得有关工作的经验和技巧(Berhard,1977)。就学习内容而言,传统学徒式训练大都偏向于技术性层面,针对某一特殊的案主或情况开展针对性的服务,学习内容较为固定、针对性强,但仅仅限定在机构和案主所需要提供的服务层面上。传统学徒式训练强调一对一,由固定负责训练人带领,一般指导学生从较为低层次或简单的工作开始学习,经过不断重复练习至熟练后,才逐渐增加复杂和困难度较高的工作。从某种意义上来说,传统学徒式训练是一种纯粹的体验式学习过程,学生在现实情况中遇到困境后才开始寻找解决方法,用问题来指导学习的方向。学生将遇到什么问题、学习何种内容,在很大程度上取决于负责训练人和其个人的专长和兴趣。故而传统学徒式训练虽然非常重视社会工作专业学生实际的服务能力和解决实际问题的技巧，但其最大的问题则是学生没有学习的自主性，完全依赖教师。同时，社会工作专业知识的掌握过于局限和技术化，对于知识的创新和自我满足感的提升作用甚微。这种纯粹的实践训练模式不能满足社会工作专业多层次知识发展的需求（Merrifield, Guilford, Christensen & Frick, 1962）。此种方法训练出来的社会工作者，能够获得的实际经验和操作技巧实际上极其有限，而且他们的思想缺乏创新性和自主性，工作方式较为刻板，无法应对千变万化的现实情况，难以有效面对服务情况的动态性（Dolgoff, et al., 2005）。因此，社会工作必须摆脱此种僵化和低效的知识技能传授模式，社会工作专业教育的发展就成为不可避免的趋势。

2.2.2　学校专业教育

到19世纪20年代，社会工作已经脱离机构学徒式的训练方式培养专业工作人员，而完全经由学校专业教育的过程，以选择和培训人才（Berhard, 1977）。这种方法强调学生认知的发展和以知识为指导的实践。教授期望学生通过课堂学习推演出实践方法，并把理论转换为实习中的实际行动（Tolson & Kopp, 1988）。在学校专业教育过程中，学习者必须积极、有效地学习社会工作理论和研究方法，采取一种开放和敢于提出疑问的态度去发展所学到的知识。但这种教育模式也存在着巨大的缺陷，就是理论和现实的脱节，即理论无法顺利地转化为实际的行为。一方面，学校课程所传授的各种知识是高度概念化和抽象化的；另一方面，在这样一个高速发展的时代，昨天的知识也许很快就被未曾预料的今天的新观点和新实践所取代，使得不断从实践中学习成为必需（Cree, 2004）。学校课程所传授的各种专业知识与技巧，大都局限于了解或认知层次上的学习，无法保证学生能够进一步转化成专业行为帮助案主的服务能力，并且应用到实际的社会服务中。学生所学的只是一个个抽象的文字符号,无法把它具体化为自己的行为。换言之,作为现在唯一的社会工作者专业训练机构——学校,使学生在学校能够学到知识,但并不能保证可以"行"(曾华源,1987)。这正是现今社会工作专业化发展最大的脱节。

2.2.3 认知学徒制

在整个社会工作专业化的教育中,除了传授理论、知识,讲授技巧和伦理道德外,更重要的是通过实习从事实务工作的机会,让学生能够身体力行地扮演专业服务人员的角色,能够尝试将自己所掌握的理论和知识转变为服务行为,将社会工作专业价值观和认同感内化,从中培养知、觉、行、思四方面的统合,及时地发现自己的不足和缺陷,使其能投入专业服务的生涯中(Towle,1951)。所以,教育模式应由以"教"为中心转变为以"学"为中心,"认知学徒制"(Cognitive Apprenticeship)的教育模式正是符合了这一发展的需要,它是在20世纪80年代末90年代初由美国认知心理学家 Collins 等人提出的,在国际范围内产生了重大影响,并在各领域得到了广泛运用(Collins, et al., 1989)。它改良了传统学徒式训练,吸取了其中的核心技术,并将其与学校教育整合起来,强调学生的情境学习,使学生能够在专家实践的真实情境中一同学习,培养解决问题和完成复杂任务的能力。

将认知学徒制引进社会工作实习教育,其内容更为广泛,学习方式更具有弹性和创造性。同时,社会工作实习教育恰恰防止了将学院式社会工作教育变成单纯的经院式教育的弊端。以学习者在学习情境中感受到的需求为主,在教学内容上不仅注重个人的自我探索和人格成熟,而且通过寻求理论知识和基本工作原则来学习工作技巧和程序,从而表现出能胜任。实习教学者能通过学习者提出来的疑问和需求,引导学习者自省、思辨和判断行为的表现,并探索其内在因素的相关性,体会工作的一般原则,允许学习者有各种尝试个人想法的机会,以诱发学习者的动机，培养其兴趣、想象力和创造力（Openshaw，2008）。学习者在整个过程中是一种主动的学习过程，通过课堂教育的基础积累，将以往学习的知识经过自身的理解进行储备，当遇到实际问题时主动地依据个人的能力，切实地服务于案主，且在整个实习过程中不断地反思自己所掌握的知识，及时更新和补充新的知识，在实际知识体验中学习。

2.3　我国港台及国外的社会工作实习教育发展现状

相对于中国内地，中国的香港和台湾地区以及英、美等国家的社会工作发展历史较长，其有社会工作专业的高校在社会工作实习教育发展方面的经验更为丰富，在实习时间规定、实习内容安排、对实习督导的要求、专业操守与责任等方面有很多值得参考学习的地方。

2.3.1　社会工作实习时间规定

对于社会工作专业本科生（Bachelor of Social Work，BSW）和社会工作专业研究生（Master of Social Work，MSW）阶段的专业实习时间，目前国际上公认的是由CSWE在2000年公布的2年900小时的标准实习时间（Spitzer，et al.，2007）。就本科生教育而言，纵观欧美各国以及中国的港澳台等社会工作教育专业化程度较高的国家或地区，800小时的专业实习时间是社会工作实习最基本的保证。就研究生教育而言，则一般实习时间为900小时。至少800小时实习时间的国际标准，一方面确保了专业实习的持续性，包括对环境的适应、专业关系的确立和自身角色的定位等；另一方面能够促进实习生在实习中通过经历、反思和再实践的循环体验去锻炼社会工作专业知识和技巧，并且在过程中探索自己的兴趣和对社会工作的专业认同，这些都是短时间的实习不能确保的。表2－1列举了全球知名院校社会工作实习时间规定及安排方式。

表 2-1 全球知名院校社会工作实习时间规定及安排方式

学 校	本科生学制(年)	本科生实习时间(小时)	本科生实习安排
香港大学(亚洲排名第一)(http://www.socialwork.hku.hk/people/academic.htm)	3 年	800 小时 + 200 小时(实验室学习)	800 小时分为两阶段： 第 3 学年上学期集中式实习 400 小时 第 3 学年下学期并行式实习 400 小时
英国伯明翰大学(英国排名第一)(http://www.iass.bham.ac.uk/study/socialwork/)	3 年	200 天专业实习(按 7 小时/天计算),即 200×7=1400 小时	第 2 学年和第 3 学年各 100 天专业实习
华盛顿大学圣·路易斯分校(美国排名第一)(http://gwbweb.wustl.edu/Admissions/MSWProgram/Pages/Field%20Education.aspx)	不招收社会工作专业本科生	—	—

学 校	研究生学制(年)	研究生实习时间(小时)	研究生实习安排
香港大学(亚洲排名第一)(http://www.socialwork.hku.hk/people/academic.htm)	2 年	800 小时 + 100 小时(实验室学习)	800 小时分为两阶段： 第 1 学年暑假 8 周集中式实习 400 小时 第 2 学年下学期并行式实习 400 小时
英国伯明翰大学(英国排名第一)(http://www.iass.bham.ac.uk/study/socialwork/)	2 年	200 天专业实习(按 7 小时/天计算),即 200×7=1400 小时	第 1 学年和第 2 学年各 100 天专业实习
华盛顿大学圣·路易斯分校(美国排名第一)(http://gwbweb.wustl.edu/Admissions/MSWProgram/Pages/Field%20Education.aspx)	2 年	1120 小时	无特别要求,按照实习内容是否限定于某一特定服务领域分为： 400 小时基础实习 720 小时集中实习

2.3.2 社会工作实习内容安排

社会工作实习属于教育性工作,实习内容是否体现专业特点是其区别于其他学科实习的核心。确定适合的专业化的实习内容并加以实施，是完成实习任务、达到实习教育目标、培养合格社会工作专业人才的关键环节。

实习内容的专业化程度是影响实习专业化程度的一个重要因素，而实习内容的专业化程度主要是通过实习过程中所运用的专业手法来体现的，社会工作实习内容的承载媒体就是学生在实习活动中所从事的具体工作和所运用的具体工作方法（史柏年，2003）。不同的工作内容决定了运用何种专业工作手法，而专业工作手法的运用也显示了实习过程中最主要的内容（Johnson，2007）。众所周知，社会工作实习的专业工作手法主要包括个案工作、小组工作和社区工作，与此相对应，社会工作专业的实习内容主要包括个案辅导、小组活动和社区活动三大类，也可包括社会工作行政、研究等间接的社会工作实务（Coulshed，2006）。

在实际操作中，学生在机构实习，还要根据情况的需要为机构承担一定的行政、文秘或日常工作，但实习内容的主体方面应为社会工作专业领域范围。

以台湾大学社会工作学系关于实习内容的规定为例，提出学生的实习项目应符合下列之一（见表2-2）。

表2-2 台湾社会工作专业学生的实习项目及实习内容

实习项目	实习内容
个案工作	• 建立关系技巧、访视技巧与会谈技巧演练 • 社会及心理评估与介入 • 记录撰写 • 个案管理及资源运用 • 社会工作伦理学习
小组工作	• 小组工作规划 • 小组带领 • 小组评估及记录 • 社会工作伦理学习

续表

实习项目	实习内容
社区工作	• 社区分析(含人口、问题、需求、资源、社会指标等) • 社区方案设计、执行与评估 • 社区资源开发与运用 • 社区组织与社会行动 • 社会工作伦理学习
行政管理	• 社会工作研究 • 方案设计与评估 • 资源开发与运用 • 督导、训练与评鉴 • 社会政策与立法倡导 • 社会工作伦理学习

香港社会工作专业学生在实习的内容和工作量安排上据其参与的实习机构的性质而有所不同,而且在实习工作量方面,第二期比第一期有所增加(见表2-3、表2-4)。

1. 第一期社会工作实习

表2-3 香港社会工作专业学生第一期社会工作实习情况

机构服务类型	工作性质	工作量分配
社会福利院	个案和小组工作	3个个案+1个小组+1个工作方案
家庭服务/咨询	个案工作	5~7个个案
	个案和小组工作	3个个案+1个小组
学校社会工作	个案和小组工作	2个个案+1个小组+1个工作方案
医疗社会工作	个案工作	5~7个个案
	个案和小组工作	3个个案+1个小组/工作方案
	小组工作与工作方案	1个小组+1个工作方案+1项大型活动
社区工作		根据工作的性质和规模,学生要有1~3项主要任务,其中至少要有1项任务是由学生独立负责或是做主要负责人。任务可以是直接提供具有社会工作性质的服务,如个案工作、小组工作、俱乐部工作、社团工作、设计执行工作方案、开展社区运动等,也可以是间接服务,如员工培训、方案策划等
老人/康复服务		根据工作的性质和规模,学生要有1~3项主要任务,其中至少要有1项任务是由学生独立负责或是做主要负责人。任务要具有社会工作的性质,可以是个案工作、小组工作、设计执行工作方案、开展社区运动等

2. 第二期社会工作实习

表 2-4 香港社会工作专业学生第二期社会工作实习情况

机构服务类型	工作性质	工作量分配
社会福利院	个案和小组工作	4 个个案 + 2 个小组 + 1 个工作方案
家庭服务/咨询	个案工作	8~9 个个案
	个案和小组工作	5 个个案 + 2 个小组
学校社会工作	个案和小组工作	4 个个案 + 2 个小组 + 1 个工作方案
医疗社会工作	个案工作	8~9 个个案
	个案和小组工作	5 个个案 + 2 个小组/工作方案
	小组工作与工作方案	3 个小组 + 1 个工作方案 + 1 项大型活动
社区工作	根据工作的性质和规模,学生要有 2~3 项主要任务,其中至少要有 1 项任务是由学生独立负责或是做主要负责人。任务可以是直接提供具有社会工作性质的服务,如个案工作、小组工作、俱乐部工作、社团工作、设计执行工作方案、开展社区运动等,也可以是间接服务,如员工培训、方案策划等	
老人/康复服务	根据工作的性质和规模,学生要有 2~3 项主要任务,其中至少要有 1 项任务是由学生独立负责或是做主要负责人。任务要具有社会工作的性质,可以是个案工作、小组工作、设计执行工作方案、开展社区运动等	

2.3.3 对实习督导的要求

学生在实习过程中专业认知的变化与实习督导的专业性之间有着密切的联系。他们如何教导学生学习运用专业知识,如何以身作则地表现专业精神和专业认同,对于学生专业认知的产生起到很大的影响作用。缺乏工作经验或不习惯实习教学的督导,对于学生在实习中的正常焦虑反应常常会过分地担忧,面对学生有关专业的困惑,无法给予专业的解答和帮助(Wilson,1981)。经验不足的非专业实习督导面临如何协助学生整合运用专业知识和提高专业意识的困难,因为他们自身的专业知识体系有待形成,专业认同感与专业意识还不足,他们还没有能力成为一个好的模范。实习督导扮演协助达成社会工作实习课程目标的重要角色，督促学生整合在课堂上所学到的知识、技巧和态度到实务工作中，以及发展学生的自我觉察和专业认同。因此，实习督导受过相关社会工作教育训练，且作为资深工作者是保障实习专业性、引导学生整合专业知识和技能、培养社会工作精神和认同感的必要条件。

可见，实习督导应具备相应的专业条件。根据香港社会工作注册局发布的《社会工作督导指引》（2009），并结合中山大学社会工作系开展实习教育的经验与总结，笔者总结出专业实习督导应具备如下基本条件。

（1）有专业的教育背景

专业实习督导应接受过社会工作的专业教育，或是接受过相关的培训。Rogers 和 McDonald（1989）的研究发现，有社会工作教育背景的实习督导，其教学内容较为注重帮助实习学生理解社会工作价值，建立社会工作知识和发展工作技巧。而没有社会工作教育背景的实习督导，其教学内容容易偏向机构内的行政事务。专业的教育背景，能使实习督导充分地理解学生在实习过程中有关社会工作专业知识理论与实际操作之间的矛盾，有针对性地引导学生找到两者之间的平衡点，协助学生整合应用社会工作知识技能，并且有系统地在实务工作中进行实践。当然，如果没有专业的社会工作教育背景，实习督导也并非不能指导学生实习，但因为实习督导对社会工作知识理论未经过系统的学习，可能会更多注重专业的技巧与方法，在一定程度上容易忽略社会工作的价值及专业意识的培养。

（2）有丰富的实践经验

社会工作是一门应用性学科，实习教育的一大主要目标就是培养学生开展服务的实际操作能力。由于服务对象、服务需求的多样性，实习过程中遇到的很多可能未曾在课堂或课本中学习到的问题，需要实习督导依据自身的丰富经验帮助学生妥善解决。

香港《社会工作督导指引》（2009）（3.1）建议督导者应在相关的服务范围中（但不一定需要在一种特定的次服务范围内）具有至少 5

年的实务经验,可见,香港对于社会工作督导者在实务经验方面的高要求。相对于中国内地社会工作的发展现实,本土实习督导可能未必有多年的丰富经验,但是一定的实务经验的要求是必不可少的。

(3) 有实习教学的意愿和提供督导的时间

督导学生实习不是一项轻松的工作,一般实习督导每周都需要花至少2个小时的时间与学生见面,同时每周还需要花2~3个小时的时间阅读学生所写的各种报告和记录,指导学生的工作。实习督导一般都有自己的工作任务和工作安排,也不会因为要督导学生而减少已有的常规工作安排,所以督导学生在某种程度上是增加了实习督导的工作量。如果没有教学的意愿和时间,而是出于行政或是人情关系勉强接受督导实习的任务,则容易出现没有充分时间督导学习或是忽视实习学生的情况,这都会对学生的实习产生不良的影响。因此,是否有实习教学的意愿和时间是聘请督导的先决条件。

(4) 有教导他人实习的能力

实习督导更强调教育性的功能,虽然实习督导自身拥有丰富的经验和知识技能,但能否对实习学生产生积极作用,关键还取决于他是否有教授他人如何去做和调动学生学习动机的能力。

香港《社会工作督导指引》(2009)(3.2、3.3)鼓励督导者成功修读有关社会工作督导的课程,鼓励督导者就某一实务范围,以与其服务相关的介入手法,继续接受训练。可见,对于督导者来说,能否有效督导也取决于督导者的能力能否不断发展,特别是针对本土实习督导在经验和能力不足的情况下,高校可以邀请港台或国外的资深人士为本土实习督导提供督导培训课程,这样也能够不断帮助其提高督导能力。

正如香港《社会工作督导指引》(2009)指出的,督导者应比被督导者具备更丰富的实务经验,并且曾接受一些有关督导的训练。一个人若没有基本的工作经验,不太可能有能力融会贯通复杂的社会工作理论及实务。可见,实习督导不仅要具备基本条件,还需要不断接受训练和学习，以便能够对实习学生进行更高效的督导。

香港《社会工作者注册评核准则》和《社会工作督导指引》（2009）针对实习督导各相关方面形成以下的基本要求（见表2-5）。

表2-5 香港社会工作实习督导的基本要求

事项	基本要求
督导时间	1. 实习频率在每周4~6个半天的，每周至少督导1.5小时 2. 实习频率在每周7个或以上半天的，每周至少督导2小时 3. 实习频率等于或少于每周3个半天的，每隔两周至少督导1.5小时
督导方式	所要求的督导时间内至少50%为个案督导
督导会面要求	1. 会面在于促进专业成长 2. 会面是已预约的，参与者做好充分准备，而且是针对目标进行的 3. 会面是个别面谈 4. 会面在于促进及检查实习进度 5. 会面是定期及有系统地进行的，如会面未能如期进行，须记录原因
评估督导准则	1. 督导者与被督导者为督导会面做好充分准备 2. 督导者定期检查被督导者的实习工作量 3. 督导者定期检查被督导者有关实务的记录 4. 在督导会面中讨论专业介入的过程 5. 督导者给予有关服务的专业意见 6. 检讨及讨论对服务使用者的服务成果 7. 考虑直接实务所带来的操守与法律的问题 8. 讨论与机构内其他同工的工作关系 9. 被督导者有机会向督导者反映意见 10. 讨论与被督导者的角色、身份及士气有关的事宜 11. 处理被督导者的专业认同和发展需要 12. 督导者与被督导者均感受到鼓励学习的气氛

2.3.4 专业操守与责任

社会工作的专业操守与责任是每一个社会工作者所必须理解和恪守的，不同国家或地区对于社会工作专业的操守与责任大同小异。

香港社会工作者注册局明确注册社会工作的责任，发布了《注册社会工作者工作守则》，从基本价值观及理念、工作守则层面进行说明，细化社会工作者对于服务对象、同工、机构、专业和社会各方面的责任。

注册社会工作者工作守则

前 言

根据《社会工作者注册条例》（第五零五章）第十条，"为了就注册社会工作者的专业操守（包括关乎该等操守的道德事宜）提供实务指引"，社会工作者注册局批准及发出此《社会工作者工作守则》。

制订《工作守则》的主要目的是为保障服务对象①及社会人士。为加强社会人士对社工专业的信任和信心，制订工作守则实属必要。

这份文件是注册社会工作者（以下简称社工）日常操守的指引。根据《社会工作者注册条例》第十一条，当社工被指控其操守违反本文件内所列明的专业标准时，注册局将以此《工作守则》作为裁决的依据。这份文件列明社工与其服务对象、同工、所属机构、专业及社会建立专业关系时的道德行为标准。它适用于社工的任何专业行为。

社工须协力推行此《工作守则》，并遵从依据这些守则作出的所有纪律判决，亦应与时并进，紧贴可能不时修订的香港法律。此外，社工应采取足够的措施或行动去预防、劝阻、纠正或揭发其他社工违反《工作守则》的行为。社工也应采取合理和适当的措施，监察其辖下的所有员工及协助社工提供服务的其他人士不会因抵触《工作守则》而引致服务对象的利益②受损。

第一部分 基本价值观及信念

1. 社工的首要使命为协助有需要的人士及致力处理社会

---

① "服务对象"是指目前正在接受社工所提供的个人、小组或项目活动等直接服务的人士。
② "服务对象的利益"——应由社工在考虑、平衡其服务对象的个人利益及其他有关人士（包括家庭成员、机构、社群、社会等）的权益后，作出专业判断。

问题。

2. 社工尊重每一个人的独特价值和尊严，并不因个人的族裔、肤色、家庭/社会/国家本源、国籍、文化、出生、性别、年龄、语言、信仰、政治或其他主张、家庭/社会/经济地位、残疾、教育程度、对社会的贡献或性倾向而有所分别。

3. 社工相信每一个人都有发展的潜质，因而有责任鼓励及协助个人在顾及他人权益的情况下实现自我。

4. 社工有责任维护人权及促进社会公义。

5. 社工相信任何社会都应为其公民谋取最大的福祉。

6. 社工有责任更新、提升及运用本身的专业知识和技能去推动个人和社会的进步，务求每一个人都能尽量发挥自己的所能。

7. 社工认同人际关系的重要性，会尽力加强人际关系，务求维持、促进及提高个人、家庭、社团、机构、社群的福祉，帮助社会大众预防及减少困境与痛苦。

第二部分　原则及实务

与服务对象有关

职责

1. 社工首要的责任是向服务对象负责。

文化意识

2. 社工应认同其服务的社群在种族及文化方面存在差异。

3. 社工应对其服务对象的文化熟悉和敏锐，并明白到他们之间在族裔、国家本源、国籍、宗教和习俗各方面的分别。

知情决定及自决

4. 社工有责任让服务对象知悉本身的权利及协助他们获得适切的服务，且应尽量使服务对象明白接受服务所要作出的承担与及可能产生的后果。

5. 如果服务对象是在强制情况下使用服务，社工应向服务对象清楚说明他们的权利和权限，并协助他们尽量获取最大的自主权。

6. 根据服务对象在自决权方面的限制，社工应鼓励服务对象尽量参与有关其目标、选择和可获得服务的决定。

使用数据及保密原则

7. 社工应尊重服务对象在保障私隐和保密个人资料方面的权利。社工也应尽可能充分告知服务对象在某种情况下，保密性所受到的限制，搜集数据的目的及数据的用途。

8. 在公开个案数据时，社工应采取必要及负责任的措施，删除一切可以识别个案中人士身份的数据，并应尽可能事先取得服务对象及相关机构的同意。

9. 社工应采取预防措施，确保和维持透过电子媒介传达至其他人士的数据的保密，并应尽量避免披露足以识别服务对象身份的数据。

10. 当社工透过电子媒介提供服务时，应告知服务对象有关该等服务的限制和风险。

11. 除非能确定私隐得到保障，否则社工不应在任何环境下讨论机密数据。

12. 当法律程序在进行中，社工应在法律容许的范围内，保护服务对象的机密数据。

利益冲突

13. 社工不得滥用与服务对象的关系，藉以谋取私人的利益。

性关系

14. 在任何情况下，不论是经双方同意或以强迫方式，社工不应与服务对象进行任何涉及性的活动或性接触。

15. 社工不应为过去曾与其本人有性关系的人士提供临床

服务。

持续提供服务

16. 如服务需要收费，社工应尽量使服务对象不会因经济能力而不能及时获取所需要的服务。

收费措施

17. 社工应制订及维持收费的措施，使之能准确地反映所提供的服务的性质和范围；如为私人或独立执业的社工，更应使该等措施能识别由谁人提供有关服务。

18. 在提供服务之前，社工应清楚告诉服务对象各种服务的收费率和费用。

与同工有关

尊重

19. 社工应尊重其他社工、其他专业人士及义务工作者不同的意见及工作方法。任何建议、批评及冲突都应以负责任的态度表达和解决。

跨界别协作

20. 社工应以公平和专业的方式执行职务及对待同工，无论对方隶属哪个机构，对他们均一视同仁。

21. 社工应尽量与其他社工及其他界别的人士协作，以提高服务的成效。

22. 当社工作为一个跨界别小组的成员时，应本着社工专业的角度、价值和经验，参与和促成将会影响服务对象福祉的决定。社工应尽量促使及协助该跨界别小组清楚界定小组整体及其个别成员的专业和道德责任。

23. 如果一个跨界别小组的决定引起关于社工道德上的问题，该社工应设法透过恰当的渠道来解决分歧。如果这样仍未能解决分歧，社工应寻求其他适当和符合服务对象利益的途径,来处理他们所关注的问题。

督导及培训

24. 负责督导或提供专业咨询的社工,应透过适当的进修、培训、咨商和研究,以获得和继续具备所需的知识、技能和方法,使自己能够胜任专业督导和培训方面的工作。社工应只在其知识领域或工作能力范围内提供训练或发出指示。

25. 提供督导的社工应该认同督导在教育、支持、发展和工作上所扮演的角色,而不应滥用与下属的专业关系,藉以谋取任何利益。

26. 负责督导的社工有责任监察其下属按照本《工作守则》办事。

咨询

27. 无论何时,如咨询同工是为了使服务对象获得最大利益,社工应向同工寻求意见及指导。

28. 社工应只向那些已显示其具备与须咨询议题有关的知识、专长和工作能力的同工,咨询他们的意见。

29. 当社工为了服务对象而须咨询同工的意见时,应只向该同工提供必须的数据。

服务对象的选择权

30. 社工尊重服务对象的选择权,并不应在不尊重其他机构和同工的情况下夺取其他社工的服务对象。

共事同工间的沟通

31. 社工与共事同工之间沟通时所谈及的内容,在未得到原说者明确许可之前,该社工不应向服务对象透露任何超出服务对象个人资料范围以外的内容。

性关系

32. 作为督导或培训者的社工,不应与在其专业权力下督导的下属、学生或受训学员，进行任何涉及性的活动或性接触。

与机构有关

33. 社工应向其雇用机构负责，提供具效率及效能的专业服务。

34. 社工应作出建设性及负责任的行动，以影响并改善雇用机构的政策、程序及工作方式，务求令机构的服务水平不断提升，及使社工不会因执行机构的政策时而抵触这份《工作守则》。

35. 社工在发表任何公开言论或进行公开活动时，应表明自己是以个人身份抑或代表团体或机构名义行事。

36. 社工不应在未经其服务机构同意下，利用机构与外界的联系，为个人的私人业务招揽服务对象。

与专业有关

专业责任

37. 社工从事其专业工作时，应持着诚实、诚信及尽责的态度。

38. 社工应持守专业的价值观和操守，并提升专业的知识。

39. 社工应向有关机构报告任何有违专业工作守则而危害接受社会工作服务对象利益的行为，并在有需要时维护那些受到不公正指控的社工。

职效能力

40. 社工应只在其教育、训练、执照、证书、专业咨询、被督导的经验或其他相关的专业经验的范畴内，提供服务及声称自己具备有关的职效能力。

41. 社工应只在参与研究、训练、专业咨询，及经由熟悉该等介入方法或技巧的人士的督导后，才在实质的范畴内提供服务，或采用对他们来说新的介入技巧或方法。

42. 如果在新兴的实务领域中，仍未有普遍认可的标准，社工应小心判断，并采取负责任的措施，包括适当的进修、研究、培训、专业咨询和督导，以确保他们的工作成效，以及保护服务对象免受伤害。

<u>尊重</u>

43. 社工对专业提出评论时，应持着负责任和有建设性的态度。

<u>陈述</u>

44. 社工不应就个人资料、专业资格、证书、教育、职效能力、服务性质、服务方法或将可达致的成果，作出不确的声明或虚假的陈述。

<u>独立进行社工实务</u>

45. 从事私人执业或独立进行社工实务的社工，应只在其能力范围内提供服务。一旦服务对象的需要超出其能力范围，社工应予以适当的转介。任何有关其服务的宣传，均应建基于该等社工的实际资格、经验和专长。

<u>专业发展</u>

46. 社工有责任不断增进本身的专业知识和技能。

47. 社工有责任协助新加入社会工作专业的同工建立、增强与发展其操守、价值观、与及专业上的技能与知识。

<u>奉召当值</u>

48. 当有关方面提出明确的要求，特别召集在场的社工，在特定的情况下提供某些服务，社工应奉召当值①。

<u>与社会有关</u>

49. 当政府、社团或机构的政策、程序或活动导致或构成

---

① "奉召当值"不适用于透过大众传媒向全体社工发出的呼召。

任何人士陷入困境及痛苦，又或是妨碍困境及痛苦的解除时，社工认同有需要唤起决策者或公众人士对这些情况的关注。

50. 社工认同有需要倡导修订政策及法律，以改善有关的社会情况，促进社会的公义及福祉。社工亦认同有需要致力推动社会福利政策的实施。社工不可运用个人的知识、技能或经验助长不公平的政策或不人道的活动。

51. 社工认同有需要致力防止及消除歧视，令社会资源分配更为合理，务使所有人士有均等机会获取所需的资源和服务。

52. 社工认同有需要推动大众尊重社会的不同文化。

53. 社工认同有需要鼓励社会大众在知情的情况下参与制订和改善社会政策和制度。

       一九九八年十月十六日首次刊宪生效
       二零一零年一月十五日修订

台湾东华大学在社会工作学生实习手册中明确规定机构、学系和学生三方的职责。

1. 机构的职责

机构实习是社会工作教育中最重要的一环。因此，让机构了解及担负部分责任是极其重要的。机构的角色如下。

（1）订立实习方案，以达到教育学生的目的。

（2）选派机构督导，以指导学生。

（3）机构尽可能给学生提供适当的物理环境。

（4）机构应有责任带领学生认识机构员工、环境及其政策与功能。

（5）机构应配合学习进度，提供适当实务工作机会。

（6）参与评估学生实习的进展情形，并定期督导学生检讨实习得失。

(7) 当学生表现有困难时，机构有责任通知学系。

(8) 机构若发生不适合学生实习的情形时，须主动与学系联络。

2. 学系的职责

学系在对学生教育上负有最高的责任。学系不仅要对学生负责，同时也要对社会工作专业负责。学系在实习课程上，必须做到以下各点。

(1) 协助学生了解自己的兴趣，选择适合自己机构的实习方向。

(2) 协助学生选择适当的机构，并安排有利于学生实习的机构环境。

(3) 协助学生认识机构的工作性质及环境，并提供学生的相关资料。

(4) 根据学生的兴趣、能力规划实习方案。

(5) 协助学生认识其在机构中所扮演的角色，并认识实习老师及机构督导的角色。

(6) 让机构了解学系安排实习的作业过程。

(7) 学系与机构之间应定期或不定期举行讨论会。

①评估学生在机构内的学习情形。

②讨论有关实习教育的事项。

(8) 鼓励学生积极参与机构中各种有利于学习的活动。

(9) 学系实习督导老师有责任定期督导学生。

(10) 了解机构实习运作情形，并决定机构是否适合学生继续实习。

(11) 学系应于学生实习开始，由实习督导老师亲自致送机构及督导聘书，并于学生实习结束后致送谢函。

3. 学生的职责

学生在社会工作实习中的职责如下。

(1) 了解自己的兴趣，选择适性之实习机构。

(2) 填写实习机构志愿调查表，以申请实习机构。

(3) 若机构要求实习前面试，学生必须通过面试方能至该机构实习。

(4) 若机构有课程上的要求时，须依规定修毕，方能至该机构实习。

（5）若机构要求预先充实有关之专业知识，应先行准备。

（6）自行负责往返机构的交通工具及食宿费用。

（7）若机构收取实习费用，学生应自行负责缴纳。

（8）遵守社会工作专业伦理。

（9）应让学校督导老师及机构督导了解学生的实习情形及所遭遇的困难。

（10）完成学系及机构规定的实习时数及作业。

（11）参加学校督导老师所召开的督导会议。

（12）遵守机构上下班时间，必须请假时，要事先报告机构督导，并于事后补足时数。

（13）服装仪容方面应遵照机构要求。

（14）接受机构所提供的各项有利于学习的活动。

（15）学习与机构中的其他专业人员合作。

（16）态度认真，始终一致，保持情绪稳定。

（17）实习结束后，学生应完成机构所要求的工作记录与移交事项。

（18）了解并遵从机构及学系有关的其他规则。

2.4 社会工作实习教育的意义

2.4.1 促进学生对社会工作专业内涵的理解

任何一种专业助人者都象征着地位、权力与社会声望，社会工作也不例外。严格来说，从社会工作专业本身来看，其内涵主要包括以下六点：①正直；②专业知识和自我效能；③批判性思考与终身学习；④自我了解和自我控制；⑤文化能力与接纳他人的包容力；⑥社会支持（Johnson，2007）。

对于社会工作专业学生而言，要一步一步地学习以上知识，并自我检视和反省自己是否适合成为一名专业社会工作者，最后才能把所学的技能和知识转化为实际的行动回馈社会和专业本身。从国内外的研究可见，正是实务的情境，对于学生了解专业知识和决定是否投入社会工作的专业生涯中，均有相当大的影响。所以，实习课程是整个社会工作教育方案中非常重要的（Jenkins & Sheafor, 1982），是整合连贯专业知识的重要课程（CSWE, 1994）。体验式的实习教育旨在激起实务操作的动机，给予发展实务技巧的机会，在专业性督导下，整合课堂上的理论框架与实地工作经验，通过协助学生发展助人行为与独立能力，再塑学生对专业内涵的认识和理解。

2.4.2 促进学生内化社会工作专业内涵

有学者在研究中指出，实习教育是将在学校中所学习到的原则与对理论的了解加以转换成实际的行动，以便将来协助人们（Osmond & O'Connor, 2006）。Hamilton 和 Fauri（2001）视实习教育为意识上的一组经验，在实务情境中，让学生基于最基本的技巧和态度，在社会工作实务中表现出自主能力，进而内化社会工作专业内涵。

通常社会工作实习教育是由各学校明确其实习教育的目标和主要内容后，再依据学生的个人兴趣和专长，安排学生到适当的机构中，然后再细致地挑选实习督导与实习学生配对，并在实习督导的来源和资历方面进行严格的审核，以教导学生如何运用机构所提供的机会，尝试扮演社会工作实务者的角色。在这个过程中，社会工作实习学生有机会在实务情境中去理解社会工作专业内涵和处理相关的情境，从中去发现自己是否认同社会工作专业内涵，去体验各种冲突和尝试解决的过程，从而尝试达到对社会工作专业内涵的内化，并最终收获专业的成长。

总体上说，社会工作实习教育是在学校的安排下，在实习督导的引导下，在机构中不断探索、练习和尝试，使社会工作实习学生的态度、情绪、操守、伦理道德不断反思成熟,以培养知、觉、行、思合一的专业人才。

参考文献

陈良谨:《中国社会工作百科全书》,中国社会出版社,1994。

史柏年:《社会工作实习》,社会科学文献出版社,2003。

香港社会工作者注册局:《社会工作督导指引》,http://www.swrb.org.hk/text-chi/supervision_c.asp,2009。

曾华源:《社会工作实习教学——理论实务与研究》,(台北)五南图书出版公司,1987。

曾华源:《社会工作实习教育——原理及实务》,(台湾)师大书苑有限公司,1997。

Berhard, *Education For Social Work-in Encyclopedia of Social Work*, New York: NASW Press, 1977.

Collins, A., Brown, J. S & Newman, S. E., "Cognitive Apprenticeship: Teaching the Crafts of Reading, Writing and Mathematics", In L. B. Resinck (eds.), 1989.

Coulshed, V. & Orme, J., *Social Work Practice: An Introduction* (4th ed), Palgrave Macmillan, 2006.

Council on Social Work, E., *Curriculum Policy Statement for the Baccalaureate Degree Pprograms in Social Work Education*, Alexandria, VA: The Council on Social Work Education, 1992.

Cree, V. E., "Students Learning to Learn", In H. Burgess & I. Taylor (eds.), *Effective Learning and Teaching in Social Policy and Social Work*, Routledge/Falmer, 2004.

CSWE, *Curriculum Policy Statement for the Baccalaureate Degreee Programs in Social Work Education*, Alexandria, VA: The Council on Social Work Education, 1994.

CSWE, *Handbook of Accreditation Standards and Procedures* (4th ed.), Alexandria, VA: The Council on Social Work Education, 1994.

Dewey, J., *Experience and Education*, Kappa Delta Pi, 1998.

Dolgoff, R., Loewenberg, F., Harrington, D., Corey, G., Corey, M., Callanan, P., et al., *Ethical Decisions for Social Work Practice*, Brooks/Cole-Thomson Learning, 2005.

Goldstein, E. G., *Object Relations Theory and Self Psychology in Social Work Practice*, New York: Free Press, 2001.

Hamilton, D. & Fauri, D., "Social Workers", *Journal of Social Work Education*, 37 (2), 2001.

Horejsi, C. R. & Garthwait, C. L., *The Social Work Practicum : A Guide and Workbook for Students*, Allyn & Bacon, 1998.

Jenkins, L. & Sheafor, B. (eds.), *Quality Field Instruction in Social Work*, New York: Longman, 1981.

Johnson, L. C., *Social Work Practice : A Generalist Approach* (9th ed.), Boston, MA: Pearson Allyn and Bacon, 2007.

Merrifield, P., Guilford, J., Christensen, P. & Frick, J., *The Role of Intellectual Factors in Problem Solving*, New York: American Psychological Association, 1962.

Openshaw, L., *Social Work in Schools : Principles and Practice*, New York: Guilford Press, 2008.

Osmond, J. & O'Connor, I., "Use of Theory and Research in Social Work Practice: Implications for Knowledge-based Practice", *Australian Social Work*, 59 (1), 2006.

Pillari, V., *Social Work Practice : Theories and Skills*, Boston, MA: Allyn and Bacon, 2002.

Rogers, B. & McDonald, D., *The Domestication of Women: Discrimination in Developing Societies*, Routledge, 1989.

Spitzer, W., Holden, G., Cuzzi, L., Rutter, S., Chernack, P. & Rosenberg, G., "Edith Abbott was Right: Designing Fieldwork Experiences for Contemporary Health Care Practice", *Lournal of Social Work Eduction*, 37 (7), 2001.

Tolson, E. & Kopp, J., "The Practicum: Clients, Problems, Interventions and Influences on Student Practice", *Journal of Social Work Education*, 24 (2), 1988.

Towle, C., "The General Objectives of Professional Education", *Social Service Review*, 25 (4), 1951.

Wilson, G., "Behavior Therapy as a Short-term Therapeutic Approach", In Simon H. Budman, *Forms of Brief Therapy*, Guilford Pubhications, 1981.

第三章
我国社会工作实习教育发展现状

| 本章导语 |

> 社会工作实习固然重要,然而就目前我国社会工作专业发展的状况来说,开展专业的社会工作实习还是困难重重,作为老师及学生,我们应该如何面对呢?本章从学校、机构、学生、实习督导四大实习主体出发,梳理我国目前社会工作实习教育的情况,希望读者在阅读、比较中对现实、差距有所了解,对我国社会工作实习教育发展的方向达成共识、凝聚力量。

3.1 我国社会工作实习教育发展概况

对于我国社会工作实习教育的发展概况,我们可以从实习主体(见图3-1)的相关情况并且结合他们是如何在实习教育中体现实习元素的层面去理解。

3.1.1 高校社会工作实习教育课程的设置和实施情况

据不完全统计,自1989年北京大学社会工作与管理专业招收第一届

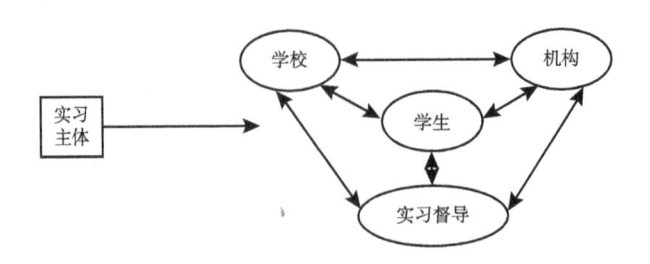

图 3-1　社会工作实习主体关系

本科生以来，截至 2010 年底，我国共有 253 所高校开设社会工作本科专业，而且到 2011 年，全国共有 58 所高校获准招收社会工作专业硕士[①]。

多数高校对社会工作专业教育课程的设置，基本上由最初"偏社会学"的架构，逐渐转变为"社会学理论基础加上社会工作专业知识，强调社会工作的知识应用"。从专业实习教育环节来看，现已将专业实习纳入教学体系内（龚逾慈，2011）。然而对实习教育课程的要求和实施却呈现参差不齐的情况，很少有高校能够严格按照国际标准，并根据实习要素对社会工作专业学生进行严谨的社会工作实习教育，大多数高校因为内外资源限制而只能对实习教育"有心无力"。同时，也存在高校对实习教育的重视程度较低的情况。在某种程度上，当前社会工作的专业实习仅仅成为课堂教学的一种点缀和补充，学校往往更多地从实习是对课堂所学理论的验证和巩固这一适合任何学科的角度去解读社会工作专业实习的意义，而不是从社会工作专业的本质特征的层面去理解、支持专业实习的有效开展（黄红、初智巍，2009）。向荣（2000）认为我国社会工作实习一直是其专业教育和发展的薄弱环节，虽然学生以不同方式和程度参与实习，并得到一定锻炼，但远远不能达到实习目的。朱眉华（2000）认为社会工作实习在实际推行过程中，理想与现实之间存在很大的差距，个别学校的实习教学安排在很多方面充满理想色彩，而在实际操作过程中，由于社会工作专业尚处于起步阶段，内外部

---

① http://www.csww.cn/root/html/shegongjiaoyu/gaoxiaohuicui/201012/20-4530.html.

条件都不成熟，遇到很多困难和问题。

可见，我国大部分高校对社会工作实习教育存在观念上重视而行动上备受局限的困境。

3.1.2 社会工作实习机构的属性和参与情况

从目前我国社会工作实习的模式来看机构的特点，李荣志（2009）指出，各高校的区域性特征分别体现了以学校为本、以机构为本、学校和机构的合作实习三大模式。李荣志分析了北京、华南、上海和中部等地区高校有关专业实习方面的已有研究，认为以北京高校为代表的专业实习受国家政策的影响较大，采取的是机构选择以政府机构为主、实习开展以学校为主的实习模式；以深圳、广州为代表的华南地区高校则便利借助港台的先进经验，加上民间社会工作机构相对较多，采取的是以社会工作职业化为目标的实习模式；上海高校则依托社会工作职业化试点，然而机构增加速度较慢，很难吸纳庞大的社会工作实习生；以郑州为代表的中部地区高校则选择了以就业为导向的实习模式，但是存在实习机构数量极度缺乏的现象。

从社会工作实习机构的属性来看，学者周丹红（2005）认为当前我国境内具有社会工作性质的机构有五类：一是属于社会工作行政性质的机构，如民政局、妇联、残联等；二是院舍照顾机构，如养老院、儿童救助机构等；三是社区服务中心，如居委会；四是发展性的社会工作服务机构，如亲子服务中心、附属于政府的热线和帮教服务；五是医疗等服务机构，如医务社会工作者等。这就需要各院校根据自己的教学目标去挖掘。可见，社会工作实习机构的多元属性可以满足学生在不同实习领域进行学习的需求。但是，满足这些属性的实习机构目前在质量和数量上还处于不理想的状态。肖萍（2006）认为由于社会工作专业的社会接纳程度不高，以及目前内地机构的福利服务提供方式与西方传入的社会工作方法存在一定的差别等原因，使得我国目前具有社会工作专业理念的社会机构缺乏，非营利组织发展还比较迟缓，要寻找理想的专业社会工作机构非常困难。大多数学校只好把学生安排在承担着当前中国社会福利和服务的一些政府机构和社会团体实习，由于各方面的程度不一使社会工作实习教育的功能未能得到有效发挥。

随着政府对社会工作服务的重视，政策的倾斜和服务的购买在一定程度上促进了社会工作专业机构的出现，催生了民间专业社会工作服务机构的快速发展，这无疑对社会工作专业学生提供了在专业对口的机构实习的机会，但是专业的社会工作机构目前也正处于服务探索和项目开展阶段，对促进社会工作专业学生践行实习要素方面的作用还有待提升。

3.1.3　社会工作实习学生对实习教育的态度和满意度

学生作为参与实习教育的核心行动主体，在学校和机构进行实习活动，其对实习教育的态度和满意度能更深刻地体现我国社会工作实习教育的发展情况和达到的效果。

社会工作实习学生对实习教育的态度往往就是影响社会工作实习教育发展的重要因素。万江红、逯晓瑞（2008）指出，在中国内地，由于社会工作是个新兴的专业，报考的学生一般对社会工作的了解程度非常低，更谈不上怀着诚恳的助人动机选报社会工作专业。社会工作实习学生的素质不仅体现在道德和信念方面，在学术能力上也存在较大问题，部分学生因为缺乏学习的动力，不思进取，得过且过，学习、研究、组织活动等能力不能满足实习机构的要求和期望，对实习教育产生了一定的影响。甚至有些学生进行社会工作专业课程教育后，在未能接受和认同社会工作理念的情况下，还要应学校的要求参与实习教育活动，他们会呈现反抗和消极对待的情绪，这些情况在实习学生中并不少见，这也是我们完善社会工作实习教育体制必须关注的问题。

从学生的实习满意度来看，以广州为例，谢颖（2009）进行了广州地区社会工作专业实习学生满意度分析，指出对实习非常满意或比较满意的学生略低于50%，约40%的学生对实习的满意度一般，约15%的学生对实习不满意或者非常不满意，总体上呈现满意度不高的情况。而影响满意度的因素中，学校老师或督导的指导是一个最主要的因素，实习机构的影响力低于学校。对于学生对实习收获的分析，数据显示大约一半的学生对实习中的专业技能成长方面表示满意，有超过2/3的学生对实习中的适应社会能力的提高表示满意。学生对实习能提高适应社会能力的满意度要明显高于对专业技能成长方面的满意度。对学生而言，实习更多的是让他们走出校园，走进社会，在实习过程中培养适应社会的能力，这也体现了要实现实习教育促进学生理解和内化社会工作专业内涵的目标还需要不断努力。

3.1.4 本土实习督导的资历与经验情况

实习督导在实习期间扮演着非常重要的角色，建立成熟的专业督导制度能够促进实习教育目标的实现。李爱芹（2009）指出，实习督导对实习学生可以发挥行政指引、专业教导、情感支持的功能，从而保障实习有效进行。提供实习督导的模式有两种：一种是学院督导，另一种是机构督导。前者主要由学校的教师担当，后者则委任机构的资深人员担当。但当前中国内地社会工作专业实习既缺乏有经验的专业实习督导，又缺乏有专业背景的机构工作人员。很多社会工作专业教师不仅没有社会工作教育背景，更是缺乏社会工作的实务经验。中国社会工作教育协会2003年针对全国569位社会工作专业教师的调查中，有"专业社会工作"背景的教师占19.16%，有"社会学"背景的教师占18.98%，研究专长为"其他"的教师占21.09%。教师有限的专业理论和实务经验很难在实习中对学生进行有效指导。专业的机构督导更是缺乏，相关社会工作实习机构的工作人员虽然经验丰富，但大都没有受过社会工作的专业培训，欠缺指导技巧，他们在督导学生实习时不能充分考虑学生的专业需求，这在很大程度上限制了学生的专业成长（李爱芹，2009）。虽然目前专业性社会工作服务机构不断发展壮大，也有专业的社会工作者引导，但是年轻化的趋势以及经验的不足，使实习督导在指导实习学生时未必能够督促其进行专业反思和达到专业成长效果。

3.2 我国社会工作实习教育目前所面临的困境

回顾我国社会工作教育的发展历程，史柏年（2004）指出，我国社会工作教育具有"后生快发""教育先行""师资滞后""拿来即用"四大特点，明确了我国社会工作教育发展的基本背景，这在一定程度上决定了社会工作实习教育也必然面临宏观层面和微观层面的局限。宏观层面体现在大环境下资源紧缺的限制，微观层面体现在实习规范制度缺失与不完善。

3.2.1 宏观层面：资源紧缺

1. 专业性实习机构不足，实习基地建设滞后

实习机构对社会工作专业学生进行实习教育起到不可或缺的作用，而专业性实习机构不足和实习基地建设滞后正是制约高校进行实习教育发展的重要原因。

社会工作实习是在机构中实施的，机构的性质及其能提供实习的领域直接影响实习目标的实现。2009年以前，我国内地具有社会工作专业理念的社会机构非常缺乏，非营利组织或社会服务中介组织发展还很迟缓。近两年，各类社会工作服务机构开始不断涌现，但在总体的数量和规模上还是有限的，且大多数机构都缺乏专业性。现行的社会工作实习大多都依托政府或准政府型服务机构，如民政局、妇联、残联、居委会等（李爱芹，2009；刘淑娟，2010）。而且，安置学生到这些机构进

行实习也导致一些问题。一是这些机构的工作范围和工作手法与专业社会工作存在很大差距,个别机构的官僚气息和混乱散漫的环境,可能会让学生沾染一些违背社会工作原则的工作态度和手法,不利于学生专业价值理念的培养,减弱他们发展专业化的本土社会工作的信心;二是这些机构不根据实习教育的目标来提供实习机会,而是根据自身的需求,安排学生参与机构管理方面的活动,甚至还包括勤杂事务等,学生很少有机会扮演社会工作者的角色,这不仅不利于他们运用理论知识并提高实务处理的能力,更不利于他们保持和培养对社会工作的专业热情;三是机构无法从社会工作实习中获得益处,将安排学生实习当成负担;四是这些机构虽然拥有大量的案主资源,但是受机构提供的服务内容和社会上对社会工作缺乏认识的限制,案主对专业社会工作服务的需求不足,且需要经历一个需求唤醒、需求表达和需求实现的漫长过程,不可能迅速为社会工作专业实习提供充足而又现实的案主资源(汪玲萍、李红芳、刘玉兰,2009)。2009年之后,随着政府政策的支持,各类专业性社会工作服务机构开始涌现且不断发展壮大,并承接各个不同领域的专业服务项目,专业性实习机构的数量增加似乎给实习教育带来了更好的契机,但是其同时存在的局限也不可忽视。从我国社会工作教育整体发展来看,实习机构仍存在"量"的不足,而且需要引起更大重视的是实习机构促进学生实习"质"的方面的保证,逐渐发展起来的社会工作服务机构在实习学生培养的制度方面还有较大的提升空间。

实习基地的建设滞后包括多方面的原因。专业性实习机构匮乏是限制之一,并且我国高校专业实习教育虽一直沿袭依据专业实习计划规定的实习目的和要求,但是很多学校不重视实习基地的建设,在财力和精力上投入甚微(卢时秀,2008)。另外,刘勇等人在对广东高校的调查中发现,开设社会工作专业的大学都建立了校外实习基地,但其建设和使用情况存在几个问题:第一,在实习基地建设过程中,专业和机构相互作用、共同促进的机制不完善;第二,对社会工作实习相关的研究和资源较少；第三，大部分学校尚未建立完善的社会工作专业实习制度，这也是导致学生实习目标不明确、实习效果不明显的主要原因（刘勇、阎安、朱静君，2006）。朱眉华（2000）认为，对于新建不久的社会工作专业，学校找寻和挑选适当的社会工作机构，并与之结成良好的合作伙伴，这对于实习教育的成功有着非常重大的关系。特别是在近几年，随着部分较具专业性的社会工作服务机构的涌现和发展，社会工作专业高校应该把握时机，与合适的机构建立实习基地，共同促进社会工作专业学生实习教育的发展。

2. 实习经费不足

各高校经费投入不足是困扰社会工作专业实习的另一难题。社会工作专业实习时间长、要求高，必然需要一定的经费支撑。建立校外实习基地，教师到实习机构探访学生，学生在实习中的居住、交通及实习中开展活动，都需要有充足的经费做支撑，但院校对社会工作的投入重视不足，导致没有足够的经费投入实习教育中。另外，也存在这样的情况，我国公共教育经费和各高校用于实习经费的现状，以及市场经济的影响，许多接待实习学生的机构要收取实习管理费和实习指导费，实习经费的紧缺使得很多高校通过缩短实习时间、简化实习程序及减少实习次数等方法来降低实习经费的投入，这就导致了社会工作实习难以达到理想的效果（卢时秀，2008；刘淑娟，2010）。

3.2.2 微观层面：实习规范制度缺失与不完善

社会工作是注重实务的实用性专业，目的在于运用社会工作的价值理念、工作方法与技巧来处理纷繁复杂的社会问题（Jonathan & Greta，2003）。正是由于社会工作专业突出的临床实务性、应用性和操作性特征，对专业社会工作者来说，不仅需要系统准确的理论知识指导，也需要规范科学的实务技巧的指导。所以，在进行社会工作实习教育时，一套完善的实习规范制度是必需的。社会工作专业实习需要一整套严格的制度来规范学生、机构、学校、实习督导之间的权利与义务,帮助学生明确实习任务、专业技巧和操守等。

目前,仍有高校对实习教育未加重视,导致实习规范制度缺失。而已经开设社会工作专业的院校,虽然大部分在尝试建立实习制度,但尚未完善,导致实习目标不明确,实习活动进行不顺利。许多院校的实习因为没有严格的制度保障,实习活动存在很大的随意性;学生积极性不高,参与意识不强;机构督导的指导不及时;学院的评估不到位,使社会工作实习收效甚微(卢时秀,2008)。史柏年(2004)也指出,在国内,无论是综合大学、工科大学,还是高职院校开设的社会工作专业,对社会工作专业实习重视程度不够,其专业性不强,体现在实习时间很难保证800小时的国际标准,实习内容的社会工作专业性难以保证,鲜有按照国际标准聘请专业的社会工作者作为实习督导,以致社会工作实习学生在技巧和价值观方面的指导缺失。

国内外高校社会工作专业实习开展情况(见表3-1)。

表3-1 国内外高校社会工作专业实习开展情况举例

学校	实习权重(实习学分/必修学分)	实习时间	实习内容	专业督导
美国匹兹堡大学	20%(12/60)	800小时或以上	运用社会工作方法的直接服务和提交文书工作	由专业社会工作者或社会工作专业老师担当实习督导
香港大学	20%(24/120)	800小时	运用社会工作方法的直接服务和提交文书工作	由专业社会工作者或社会工作专业老师担当实习督导
国内高校A	15.2%(16/105)	800小时	运用社会工作方法的直接服务和提交文书工作	由专业社会工作者或高校老师担当实习督导
国内高校B	4%(6/124.5)	200~800小时	无规定	鲜有专业督导,一般为其他专业老师或机构工作人员
国内高校C	8.4%(10/119)	200~800小时	无规定	鲜有专业督导,一般为其他专业老师或机构工作人员

具体来讲，我们可以从实习时间和实习内容等方面来看目前我国社会工作实习规范制度不完善的问题。

1. 实习时间和实习内容

在实习时间方面，由表 3-1 和相关数据可知，相比国外和中国香港的院校，我国内地社会工作专业院校只有少部分能够遵循国际标准要求的 800 小时实习时数，而大部分院校在实习时间方面未能保证。有的院校将社会工作实习当作毕业实习看待，认为只是学业结束之前让学生到社会进行初步体验的尝试，未用专业的要求来看待，所以在时间方面未有严格的要求，甚至存在实习时数少于 200 小时的情况。另外，对实习机构的选取存在三种情况：一是到由学校安排的实习基地进行实习；二是到学校临时联系的机构实习；三是学生自己联系实习机构去实习（途晓瑞，2009）。部分院校由于实习基地建设落后，会选择让学生自己联系实习机构，并且给予实习学生较大的自由度，这样，学生会根据自己的兴趣和可利用的资源去联系实习机构，但实习时间的非明确要求也容易让学生在遇到困难时便退缩，并且存在不断变换实习机构或实习时间短暂的情况。

在实习内容方面，多数院校开设社会工作专业的时间不长，并且专业学科建设也在探索中，以致院校对实习教育课程和实习内容（例如个案工作、小组工作、社区活动等）的要求并不明确，甚至没有规定，从而导致实习学生无法定位实习的性质，只能任由其按照实习机构的要求去进行实习。对实习的专业内容没有指导要求，自然无法达到社会工作实习教育的目标。

2. 专业环境

对于成为实习基地的机构，高校如何与其协调有关实习学生的实习教育和培养问题，其实还存在关系权责不清晰的情况，这样便容易导致任由实习机构安排实习学生，甚至将实习学生当成免费劳动力，做与社会工作服务无关的工作。实习机构若不能提供给实习学生进行专业实践的环境,则容易使实习学生产生反叛心理,更不可能帮助实习学生加强专业认同。面对实习学生出现的各种问题,高校有责任和义务在进行实习基地建设时明确实习机构与实习高校之间的权利与义务,了解并帮助促进实习机构实习制度的形成和完善,共同承担起培养实习学生的责任,尽可能为实习学生提供可学习的专业环境。

3. 实习责任、实习契约、专业技巧和实习评估等

要使实习教育帮助学生实现由理论知识到实践的转变,有关实习责任和专业操守的理解和引导、实习契约的订立、专业技巧的指导以及实习评估的有效进行等,都是必不可少的步骤,但是面对部分高校在对实习时间和实习内容无明确要求、专业督导缺乏的情况下,更不可能谈实习责任、实习契约、专业技巧和实习评估等的要求,而这些实习要素缺乏的主要原因也正是部分高校对实习教育的概念和相关规范制度不明确。

实习规范制度的缺失与不完善,凸显了实习教育专业性程度不高,学生很难接受到真正专业化的训练,难以把专业理论转化为实际知识,难以掌握专业技能、增强专业认同、内化专业价值、实现生涯成长(Burgess & Taylor,2004)。综上所述,要促进实习教育目标的实现,建立完善的实习规范制度有其必要性和紧迫性。

3.3 中山大学社会工作实习教育发展过程

中山大学社会工作专业从 2001 年开始招收第一届本科生(BSW),2005 年开始招收第一届社会工作及管理专业硕士研究生 MPH(SW),2010 年开始招收第一届社会工作专业硕士研究生(MSW),通过以香港社会工作教育系统为蓝本,结合内地高校的实际经验,采取"以华南地区为核心,辐射全国"的战略,旨在培养既有坚实理论基础,又有踏踏实实的实践能力的社会工作领导人才及实践人才,致力于建立中国

内地一流的社会工作专业。

社会工作专业是一门实务性、操作性取向的专业，它的专业教育目标除了培养学生对专业概念与理论的理解与掌握之外，更重要的是要培养学生运用专业知识和技巧直接为社会提供服务的能力，因此专业实习一直以来都是社会工作教学的重点。中山大学社会工作系于2003年开始进行第一届社会工作专业学生的实习工作，且在2010年进行了社会工作实习教育的改革。

2003~2008年，中山大学社会工作专业实习主要由中山大学社会工作教育与研究中心承接，由香港林护纪念基金会资助社会工作实习课程。从2003年3月开始，社会工作专业学生就已经开始进入香港、广州、上海、福州、深圳、东莞、清远、佛山等地的社会福利机构进行实习。社会工作专业学生需要进行两期共800小时的专业实习（包括并行式的400小时和连续式的400小时，两期参与实习机构的服务性质不同），并且学生可以自行申请参加香港实务考察（在第一期中期考核后由督导推荐），申请成功的学生可以到香港的社会服务机构见习一周，并且在实习期间，中山大学社会工作教育与研究中心为实习学生配备相应的香港督导。其中，香港督导是在受邀下义务帮助和督导中山大学社会工作专业学生，并且根据安排尽可能每周督导一次，并于实习期现场督导一次，使每一位实习学生都可以得到系内老师和具有丰富前线社会工作经验的香港督导的指导，使社会工作专业学生的实习效果更佳，效率更高，并且也形成了中山大学社会工作系实务突出的鲜明特色，吸引了很多的学子报考中山大学社会工作专业。

到2010年，一方面，随着内地高校学生的扩招，特别是社会工作专业硕士（MSW）人数的激增，邀请香港督导进行督导和教学的困难加大；另一方面，回应发展本土督导的需要，特别是随着社会工作本土化要求的提出，社会工作实习课程也追求本土化发展，中山大学社会工作专业教师也加入社会工作实习督导的队伍，在学习香港社会工作督导的优秀工作方法的基础上，提升自身专业实务领域内的督导能力。中山大学社会工作系在先前实习教育的经验基础上，对实习课程的设计进行了调整，由先前两期共 800 小时的专业实习调整为 200 小时的课程实习（有关实习的各类活动）加上 80 小时的实习工作坊和 520 小时的驻机构实务实习，并且为学生配备一名学系的教师督导和机构督导，以便更好地应对社会工作教育本土化的需要。

资料补充

（中山大学社会工作系在社会工作专业实习教育的先后调整内容）

一　实习课程设计

1. 先前经验

（1）本科生须最少完成 800 小时的专业实习。实习课程纳入本科生三年级下学期（第六学期）、四年级上学期（第七学期）的教学计划。第六学期和第七学期的实习课程分别为 8 学分，合计 16 学分。实习形式有并行式和连续式两种。

①并行式。即上课与实习同时进行，也就是每周学习 2 天，实习 3 天。该形式适用于本科生三年级下学期（第六学期）。时间计算方法为 3（天）×17（周）−1（天）=50 天，即 400 小时。

②连续式。即将社会工作实习集中在一段时间内进行，该形式适用于本科生四年级上学期（第七学期）。时间计算方法为 5（天）×10（周）=50 天，即 400 小时。

两期实习合计为 800 小时。

（2）研究生实习方面，自 2007 年 9 月起，中山大学社会工作系就硕士研究生实习安排有新的调整。全期实习由研究实习（不少于 200 小时）及实务实习（400 小时）组成。

研究实习安排在硕士研究生第一学期（中山大学社会工作

专业硕士研究生为两年制），要求导师根据学生将来的研究方向指导学生完成不少于 200 小时的实习。此阶段的主要任务是要具体指导学生观察研习，为论文研究做准备。在论文导师同意下，可将此期实习改为实务实习形式。基于实务实习的学习特点，时间仍为 400 小时，原有学分（研究实习学分）不变。

实习以每 400 小时为一单元。硕士研究生可选择在同一机构或同一服务完成两期实习（与本科生有别），但需区分为两次实习，具体表现为完成中期评估报告和最终报告，并在每完成 400 小时实习时分别打分。

2. 现时设计

（1）本科生的社会工作实习课程共分为三大部分：课程实习、实习工作坊以及驻机构实习。中山大学于 2010 年开始实行三学期制，分为春季学期、夏季学期和第三学期（即小学期，一般在七月份），实务实习一般在第三学期进行。

①社会工作实习一（课程实习）

社会工作实习一为课程实习阶段，此阶段利用本科生一年级、本科生二年级开设的 5 门必修课（专业成长工作坊、社会工作导论、个案工作、小组工作以及社区工作），由任课教师安排不同的实践机会和内容，包括参观社会福利服务机构、欣赏及讨论社会工作主题影片、学习与演练社会工作实务基本技巧、查阅文献数据及撰写报告等。

5 门必修课分别安排 40 学时的实习活动，总计为 200 小时，具体活动设计及时间安排将根据各门课程的内容来进行，并于课程教学大纲中体现。注意：课程实习不单独计算学分，学分包括在课程学分之中。

②社会工作实习二（实务实习）

社会工作实习二为实务实习阶段，此阶段实习主要为学生提供一个独立开展各项实务工作的机会。该阶段又分为两个部分：实习工作坊和驻机构实习。

在本科生三年级的第二学期，学生将会被安排参与系列实习工作坊活动，时间约为 80 小时。实习工作坊主要是在实习前给予学生的各项关于实习的说明以及提供体验的机会，即通过实习说明会、经验分享、讲座交流、分组赴实习机构研习等方式，以帮助学生正确理解实习的意义、对实务技巧进行回顾与训练，以及对不同的实习机构和领域有更多的认识。

参与学校社会工作实习的学生将会被安排在本科生三年级的第二学期开始实习，但也需要统一参加学系安排的实习工作坊。

实习工作坊结束后，将会根据学生的表现及上交作业情况计算一个分数，该分数不单独计算学分，将在最终的实习课程成绩中有所体现。

除参与学校社会工作实习的学生被安排在本科生三年级的第二学期开始实习外，其他学生的实习将统一安排在本科生三年级的第三学期开始实习，实习将会持续到本科生四年级的第一学期。

经过实习机构分派的程序，从本科生三年级的第三学期开始，学生将分赴不同的社会服务机构参与机构的服务，并在实习督导的指导下独立开展个案、小组和社区工作实践。驻机构实习的总时间为 520 小时。

（2）中山大学社会工作专业招收两类研究生：科学学位研究生和专业学位研究生。其中，科学学位研究生注重培养研究型人才，专业学位研究生则注重培养职业型人才。所以，相应的，对这两类研究生的实习要求也有所不同。

科学学位研究生的社会工作实习课程共 800 小时，分为两大部分：研究实习（200小时）和实务实习（600小时）。

①研究实习

研究实习主要是配合科学学位研究生的学习需要和特点设计的。在研究实习阶段，研究生在导师的指导下，通过阅读文献、社会调查、观察研习、参与项目、论文撰写及参与实务等方式，初步确定研究方向和深化论文选题，并明确实务实习的领域。

研究实习具体采用导师负责制，一般在研究生确定导师之后（研究生一年级的第一学期）可以正式开始。研究生需要和导师共同商讨研究实习的计划，执行时间一般安排在研究生一年级的第一学期和第二学期，时间方面可参考完成200小时的时数。

在研究实习中，导师需要与学生订立明确的学习计划，包括需要完成的任务、评估时间和方式、报告要求等。考虑到导师不同的风格，学系不做统一要求，而由导师与学生共同商讨完成。研究实习完成后，学生需要向学系提交研究实习计划、实施报告、相关成果及导师给出的研究实习成绩等材料。

研究实习不单独计算学分，但会被作为最终实习成绩的参考。

②实务实习

科学学位研究生的实务实习分为两个阶段：实习工作坊和驻机构实习。

在科学学位研究生一年级的第二学期，学生将会被安排参与实习工作坊活动，时间为200小时，内容包括理解实习的意义并以正确的态度对待实习、学系的实习政策与安排、实务技巧的回顾与训练，以及在社会福利机构的见习、研讨等活动。

在科学学位研究生一年级的第三学期，学生将会被安排到社会福利服务机构进行 400 小时的驻机构实习。

学生驻机构实习的领域一般与其论文研究主题相关，总体而言，实习仍以实践为本，并辅以较深刻的理论与实践及专业发展的反省。它要求研究生能够进一步掌握扎实的实务知识和技能，能够整合理论与实践开展个案、小组和社区工作，并能够对社会政策和实务工作做出个人的分析、研究和评估，进行理论、实务和专业发展的反思。与此同时，研究生通过实务经验的积累以及实习过程中的理解、分析和行动，进一步深化学位论文研究主题和收集第一手的论文资料，为完成一篇优质的研究生论文做好准备。

依照中山大学专业学位研究生培养方案的要求，社会工作实习为专业必修课，规定必须修满 6 学分，学生必须完成合计 1000 小时的实务实习。专业学位研究生的实务实习分为两部分：实习工作坊和驻机构实习。

在专业学位研究生一年级的第二学期，学生将会被安排参与实习工作坊活动，时间为 200 小时，内容包括理解实习的意义并以正确的态度对待实习、学系的实习政策与安排、实务技巧的回顾与训练，以及在社会福利机构的见习、研讨等活动。

在专业学位研究生一年级的第三学期，按照学生所选择的研究方向（社会福利与社会政策、社会行政与社会管理、社会工作实务），学生将会被安排到不同的社会福利服务机构进行 800 小时的驻机构实习。

根据专业学位研究生研究方向的不同，实习的具体要求和内容也有不同侧重。例如，社会福利与社会政策方向的研究生更注重在实践的基础上对社会政策有更深层次的剖析；社会行政与社会管理方向的研究生则更注重从机构生存与发展的角度去学习社会行政与管理的相关知识与技能。总体而言，实习仍是以实践为本，并辅以较深刻的理论与实践及专业发展的反省。它要求研究生能够进一步掌握扎实的实务知识和技能，能够整合理论与实践开展个案、小组和社区等实务工作，也能够从社会政策和机构管理的工作中做出个人的分析、研究和评估，进行理论、实务和专业发展的反思。

在实习期间，研究生应与导师（校内导师、校外导师）共同商定毕业论文的主题和形式，并在实习中不断提炼和深化各种素材，最终完成开题报告和毕业论文的撰写。

二 有关督导的安排

1. 先前经验

由每一个提供实习服务的机构负责人或相关工作人员负责实习学生在机构方面的行政安排；社会工作系邀请香港不同的社会服务机构中具备多年社会工作经验的社会工作者担当督导（少数为本土具备两年以上社会工作前线经验的社会工作者），为社会工作专业实习学生定期提供督导，不仅强调从情绪上支持学生，更强调从专业教育层面督导学生。

2. 现时设计

实习学生的督导工作将由学系的一位专业教师和机构的一位资深社会工作者共同负责，即教师督导和机构督导共同督导学生的实习。

学生需要与两位实习督导保持稳定的联系，共同商定和解决实习中遇到的问题。同时，教师督导与机构督导的职责各有侧重，教师督导侧重于教育和支持性的督导，及时掌握学生实习的进度与内容，从专业知识领悟和运用方面给予协助；此外，还关注学生实习过程中的情绪和心理状态，在个人成长方面对其予以指导和支持。机构督导除从教育和情绪方面支持学生外，在机构行政事务性解决等方面也将予以一定指导和支持。

中山大学社会工作系通过借鉴并利用香港的社会工作实习教育经验，并且结合内地本土化的特点，尝试摸索出符合中国内地社会工作专业学生进行实习教育的经验，通过系统性地开展社会工作专业实习，对专业实习进行统筹、安排、管理，并经常与实习机构、实习督导交流接触，在真实的实习情境中感受和见证了学生实习前后在社会工作专业知识技能、认同感、价值观、认可度上的巨大变化。所以，中山大学社会工作专业实习课程得到迅速发展，经历了一个从"外部资源引进－自身力量形成－进一步完善"的发展历程，在实习课程设计和实习安排上逐步形成了一套完整的体系，但其成效仍有待考察和进一步完善。

整体来讲，中山大学在社会工作专业实习教育方面有相对丰富的经验，并且在各种发展阶段和背景下，在实证研究的基础上，总结出一套具有中山大学特色的社会工作实习教育的实践教学模式。此模式结合了国内的社会实际情况，并且考虑到社会工作专业和实习机构在我国的发展现状，值得参考和借鉴。所以，基于社会工作实习教育的脉络和中山大学社会工作系在社会工作实习教育方面的经验，通过本书，期望达到以下几个目的：首先，要肯定在实际运作中容易被忽视的社会工作实习教育的重要性；其次，要具体说明整个实习过程如何开展，如何建立实习规范制度，以及如何保持社会工作实习的专业性；最后，也是最为关键的，要通过实际经验的分享，为各高校面对社会工作实习教育可能出现的困惑尝试提出可供参考的框架。

参考文献

龚逾慈：《社会工作实习教育的经验探索》，《社会工作》（学术版）2011年第7期。

黄红、初智巍：《社会工作专业实习的现实困境分析》，《黑龙江高教研究》2009年第7期。

李爱芹：《社会工作专业实习教学面临的困境与出路》，《天津职业大学学报》2009

年第 1 期。

李荣志：《关于社会工作专业实习课程建设思考——以 N 学院社会工作专业为例》，《社会工作》2009 年第 12 期。

刘淑娟：《社会工作专业实习教育面临的困境及对策研究》，《成人教育》2010 年第 3 期。

刘勇、阎安、朱静君：《社会工作专业实习基地建设探索》，《广东工业大学学报》（社会科学版）2006 年第 51 期。

卢时秀：《浅析高校社会工作专业实习的问题与对策》，《湖北经济学院学报》（人文社会科学版）2008 年第 5 期。

史柏年：《新世纪：中国社会工作教育面对的选择》，《北京科技大学学报》（社会科学版）2004 年第 1 期。

途晓瑞：《社会工作实习现状及其影响因素研究——基于武汉市社会工作本科专业大学生的调查》，华中农业大学硕士学位论文，2009。

万江红、逯晓瑞：《从参与角色看中国社会工作实习教育的现状》，《社会工作》（理论版）2008 年第 9 期。

汪玲萍、李红芳、刘玉兰：《论中国社会工作专业实习的本土处境》，《常州信息职业技术学院学报》2009 年第 5 期。

向荣：《中国社会工作实习教育模式再探索——建立与完善实习基地及其督导制度》，《云南高教研究》2000 年第 2 期。

肖萍：《社会工作实习教育模式的本土性探讨——资源概念的引入》，《南京社会科学》2006 年第 3 期。

谢颖：《广州地区社会工作专业实习学生满意度分析》，《社会工作》（理论版）2009 年第 10 期。

中山大学社会工作教育与研究中心：《中山大学社会工作实习手册》，2005。

中山大学社会工作系：《中山大学社会工作实习手册》，2010。

周丹红：《地方高校社会工作专业实习基地建设途径的探索》，《广西工学院学报》2005 年第 52 期。

朱眉华：《在理想与现实间的徘徊——社会工作专业实习教育的反思》，《华东理工大学学报》（社会科学版）2000 年第 1 期。

Burgess, H., Taylor, I., *Effective Learning and Teaching in Social Policy and Social Work*, Routledge Falmer, 2004.

Jonathan, P., Greta, B., *Social Work Practice: Assessment, Planning, Intervention and Review*, Learning Matters Ltd, 2003.

第四章
社会工作实习教育的目的

| 本章导语 |

  老师要办好社会工作实习，学生想要经历精彩的社会工作实习，首先要明确社会工作实习的目的。社会工作实习的目的远不只是完成教学大纲任务这么简单，本章讲述一个好的社会工作实习如何在"掌握专业知识""提升自我效能""养成批判性思考""学会终身学习""培养专业认同、促进专业成长"五大方面提供全方位的动力，如何将学生转化为职业化、专业化的社会工作者。

  从社会工作实习教育的本质和内涵的角度出发，只有当实习学生具有实践的能力、能自觉遵守专业操守且可信赖时，才能协助案主改变和顾及社会整体利益，才能提高社会工作在社会各个层面上的认可度，才能使社会工作专业价值得到彰显。因此，我们需要通过社会工作实习教育帮助学生达到专业内涵的目标。当一名社会工作者缺乏专业内涵时，专业水准得不到保障，会违背职业操守，为自我的利益而伤害案主的利益，使很多人因此而受到伤害，社会服务机构也不愿意再雇用这样的社会工作者，许多社会资源和社会支持也将不再相信和交托于社会工者。因此，无论从人格、道德、伦理、法律上还是从专业发展上，社会工作者都需要责无旁贷地培养自我的专业内涵，从而表现出高水平的专业服务效能。故而社会工作实习教育将培养学生达到专业内涵，而不是以完成实习任务或机构安排的工作作为其实习所要达到的目标和最为关键的评估标准。结合 Johnson（2007）对社会工作专业内涵的界定，笔者认为协助实习学生达到社会工作专业内涵目标的路径（见图 4-1）。

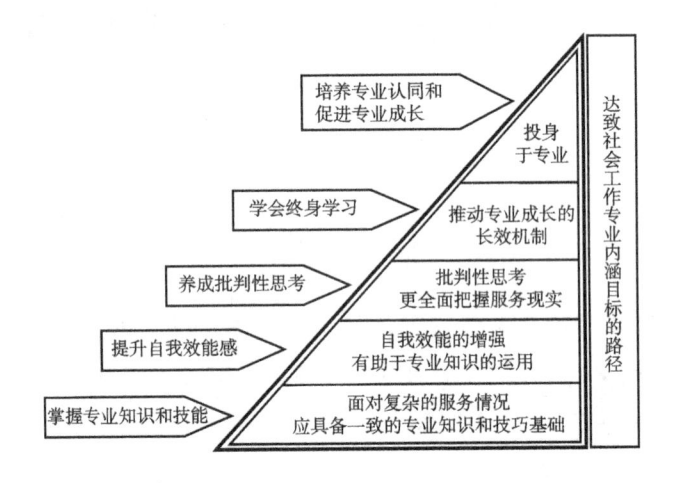

图 4-1 达到社会工作专业内涵目标的路径

金字塔自上而下：
- 培养专业认同和促进专业成长 → 投身于专业
- 学会终身学习 → 推动专业成长的长效机制
- 养成批判性思考 → 批判性思考更全面把握服务现实
- 提升自我效能感 → 自我效能的增强有助于专业知识的运用
- 掌握专业知识和技能 → 面对复杂的服务情况应具备一致的专业知识和技巧基础

右侧：达致社会工作专业内涵目标的路径

4.1 掌握专业知识和技能

4.1.1 掌握专业知识和技能的必要性

专业知识对于理论或社会工作实务都是不可或缺的。社会工作实际服务中，时常要面对不同环境的特征或个案状况进行针对性的介入，此时知识就显得特别重要。这里的知识并不是指某一具体的服务方法或技巧，而是指每一位社会工作者都应该具备的最基本的共同知识。

NASW（Guide，1989）、CSWE（Beaulaurier & Radisch，2005）和

ASWB（Dyeson，2004）均认同社会工作者应掌握一致的专业知识和技能。在实务中，社会工作者应具有不同层面的专业知识以满足个案或社区的各项需求。从"人在情境中"的观点出发，社会工作者需要知道在初级、次级社会系统中如何进行判断、处理或干预，也应知道身处的社区中有关各种群体文化或伦理等议题，在提供专业服务时也要了解当地有关的法律或政策与价值伦理，还必须知道可利用的或潜在的相关资源。总之，一位有能力的社会工作者必须具有相关的专业知识与技能。

国内外学者的相关研究都指出了社会工作实习教育对实现掌握专业知识目标的重要性。唐纳德研究了在专业的学习过程中社会工作实习教育能更有效地习得专业的知识，认为人文学科的实习教育是发展本领域专业工作者最为关键的一环（Schon，1983、1987）。休伯特发现研究对象对社会工作实习学习的评价高于教室的学习（Siporin，1982）。

4.1.2 掌握专业知识的内容

需要强调的是，社会工作实习教育所要达到的掌握专业知识的目标，其重点在于实习学生需要掌握社会工作专业知识和技能的基础（具体在第一章有关社会工作教育元素中已提及）。

除了有关社会工作专业知识与理论等核心内容，全美社会工作教育委员会重点强调要求学生必须完成某些领域的实习经历，在督导的指导下，学习如何运用专业知识，以了解实务内涵。在真实的服务情境中，学生通过实习演练学习并获取专业上的知识，而这些经验，除了通过亲身的体验经历，其他渠道很难获得。

美国实行的社会工作职业资格考试制度，正是为了确保每一个个案都能获得相同标准的服务品质。根据 NASW 和 CSWE 的政策，这样做是为了维持社会工作专业知识的基础，这也是我国在训练社会工作者时应该坚持的。目前我国对社会工作专业资格认证实行的是职业考试认证制度，所以实习应掌握的专业知识也反映在社会工作的基本能力测试之中，而且社会工作者在面对各类差异性高的服务对象时，也需要有能够举一反三、融会贯通的专业知识和专业技术。

4.2 提升自我效能感

4.2.1 自我效能感

自我效能是指对自己的能力有信心，并在任何状况下都可发挥其技能，并达到成功（Holden，2002）。对社会工作者来说，通过专业知识的掌握，面对不同的服务对象，运用专业的能力协助其解决困难和满足需要，从而加强社会工作专业的社会认同，最终达到专业功能更大层面的发挥。在这个过程中，社会工作者不仅能够提升自我效能感，而且自我效能感的提升也反过来促进专业能力的发挥和社会工作专业功能的影响力。当社会工作实习学生能够在实习教育过程中达到提升自我效能感的目标时，将对其社会工作专业认同和成长产生重大的影响。

4.2.2 促进自我效能感的提升

实习教育作为一种体验式的学习，不仅让学生获得经验，而且通过实践过程中的体验学习，能够增强社会工作专业学生面对服务处境处理问题的能力和信心。Eisikovit 和 Guttman（1983）提出，经验的学习是让学习者处于一种需要学习的现实环境中，让学习者以负责任的态度尝试解决，然后让学习者对此经验做出分析和反思，最后发展出抽象的原则和类化。Sikkemma（1966）指出，实习教育要能协助学生掌握各种知识的潜在结构和意义，以及各部分与总体的关联。实习教育着重在于把课程内容转换到实务工作情境中运用，分析和评估服务对象的问题，以及自己的专业工作情况，进而能够整合专业知识，增进对理论和原则的了解,体会如何在实务情境中运用,从而产生新的学习。通过这样一种不断学习的过程,学生并不只是停留在掌握和熟练运用某些实务技巧上,而是将实习的经验转换为一种自我信任,并对自身的能力有一定的信心,当遇到各种复杂甚至以前不曾遇到的服务案例时,不会对自我能力产生怀疑,而能够去尝试其他方法来协助处于困难中的服务对象。

专业实习教育的目标,在于教导学生成为一位具有独立自主性,而非训练遵从或盲目崇拜原则的专业人士(Hamilton & Else, 1983; Towle, 1951)。由于专业教育的特征在于教导一系列原则和概念,以便在不同情境下运用,并且还要能够反复思考既有工作的原则、方法和伦理系统,进而肯定或再形成新的操作原则和伦理系统。社会工作者不仅要知道怎样去做,更为重要的是要理解为什么要这么做,必须知道自己到底在做些什么。Simon 等(1966)就曾明确指出学生所要学习的和被教导的就是独立的思考方式。独立的思考方式帮助社会工作实习学生理解和面对不同的服务情境,是促进自我效能感提升的重要因素之一。

对于社会工作者来说,专业独立自主既是其自我效能感的体现,也能促进其自我效能感的提升。一位在专业上独立自主的实务工作者,不仅能有计划地安排工作和解决问题,而且有其内在动机和独特的思考形态,并非单纯地运用个人已学习过的知识和理论,而是能独立自主和创造性思考,以科学方法辩证地分析问题,寻求解决与预防问题的策略,以便能有效反映动态的环境。培养学生独立思考和成熟判断与行动的能力,其重要途径是让学生有充分足够的机会去体验和实际操作,这一点正是实习教育能够提供而其他教育方式所缺乏的。科学知识、求知能力和实践能力是相互关联存在的,为培养学生的专业知识思考能力和运用知识的能力,以达成专业自主的发展,学生必须有足够的经验,真实地体验多变的服务历程,包括观察式的学习,各种个案、小组等案例和工作方法的研讨会议以及实务情境操作的练习。

4.3 养成批判性思考

4.3.1 批判性思考的必要性

批判性思考包括对行动以及效益进行小心求证与评估（Gibbs & Gambrill，1996）。CSWE 要求全美所有社会工作学系的大学生或研究生必须拥有批判性的思考能力，而且也期待担任社会工作者的学生在提供服务时必须会使用批判性思考能力来处理事务（Canda，2003）。

一方面，在社会工作实习中，学生会遇到很多在课堂教育中不曾遇到的问题和情况，也可能遭遇课堂所传授知识与现实情况不尽相同甚至相左的情况，面对的服务对象的资料，有些可能是精确的、中肯的、有用的，但有些可能是片面的、未经核实的，甚至可能是错误的。所以，作为一名专业的社会工作者，需要具备丰厚的专业知识，为了提供更多的信息和服务，绝不能固守自己所学和所了解的知识，而是要时时面对现实的不同挑战，在对服务对象采取行动前对自己所掌握的相关信息先进行批判性的思考。而且社会工作者面对的案例环境往往没有"对""错""真""假"之分，而是处于一种多重抉择的状态，需要仔细思考相关意见，并分析可能会遇到的阻碍因素，因此更需要有批判性思考能力。批判性思考技能是社会工作者在专业实务中能够做出一个合法、可信赖的决定的基础。社会工作实务是复杂的、多层次的、多元系统的，且具有很大的挑战性，很少有简单的解决之道。社会工作者善用批判性思考将有助于了解复杂性的议题，也能够提供相关的协助，否则，可能对社会工作者自身、对服务对象或对其他社会工作者同行带来危险。因此，社会工作专业学生更需要发展批判性思考能力。

另一方面，在知识大爆炸的今天，有些十几年前被认可的事情在现在可能会被驳斥；有些看似非常牢固的论断，可能会因为具体情况的变化或新的事物的出现而进行一些必要的修正，甚至作废。社会工作者提供服务时，更加敏锐地察觉到自我，以及身为社会工作者所应知道的事情，比其课堂所学和预期的更多。批判性学习对于某些行动均带有怀疑的倾向，能够帮助社会工作者思考得更为周详、清晰和正确，并且更加完备（Paul，1993）。所有专业社会工作者的判断与分析将会影响服务对象及社会大众，为使服务更加有品质，必须具备良好的批判性思考能力。

4.3.2　批判性思考所需要的技能

CSWE确认所有大学或研究所的毕业生均被要求必须具备批判性思考能力（Johnson，2007）。CSWE认为只掌握单一的知识不足以做出一个完善的决定，即使一位信息丰富且考虑十分周详的社会工作者，当他在做决定或采取行动之前也必须再三思量。一位具有批判性思考的社会工作者应具备以下技能（Beyer & Holtzblatt，1998）。

（1）分辨一个陈述是经验证明的事实还是道德的论述。
（2）分辨一个消息来源是实际的观察还是抽象的推论。
（3）确定声明的准确性。
（4）确认资源的可靠性。
（5）确认资讯的模糊和矛盾之处。
（6）确认资讯是否为未经证实的猜测。
（7）发现偏颇之处。
（8）确认逻辑上的谬误。
（9）找出逻辑上的矛盾。

4.4　学会终身学习

4.4.1　终身学习的必要性

当今世界知识更新换代的速度已经远远出乎人的预料，科学和技术正以令人惊讶的速度在不断地改变，而社会工作专业也受其影响。作为一名社会工作者，必须知道现有的知识、所学的一切将随着时间和环境的变化可能变得越来越无法使用。唯有持续不断地学习，才能使所拥有的知识与技术跟上时代的脚步，以便更好地帮助服务对象。对知识、相关资讯和技术持续地探究会深深影响社会工作者的服务品质、批判性思考能力以及持续性的终身学习，而这些将帮助社会工作者在其专业生涯中更有效率地进行服务。

4.4.2 提升终身学习的意愿和技能

实习学生在实习教育过程中，要不断更新可利用的、相关的知识和技术，以使其在服务时更有效率、更有科学性、更加切合服务对象的实际。实习学生在"组织中学习"、在"社区中学习"、在"社会中学习"，不仅是一名"实践者"，同时也是一名"学习者"。NASW 伦理守则中原则性地指出，专业社会工作者的义务是在其职业生涯中要随时更新知识和技能（Congress，1999）。

（1）社会工作者必须提供服务并贡献在教育、训练、证照、受督导经验中所学到的知识（Section 1.04.a）。

（2）社会工作者接受训练、咨询后必须提升相关服务内容或技术（Section 1.04.b）。

（3）当实务中缺少相关的标准时，社会工作者必须能够小心地判断并采取合适的步骤（包括足够的学习、调查、训练、咨询、督导等）去确认其工作能力并使服务对象免于受到伤害（Section 1.04.c）。

（4）社会工作者在拥有相关能力的同时也必须有责任感才可被雇用（Section 4.01.a）。

（5）社会工作者应尽力发挥其专业所长，并能够积极地检视相关知识的适用性，并随时回顾其专业文化和专业教育以及社会工作实务的关联性（Section 4.01.b）。

4.5 培养专业认同和促进专业成长

4.5.1 培养专业认同

专业的发展和社会的需求，决定了不同的专业人士不仅要有公民责任感，更要实践其专业的社会责任感，而专业社会责任感的彰显，则需要通过实践过程去理解专业守则和体验自我与专业理念的异同，进而内化专业认同。

一门专业能否为社会所接受和认可，决定于其是否能够提供社会所需要的服务和其服务的质量及效果。社会工作是一门以增进社会整体利益为宗旨的专业，因此专业从业人员必须有社会责任感。Scott（1951）认为，任何专业的本质在于责任的接受，亦即专业有责任通过专业理念和专业知识来引导并采取行动。作为一名专业人员，有责任去相信、去了解和采取行动。因此，专业教育应包含这些本质——理念、研究和实务工作。

每门专业都会形成自己的专业团体以维护专业特性，并使其专业和其他专业区别开来。专业团体依据专业理想和目标，制定专业伦理守则，以便要求成员自律遵从，或裁处违反守则的成员。通过专业工作者对专业理想的自我内化的过程，产生专业意识和专业认同感后，才会对专业生涯有所承诺，才会以专业伦理操守的要求来规范自我的专业行为。Towle（1951）认为，只有经过认同社会及专业的意识，学生的行为才能符合专业理想和伦理系统，并依照机构规章行事。单靠课堂上教授学生知识或了解专业的理想和价值观，无法确保学生有实践理想的行动，学生将价值观和理念真正内化，较为有效的途径是经由专业的实习教育过程，实习教育所要达到的建立专业认同的目标正是在实践中不断体验各种复杂而真实的情境而逐步建立起来的。

在实习情境中，社会工作实习教学者应协助学生分析和探索自己的行为、内在的感受和促进价值内化，让学生在实践的过程中、在服务的进程中，比较自我的价值理念与专业的、机构的价值理念的异同。只有在这样一种实际的比较和实践的锻炼中，实习学生才可能更深刻地了解社会工作的使命和责任，看到整个社会的福祉，进而对专业生涯做出慎重的承诺。

4.5.2 促进专业成长

实习教育是促成学生认识专业成长的重要途径，它不仅包括学生专业知识技巧的不断增加和运用的熟练程度提高，还涵盖学生对世界的看法、对人生的态度等个人心智情感的逐渐成长和成熟。在学习服务案主的实习情境中，学生将体会到确保服务成效的重要因素是广博精深的专业知识、适当精妙的技巧、成熟的态度与情绪，也将体会到专业成长的重要性，从而形成自动自发追求进步和成长的态度。专业实习过程对个人心智的影响将促进个人的专业成长。

促进个人的专业成长，始终强调的是要积累深厚的知识、理论和技巧，并不断增强自我效能感，而专业知识和自我效能的成熟与精炼是一个不断自我赋权的过程。而且，除了储备专业知识和促进自我效能外，实习学生亦能对自己的工作表现、与他人交往的过程以及自我人生观和价值观不断做出反省批判，在批判性的思考中不断促使个人的成熟。另外，社会工作面对的案主千差万别，知识更新换代的速度日新月异，社会环境与需求经常发生变动，社会工作者需要有终身学习的能力，同时也需要在各个方面不断促进自我的成长，才能真正满足社会发展的需求。Towle 认为，社会工作教育不只是在发展学生的具体工作能力，而且要求学生有继续学习的心，以便及时回应社会和专业上的变动（Somers，1969）。我国香港学者黄于唱通过沪港合作的社会工作实习经验的总结，指出"完成实习，学生必须克服很多挑战，他们必须积极有效地在当地居民面前展现他们的角色和功能,将西方的社会工作理论运用于当地的实际,解决专业价值和机构需要导致的两难选择"(Wong,2005)。实习学生通过这样一个系统的实践过程,能够审视自己对专业的态度,培养其专业认同,也正是通过这样一个过程的积累,促进其专业成长。

社会工作专业教育的理想目标是培养真正的社会工作者,使从业者能够在知、觉、行三个方面整合为统一体,以便能够提供人性化和科学化的服务。因此,在专业教育过程中,必须让学生了解专业知识和成熟人格的重要性,以便能促进其不断进行自我训练和追求专业成长。

思维扩展与讨论

(一) 在实习教育的过程中,实习学生是否可能为了自我的专业体验而不顾及案主的利益,从而使案主受到伤害?

分析:这种担忧是有发生的可能性的。所以,我们在谈及实习学生的自我效能时,必须兼顾保护案主的专业伦理,学生的自我体验是基于考虑学生目前的能力和相应的案主情况而提供的机会,而不能毫无限制地任由学生直接和毫无顾虑地去尝试,但我们也不应因此限制学生的实习机会。学生若缺乏实际经验,是很难发展独立的行动和成熟的判断力的。学生的体验是以维护案主的利益为前提的,但维护案主利益不仅是实习教育所要求的,也是为了增强学生自我效能而必须遵守的伦理规范。实习教育的重要性在学生增强自我效能后,会更加坚定对专业发展的信心,而有志于投身专业生涯。

(二) 实习教育对促进社会工作专业学生学习理解并内化专业内涵有重大的意义,那么实习教育对社会工作专业本身有什么意义呢?

分析:这个问题我们可以从社会工作的专业性特征与实习

教育的关系来帮助理解。

1. 从静态和动态角度分析"专业性"的特征

从静态层面来分析，国际上关于专业判定，迄今为止影响最深的属格林伍德于1957年发表的《专业属性》一文。在这篇文章中他认为专业性有五项特征：①系统的理论体系；②专业的权威；③获得社会的认可；④共同信守的工作道德或信条；⑤一套专业的文化（Greenwood，1957）。这个标准为检验一种职业的专业化程度高低提供了一个参考体系。格林伍德与我国学者现阶段对专业的界定相一致，认为一门专业的诞生要在专业服务功能获得社会肯定之后，才真正有专业权威的存在（Palmer，1983）。

简而言之，专业权威最直接的来源就是专业人员所提供的服务能否满足服务对象的需要，或能否有效地解决问题。可见，仅凭堆砌的专业理论和知识是远远达不到培养专业化人才的目的的，它需要与服务对象的面对面服务，在一个真实、体验式、互动式的专业教育的过程中，培养有能力运用专业知识和理论并遵守专业操守的实务型人才。同时，格林伍德关于一个学科专业的判定不仅关注专业服务是否获得外在的社会认可，建立起自身的专业权威，他还从一个专业内部已经或将要从事本专业服务的人员自身出发，强调建立起专业价值体系、专业认同感、专业道德等共同的专业觉知。由此可见，对一个学科的专业认知是学科专业化进程中不可或缺的部分，专业认知程度越高，专业化进程就越快，专业化程度也越高。

格林伍德对专业界定的这种静态分析有一定的局限性，在现实中很少有一种专业是在某一个时点完全具备所有条件后才被认可为专业的。而且他并未具体说明专业认知的形成途径和影响因素、专业认知从无到有的原因，以及如何从

"价值中立"到建立一套社会工作的专业操守和价值判断。格林伍德首先从宏观上、从一个专业得以确立的角度阐述了专业性必须具备的条件，但如何具备这些条件和具体的操作步骤却没有说明。

社会学者开普罗从动态的观点来阐述一个专业的运动历程，从专业变迁与发展的角度来理解一个专业的成长经历。他认为审视标志化特征的连续发展有其重要性，如服务领域独特地位的形成、培训的实施等，而不只是理论和知识（Caplow，1954）。

根据社会学的专业运动理论，赵康概括出判定一个充分成熟专业的六条标准：①一个正式的全日制职业；②有专业组织和伦理法规；③有一套深奥知识和技能的科学知识体系，以及完善的教育和训练机制；④具有极大的社会效益和经济效益；⑤获得国家特许的市场保护，即得到高度的社会认可；⑥具有高度自治的特点（赵康，2000）。赵康认为，专业化是一个社会过程或工程，在这个过程或工程中，在国家、社会（客户和公众）、大学和活动本身这四个实体要素间错综复杂的互动作用驱使下，一个具有潜在价值、得以确定的人类活动的成长经由"次级专长""准职业""形成的职业""出现的专业"阶段，最终获得"成熟专业"的身份（赵康，2001）。与此同时，与该活动相关的人群组织和自治程度、科学知识体系和知识获取系统、经济和社会效益，以及国家和社会对活动的规范和保护程度，也逐步从低级形态进化至高级、发达形态。可见，专业运动理论强调了一个真实情境的相互影响过程对于专业阶段进化的关键作用。

2. 从静态和动态角度分析理解实习教育达到社会工作培养专业化人才的目的

从静态来分析，实习教育的目的也正是为了培养社会工作专业化人才，从而保证社会工作人才能够凸显社会工作的专业性。社会工作作为一门专业，并且是一门实务性、应用性的学科，其教育的最终目的正是为了培养一批专业化的人才，为社会提供专业服务，而通过实习教育培养专业化人才正是实现此目标的重要一环。

实习教育承担着将一个非专业人才培养成专业人才，并推进社会工作学科专业化发展的责任。所以，实习专业性程度的高低将直接影响社会工作人才专业化的培养，以及社会工作专业化的整体进程。实习教育作为一种实践教育，它本身也是一个需要不断专业化的过程。

各门应用学科的实习教育不尽相同，都具有自身的学科特色和专业实习特点。根据国际社会工作实习教育的经验，通过实习教育培养专业化人才可以通过八个方面进行，具体包括实习时间规定、实习内容安排、专业实习督导、社会工作方法技巧、实习契约规定、专业同工环境、实习评估工作和专业操守。社会工作实习自身的专业性程度受这八个方面的影响，各个方面的消长将决定实习专业性程度的高低。

从动态的角度来看，社会工作实习教育自身的专业性也在不断地运动发展。没有任何专业的实习一开始就是任何必需条件都具备，实习教育的发展也是一个经由专业化程度低到专业化程度高的发达阶段。而且正是通过这个发展的过程，去探索更适合专业化人才培养的路径，以便使实习学习能够通过实习教育实现专业认同和成长。在实习教育自身的专业进化过程中，"活动的本体"——实习学生处于实习教育过程的中心位置，通过专业的实习，获得对专业的觉知，学习与发展新的知识，将理论与实际结合起来，树立专业的价值观，增强专业认同感和专业忠诚度，从而发展成为人格健全、掌握专业技能的合格的社会工作专业人员。实习学生专业性增强，反过来也强化了社会工作实习教育的专业性程度，必将促进影响专业实习八大因素的贯彻执行，并在自身的基础上发展需要提升的方面。如以国际标准实习时间为准绳、实习内容更注重个案工作和小组工作、聘请专业督导等，实习教育的专业化也是一个在不断运动中前进的过程。

回望我国的社会工作教育，从自身专业化的知识基础状况上看，专业人员教育系列由20世纪70年代的自我教育和职业培训逐步发展到20世纪90年代后期的几乎普及的大学专业课程体系以及学位课程体系，建立起相配套的专业实习教育（李弘毅，2001）。但目前我国社会工作实习教育的专业化程度较低，制约了学科专业化的发展，但仍不可忽视实习教育对培养社会工作专业学生成为专业化人才的重要作用，社会工作专业学生通过实习教育实现对专业理论的掌握、专业技能的训练、专业价值观的培养以及个人成长的规划和发展，成为高校向社会输送合格社会工作人才、推动社会工作学科专业化向高级阶段"发达状态"运动的"链接"。实习教育对社会工作学习和社会工作专业本身都有相互促进的作用，所以，促进我国社会工作实习教育的发展、形成完善的实习教育体系具有迫切性。

参考文献

李弘毅：《社会研究的直觉主义方法论解析》，《无锡轻工大学学报》（社会科学版）2001年第2期。

赵康：《专业化运动理论：人类社会中专业性职业成长历程的理论假设》，《社会学研究》2001年第5期。

赵康：《专业、专业属性及判断成熟专业的六条标准——一个社会学角度的分析》，

《社会学研究》2000 年第 5 期。

  Beaulaurier, R., Radisch, M., "Responding to CSWE Technology Guidelines", *Journal of Teaching in Social Work*, 25 (1), 2005.

  Beyer, H., Holtzblatt, K., *Contextual Design: Defining Customer-centered Systems*, Morgan Kaufmann Pub, 1998.

  Canda, E., *Spiritual Diversity and Social Work: A Comprehensive Bibliography with Annotations*, Council on Social Work Education, 2003.

  Caplow, T., *Sociology of Work*, New York: McGraw-Hill, 1954.

  Congress, E., *Social Work Values and Ethics: Identifying and Resolving Professional Dilemmas*, Wadsworth Pub Co., 1999.

  Dyeson, T., "Social Work Licensure: A Brief History and Description", *Home Health Care Management & Practice*, 16 (5), 2004.

  Eisikovit, Z. & Guttman, E., "Toward the Practice of Theory of Learn through Experience in Social Work Supervison", *The Clinical Supervisor*, 1 (1), 1983.

  Gibbs, L. & Gambrill, E., *Critical Thinking for Social Workers: A Workbook*, Pine Forge Press, 1996.

  Greenwood, E., "Attributes of A profession", *Social Work*, 2 (3), 1957.

  Guide, N., *NASW Chapter Guide for the Adjudication of Grievances* (Revised Edition), Silver Spring, MD: National Association of Social Workers, 1989.

  Hamilton, N. & Else, J., *Designing Field Education: Philosophy, Structure and Process*, Springfield, Ulinois: Charles C Thomas, 1983.

  Holden, G., "Outcomes of Social Work Education: The Case for Social Work Self-efficacy", *Journal of Social Work Education*, 38 (1), 2002.

  Johnson, L. C., *Social Work Practice : A Generalist Approach* (9th ed.), Boston, MA: Pearson Allyn and Bacon, 2007.

  Palmer, S., "Authority: An Essential Part of Practice", *Social Work*, 28 (2), 1983.

  Paul, R., *Critical Thinking: What Every Person Needs to Know to Survive in a Rapidly Changing World*, Santa Rosa, CA: Foundation for Critical Thinking, 1993.

  Schon, D., *Education the Reflective Practitioner: Toward a New Design for Teaching and Learning in the Professions*, San Francisco: Jossey-Bass, 1987.

  Schon, D., *The Reflective Practitioner: How Professionals Think in Action*, New York: Basic Books, 1983.

  Scott, J., *Republican Ideas and the Liberal Tradition in France*, Columbia University Press, 1951.

  Sikkemma, M., "A Proposal for an Innovation in Field Learning and Teaching", In C. O. S. W. Education (eds.), *Field Instruction in Graduate Social Work Education: Old*

Problems and New Proposals, New York: Council on Social Work Education, 1966.

Simon, S., Raths, L. & Harmin, M., *Values and Teaching*, New York: John Wiley, 1966.

Siporin, M., "The Process of Field Education", In B. W. Sheafor & L. E. Jenkins (eds.), *Quality Field Instruction in Social Work: Program Development and Maintenance*, New York: Loargman Inc, 1982.

Somers, G., "Monitoring Manpower Programs", *Monthly Labor Review*, 92, 1969.

Towle, C., "The General Objectives of Professional Education", *Social Service Review*, 25 (4), 1951.

Wong, Y. C., "Collaboration between ShangHai & Hong Kong: The Evaluation Of Three Years' Fieldwork Placement Experience", Paper Presented at the "International Conference on Social Work Education under the Background of Globalization", 2005.

第五章
社会工作实习教育的内容

| 本章导语 |

　　社会工作实习教育是一个复杂的系统，包括学校、机构、学生、实习督导四大实习主体，涉及实习工作坊、机构选派、实习时间、实习内容、实习责任、实习契约、导向报告、工作计划、专业技巧、实习评估等实习要素，以及将上述内容串联在一起的行政协调及后勤保障工作，俨然是一个浩大的工程。本章详尽描述实习主体的关系和职责，并于第六章、第七章详细说明实习要素的相关内容，以期给社会工作专业的老师、学生一个具操作性的指引，方便大家快速进入实习状态。

5.1　社会工作实习概念图

　　基于社会工作实习教育的内涵和国际相关的教育经验，笔者总结出社会工作实习概念图（见图 5-1）。

　　从实习主体来看，在社会工作实习过程中，社会工作实习学生、学校院系、实习机构和实习督导之间相互联系，以社会工作专业学生为核心，发挥各方职责，旨在帮助促进社会工作专业学生在实习过程中能够理解和实践社会工作价值理念、理论知识和专业技能，从而得到个人的

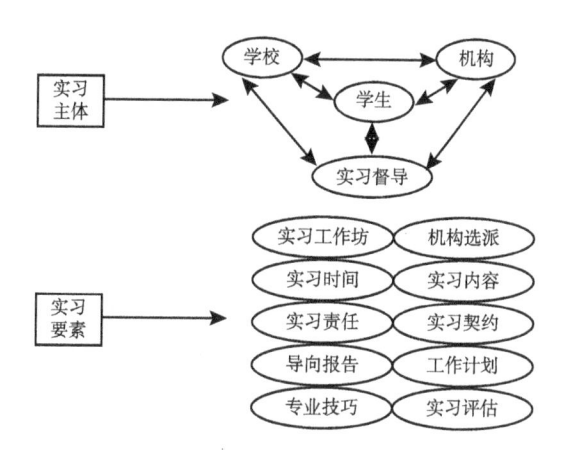

图 5-1 社会工作实习概念图

成长和内化对社会工作的专业认知。

从实习要素来看，整个社会工作实习需要一套完善的实习规范制度，以帮助社会工作专业学生对社会工作实习课程进行了解：通过实习工作坊，让学生了解实习的相关行政安排和重温专业技巧；通过与新旧机构的合作，安排好学生的实习机构选派工作；在正式进入实习阶段后，学校、学生、机构、实习督导四方要明确实习时间，以及实习内容的性质和工作量；学生需要明确自己在实习过程中的责任和专业操守；通过实习契约和导向报告，帮助学生澄清实习目标并结合自身特点与实习的相关层面进行思考，在了解机构和社区的相关发展和特点后，完成对机构和社区的初步导向了解，为下一步的工作计划做好准备；学生需要明确自己的工作计划，完成实习工作和实现实习的目标；在实行工作计划过程中，不断锻炼和反思专业技巧，从而积累真正的实务经验；学生需要进行实习的评估，从而把握实习的质量和为自己的后续学习提供方向。

5.2 社会工作学系的角色和行政安排

在社会工作的四大实习主体中，学校层面——社会工作学系发挥着最基本也是最重要的作用。社会工作学系需要统筹整个社会工作实习教育的相关事项。首先，它设计好社会工作实习教育课程，建立起社会工作实习规划制度，培养社会工作专业学生，为社会工作专业学生装备进行社会工作实习所需要的价值理念、理论知识和专业技能，为社会工作专业学生的实习工作做好各项的行政准备；其次，联系适合的社会工作实习机构，并与实习机构确定实习合作关系，为学生提供实习的机会和资源；再次，联系实习督导，邀请有多年经验的实习督导，为学生提供保质保量的支持，帮助学生在实习中获得成长和进步；最后，通过社会工作学系发挥最基本的链接作用，促使社会工作实习各大主体能够扮演好自己的角色和履行职责，使社会工作实习教育能够有效进行，共同为培养高质量的社会工作人才做出努力。

而在帮助社会工作学系完成社会工作实习课程安排、联结各方（学生、机构、实习督导）的过程中，最重要的角色就是实习协调员。实习协调员由高校委派，负责学生实习工作的安排、联络及协调等事宜（Howe，1996）。其具体职责包括以下内容。

针对机构，实习协调员负责与实习机构的联络工作，并安排学生实习的总体事宜，他们与机构领导共同商讨适合学生实习要求的岗位，说明校方的请求。

针对学生，实习协调员会充分考虑学生的意愿（如适当的实习地点）、教育需要及院系资源等因素。学生实习的整个行政过程将受到实习协调员的监督。

针对实习督导，实习协调员协助实习督导了解学生的课程安排、教学要求及机构情况。实习督导在机构相关人员的协助下对学生的实习工作直接进行指导。学生的日常工作问题一般由实习督导和实习单位的员工讨论解决，实习督导负责监督实习的总进程，较为复杂的、突发性问题可以同实习协调员一起讨论解决。

学生实习的整个过程将受到实习协调员的监督。实习协调员会定期就实习计划的落实情况征求实习督导和实习机构的意见，根据实际的变动情况和学生实习工作领域的发展对实习方案做出必要调整。实习协调员在最后需统整学生实习总成绩，并上交学校教务部门。

与实习相关的其他事宜的协调，实习协调员也应负责落实。整体来说，实习协调员在实习工作中发挥着重要的桥梁作用，特别体现在实习的行政安排程序中。因为实习安排是一个过程，不仅包括学生在实习机构从开始实习到实习结束的过程，而且还包括学生到实习机构开始实习之前如何选定和安排实习机构、学生的心理准备和其他方面的准备等事项，在这个过程中，实习协调员发挥着统筹的带领作用。

参考2010年中山大学社会工作系有关社会工作实习的经验，社会工作实习安排程序大致如下。

（1）确定实习岗位。参考实习单位提供的接收学生数量标准，实习协调员会事先同实习机构联系并确定当期学生岗位的具体情况。

在实习机构的选取方面，以中山大学社会工作系的实习基地为例，主要包括两大类：①各类民办社会福利服务机构、基金会、民间团体以及可提供社会工作实务实习机会的工商企业及其他组织等；②各类公办的社会福利服务机构，如民政系统的各类行政机关、事业单位等。

实习属于教育性的工作，因此并非每个机构都适合负责此项任务。为了保障实习专业教育的质量，学校应充分考虑实习机构能否提供合适的实习条件和机会。一般来说，需要考虑以下因素：能够给予学生充分的学习机会并能够有较高的参与度；有适当的担任实习教学的工作人员；机构组织发展稳定且有积极的氛围；能够为学生提供足够的硬件设备及条件；有机构主管及其他部门的支持；等等。这些因素并非要完全具备才能接受学生实习，学校应充分考虑实习机构的情况来做出安排学生的决定。

实习协调员需要定期与实习机构联系，并确定实习岗位，不断发掘新机构，必要时中止与一些不能够提供有效实习机会的实习机构的合作。

（2）准备实习系列工作坊。由实习协调员为所有即将参加实习的学生介绍实习课程的一些特点和要求，帮助大家正确认识实习的目的、意义与要求。同时，也向即将参加实习的学生介绍当期实习机构的基本情况与服务领域，帮助学生全面认识实习领域，为学生挑选实习机构做好准备。另外，还要举办各类社会工作专业手法的技巧训练，对实习中可能遇到的问题提前进行模拟和讨论，并组织学生分组参观访问不同的实习机构及服务领域。

（3）组织学生填写实习申请表及实习机构志愿表。实习申请表包括学生的基本信息、自我介绍等，在确定实习人选后交由实习机构留存，以便更好地互相了解。实习机构志愿表则是由学生按照先后顺序依次挑选三类实习领域作为实习点，以使实习协调员能够尽量按照学生的意愿来分配实习机构，并尽量保证学生可以在实习机构内获得期望的学习机会。为保证分派过程的顺利，学生应尽量在上交实习志愿表之前根据人数要求进行一定的协商，避免多人填报同一实习领域。

（4）由实习协调员根据学生的志愿分配学生实习机构，无法协调的学生将由实习负责老师统一安排，并且最终的分配以学系统一安排为准。

（5）实习协调员向全体学生公布实习机构分配名单，并向实习机构通报学生安排的结果。有些机构需要提前面试学生，根据机构面试的结果和需要最终确认学生的安排结果。

（6）进行实习见面会。为促进学系与实习机构的联络，在正式实习开始之前，学系会举办一次实习见面会，为担任实习督导的教学指导者颁发聘书，同时让本期实习的学生与机构负责人和实习督导见面相互认识和了解，为即将开始的实习做准备。

（7）实习正式开始。学生分别到各自的实习点进行实务实习，并达到所要求的实习时数，在实习期间与实习督导保持密切的联系。

（8）实习研讨及总结。实习期间，根据实习的进度及需要，学系将定期举办学生研讨会，交流在实习期间的经验。实习完成之后，也将举办实习总结大会，对当期的实习进行总结。实习结束后两周之内，学生要将实习报告及所有文书上交到实习协调员处存档备案。

5.3 实习机构的期待与角色

实习机构是专业实习得以顺利开展和达到预期实习效果的空间载体（Furness，Torry & Wilkinson，2005），要确保实习学生拥有优秀的实践体验和学习经验，关键在于各实习主体之间的期待和关系能予以澄清，力求达成一致。

5.3.1 实习机构对专业实习的期待

实习机构与社会工作专业高校合作，接收社会工作专业学生到机构实习，对于实习机构本身来说有自己的期待和动机，一般有以下几种情况。

第一，为机构同工特别是中层以上管理者提供训练、管理的机会。高校让社会工作专业学生到实习机构进行专业实习，往往选择机构的高层或者中层管理者作为实习机构督导，对实习学生的工作进行督导。对于机构来说，这提供了让中层以上管理者管理培训实习学生的机会，有利于提高其管理能力，为将来机构的管理积累经验，特别是对于那些刚晋升不久的中层管理者来说，这也是不可多得的实践机会。而且，实习机构大致分为"第二工作环境"实习机构和专业社会工作服务机构两类，对于"第二工作环境"实习机构来说，可能存在对社会工作专业理解不深的情况，通过管理者对实习学生的督导工作，能够加深机构督导对社会工作的了解，督促机构督导继续加强自己的能力和管理经验。而专业社会工作服务机构也是近几年才发展起来的，机构内部的管理者大多经验不足，通过对实习学生的督导工作，可以为他们积累行政管理的经验和提供专业督导能力训练的机会。对于机构管理者来说，管理和督导实习学生与管理和督导机构同工有一定的差别，相对来说，督导实习学生比督导同工容易一些，这样一步一步地经验积累，有利于机构管理者积累不同的管理和督导的经验。

第二，从行业角度来看，同样作为社会福利行业，为社会工作专业学生提供实习的专业环境，能够在一定程度上协助培养专业社会工作人才和为本机构储备优秀人才，共同推动社会服务行业的发展。一方面，每一个社会工作者有积极推动社会工作行业整体发展、促进社会工作专业发展和创新的责任，那么由社会工作者组成的社会工作服务机构自然也应承担起推动行业发展的责任，所以，作为实习机构需要为实习学生提供优质的专业环境。另一方面，随着社会福利逐步走向社会化，社会工作专业化的需求日益突出，从长远来看，实习机构是在为自身培养和挑选储备人才。如果从事社会工作专业服务的学生回到了曾经实习过的机构任职，实习机构就得到了一个相互了解的专业人才。

第三，实习学生在一定程度上是实习机构的一分子，也能为实习机构贡献力量。实际上，实习教育对机构自身能带来相关的变化，实习机构在履行作为实习的有效监督者的责任的同时，也获得了实习学生对机构的贡献，实习学生到机构实习在一定程度上可以帮助机构处理繁重的服务事务，减轻人手困乏的压力。实习学生贡献自己的知识和能力，能够使机构服务更加专业化（Brodie，1993）。实习学生的参与，能够扩大机构的知名度和社会影响。

5.3.2 实习机构与高校的合作关系

1. 高校与实习机构的沟通与协调

高校的社会工作系应负责与实习机构联络并安排学生实习的总体事宜，包括与机构领导或机构督导拟定适合学生实习要求的实习岗位、职责及数量，说明校方行政与教学的要求，与机构协商所需的行政安排。

以中山大学的实习经验来说，应在实习开始前 1~3 个月做出详细安排及商讨。同时，在学生实习期间以及实习结束 1~2 个月内，保持定期的沟通，以便交流学生的实习情况，总结经验。

情境解答

机构负责人：怎样才能成为一个社会工作实习机构？

实习协调员：一般来说，我们非常重视挑选社会工作实习机构的工作，因为它作为提供实习的平台，会影响学生学习的成效。在成为实习机构之前，我们都会对潜在的机构进行探访，评估它们的服务宗旨、对象、内容、机构支持力度是否适合作为社会工作实习的机构。因此，并不是每个潜在机构都能成为合适的实习机构，甚至一些"老"机构——长期接收实习学生的实习机构也有可能被认为不再适合而被中止。机构常见的不符合社会工作实习的原因有以下几点：①提供的职位并不是一个社会服务岗位，如公司人力资源岗位；②提供的工作内容并不具有太多社会工作的元素，如某些街道和居委会仅仅是让学生整理行政文档；③机构路途太遥远且不提供住宿或者交通补贴；④机构完全不了解社会工作，也并不打算重视社会工作。

对于合适的实习机构，我们会与其签订"实习基地协议"，建立实习关系，在实习合作中保持联系。

机构负责人：我们曾经接待过其他高校的实习学生，但是高校将学生送过来之后，就几乎联系不上了。你们的做法又是如何呢？

实习协调员：我们十分重视与实习机构之间的关系。因为社会工作的实习机构经过我们严格的评估和筛选，而且还签订了"实习基地协议"，所以它是能够向实习学生提供良好的学习环境的。我们希望通过学系和实习机构的紧密合作，最终能够保证实习学生在专业上的成长。因此，我们要求实习督导在实习开始之前拜访机构负责人，了解机构更多的信息并澄清学生与机构的期望。此外，实习协调员也会与机构联系具体的实习安排事宜，如实习的内容、形式、时间、人数、地点、补贴等。在实习过程中，实习协调员也随时与机构负责人联系，第一时间了解实习的状况。在实习结束后，机构负责人也需填写实习机构反馈表，而且给予实习督导关于学生最终评估的意见。此外，学系也会邀请实习机构参加相应的实务培训和研讨会议，达到教学和实践相长的目的。

2. 实习机构对实习的支持

在实习过程中，实习机构扮演着十分重要的角色。特别是在以下几个方面能够对实习学生给予协助和支持。

(1) 工作条件和行政支持

期望机构能够做到以下几点：①为学生提供必要的支持和物质上的便利（如办公桌椅、会谈房间、小组活动场所、基本办公文具等）；②允许学生使用机构设备和资源去完成工作任务（如小组活动所需用品、图书、参考数据等）；③对学生为完成准许的工作方案和任务所需费用予以报销；④假如条件许可，能为实习学生安排午餐或给予适当补贴；⑤具体安排实习学生的实习日程（包括休假等）。

(2) 实习准备

实习督导一般会在实习前探访机构，与机构负责人一起商讨实习的准备工作。在这一阶段，需要互相协调的工作有以下几点：①交流到机构实习学生的资料；②了解机构目前的运作状况；③落实迎新（认识机构）计划的分工；④确认既有利于学生学习又符合机构需要的实习任务；⑤分享其他与机构的具体服务和部门情况有关的资料，以便实习督导提供机构资料给实习学生。

(3) 迎新活动

实习开始时,机构和实习督导能为学生安排一个迎新会(或见面会)。从总体上向学生介绍机构的历史、政策制度、管理模式、组织架构、服务内容、服务范围和提供体系,尤其是实习学生将会参与的项目和活动,以便帮助他们熟悉机构的运作情况。具体包括以下几方面:①介绍机构的历史、使命、宗旨、组织结构、作用和工作成绩;②介绍机构经营运作系统、与学生共事的主要工作人员以及员工手册;③简要介绍有关的行政、财务程序;④向机构内的工作人员和有关机构介绍实习的学生;⑤安排学生走访开展实习的小区、邻近小区和相关服务机构。

期望机构可以依据自身实际,用多种方法开展迎新活动,如座谈、讨论、参观不同的工作部门和阅读介绍机构情况的各种数据。

情境解答

机构负责人: 实习开始之前我们要做些什么准备工作?

实习协调员: 我们希望实习机构能够为学生提供基本的办公设备,包括办公桌椅甚至电脑。为了让学生尽快地融入工作环境,我们期望实习机构在实习的第一周对学生做出导向,从总体上向学生介绍机构的历史、政策制度、管理模式、组织架构、服务内容、服务范围和提供体系,尤其是实习学生将要参与的项目和活动,以便帮助他们熟悉机构的运作情况。

(4) 监督正在进行的工作

虽然实习督导工作主要由校方负责,但机构负责人在行政上的协助以及对学生的回馈对学生的学习也很重要。需要机构负责人给予协助的工作主要有以下几点:①向学生解释其工作与各部门工作的关系;②对学生在机构的表现给予及时反馈和建议;③不断为学生创造机会,以利于他们融入工作机构，适应角色上的调整，如可以邀请学生参加工作人员会议、参与机构员工培训、协助学生联系参观其他与工作有关的机构和组织等；④与实习督导一起讨论学生在实习场所、任务和时间运用上的表现，如学生是否按时出勤、工作态度和机构内外工作关系是否良好等；⑤与实习督导进行定期交流，一起评估交给学生的任务是否合适或有助于其实现学习目标，在必要时协助适当调整；⑥就与学生实习相关的事项与社会工作院系保持经常的联系，并反馈学生的表现。

（5）评估

评估分为两次进行，分别在实习中期和实习结束。实习督导可与机构负责人一起对实习学生的表现做出评价，以便作为对学生表现的评估参考。如能安排一个实习总结会，则更能帮助学生进行反思。

3. 促进实习机构与高校合作的途径

要确保实习机构能够为实习学生提供优质的专业环境，实习机构和高校需要不断加强合作关系。一方面，高校可以通过学生的实习工作，联合实习督导的力量，为机构的相关项目提供专业或学术上的意见，可以通过研讨会、机构拜访、资料共享等形式促进意见的交流。高校可以发挥资源联结的作用，为提供类似服务的实习机构开展交流工作，促进相关资源的共享，并且能够促进相似服务的实习机构交流实习工作的心得体会。另一方面，实习机构对实习学生在专业环境内的实习情况有最真实的把握，可以通过意见反馈的方式将实习可改善的方面的信息反映给高校，并协同高校改善实习的相关操作，提高实习的有效性。通过保持实习机构与高校的合作交流，发挥各自资源优势，满足各自需要，这样才能不断促进实习工作的有效进行。

5.3.3 实习机构与实习学生的互动关系

1. 实习机构的责权和为实习学生提供社会支持

在整个实习过程中，实习机构与实习学生应有明确合理的责权划分。一般而言，实习机构期望实习学生能遵守机构的各项规章制度，在一定程度上解决机构人力资源不足的困境，为机构带入新鲜的知识和理念；也有实习机构对社会工作专业院校为实习学生配备的专业实习督导充满了期望，希望能够通过实习督导指导学生的具体工作，从而间接指导机构的工作。实习机构与实习学生责权的划分依据各个机构的实际情况不同而有所不同，但都应该建立在相互尊重、相互认可、有利于实习学生通过实习机构所提供的平台进行学习这一共识之上（Barr & Goosey，2002）。

社会支持包括个别或团体间的网络，是可以提供力量、情感、角色和社会身份的人际互动（Mitteness & Barker，1995）。作为一名社会工作者，在做个案时，会去了解和建立他们的社会支持网络，同时鼓励家庭重要成员或朋友能参与促进这个目标的实现，这样的努力可以帮助个案提升他们的社会功能和生活品质。同样，社会关系和网络也会直接影响社会工作者的专业品质。专业社会工作中强调人与人之间情感的交流，包括与同事、亲戚、朋友。社会工作者个人层面或专业层面所获得的支持将有助于其有效面对压力。社会工作者也需要足够的能量和支持去持续提供服务。

社会工作专业学生从学校来到实习机构，面对一个完全不熟悉的环境，难免会感到彷徨和无助，为实习学生提供必要的支持十分重要。在实习开始后，实习学生可能会遭遇以前在课堂上不曾经历的困难情境、挫败感和强烈的自我否定，在整个实习过程中，对实习学生的支持是不可或缺的。一般来说，实习机构至少要在以下几方面对实习学生提供支持：①为实习学生提供一定的物质和空间保障，如独立的空间接见案主、进行小组活动、整理文档等；②给予实习学生一定的自由和想象的空间，特别是当机构没有某项服务，而实习学生想开拓之时，在机构服务范围内及条件允许的情况下应予以鼓励；③给予实习学生一定的时间和机会成长，切勿对实习学生求全责备；④与实习督导和高校保持良好的沟通，不干涉实习督导对实习学生的指导意见；⑤客观公正地评价实习学生的实习表现，及时地给予反馈；⑥为实习学生营造一个友好、互助、团结、合作的工作氛围。

情境解答

机构负责人：学生在机构中的角色是什么？

实习协调员：学生被视为机构中的一员，要和机构正式的工作人员一样遵守机构的政策和程序，工作、行为和着装都必须符合所在机构的要求和规则。例如，当机构的上班时间为晚上甚至假日的时候，实习学生同样需要遵守。不过，实习学生需向机构的服务对象表明自己"实习社会工作者"的身份，以示和正式职员的区别。

机构负责人：我们如何对学生进行考勤？

实习协调员：我们希望学生遵循机构的上下班时间以及休假办法。机构负责人需要每周审核实习考勤表（见第六章）中实习学生的工作内容和时数是否属实。

2. 促进实习机构与实习学生互动的途径

实习机构与实习学生良好的互动关系是确保实习工作有效的关键。笔者认为促进实习机构与实习学生良好互动的途径有以下几种。第一，实习机构和实习学生对于实习的期待和需要能够相互给予澄清，实习督导可以扮演中间者的角色，三方在实习导向期订立学习契约时，可以就实习期待进行分享和讨论。第二，对于实习中出现的相关问题，可以提供开放的环境，方便实习机构与实习学生进行说明和共同寻求解决之道。第三，本着共同成长的目的，实习机构特别是机构督导可以为实习学生提出改善建议并给予空间实践，实习学生也应将自身视为实习机构的一分子，为机构和同工的发展提出自己的想法，共同促进机构的团结。第四，实习机构和实习学生都应从积极、优势的视角看待实习关系，这样能够帮助两者以欣赏的角度去看待实习中双方的付出，从而帮助双方更进一步面对实习中的相关事项，共同推动实习的有效进行。

案例分享

案例

在安排实习的过程中，某市残联负责人主动提出希望接收某大学的社会工作实习学生，实习协调员对此表示欢迎，并着手安排实习学生准备进入残联实习。学生在实习前希望能够知晓具体的实习内容和实习时间安排，实习协调员将学生的要求告知市残联，并正式去函件希望市残联能够与学校签订一份正式的实习协议。市残联下属的一个康复中心主任打电话与实习协调员协商实习事宜。在与中心主任沟通过程中，实习协调员发现该中心主任对社会工作认识存在很大误解，将社会工作实习学生当成机构的志愿者和勤杂人员。实习协调员向主任解释说明社会工作专业实习不同于做志愿工作，也不是机构的秘书和打字员。

中心主任：你认为社会工作专业学生可以做什么？

实习协调员：可以协助你们进行残疾人的康复服务、职业训练、家庭关系服务和情绪辅导等。

中心主任：我还以为他们过来是做志愿者呢！

实习协调员：我们是用专业的社会工作方法，包括个案、小组和社区工作方法协助机构更好地服务残疾人，同时，社会工作专业学生在实习的过程中也能够得到锻炼。

中心主任：如果这样的话，你先让学生过来吧，具体实习安排我们以后再说。

可见该机构并不真正了解社会工作，对接受实习学生仅仅是出于减轻机构人员的工作量，将实习学生当作免费的劳动力。实习协调员认为该机构并不适合实习学生进入。

分析

实习机构与社会工作实习要求有可能会存在不同的需求取向。我们并不能排除实习机构并未了解社会工作专业或打算获取免费劳动力的情况，毕竟实习学生将有 2 个月的时间在机构全职实习，对实习机构来说也是难得的人力资源。

建议

上述案例距离实习开始还有 1 周时间，实习协调员在征求实习学生意见后，从备选实习机构名单中重新安排实习机构，并确保实习机构能够提供条件和空间以使专业活动得以开展。主要原因是，如果强迫学生进入此类实习机构，将导致学生对社会工作服务的误解和社会工作专业认同感的下降。

5.4 实习学生的实习责任和专业操守

实习学生作为专业实习教育至关重要的活动主体，在整个实习过程中对自身要求、责任、期望的认识，以及对学校和实习督导对其所需达到目标的认识，将直接影响实习学生在实习过程中的具体表现。从实习开始到实习结束，要确保实习学生清晰、明白地理解自身所需承担的实习责任和实习所需达到的目标，处理好与机构、实习督导、服务对象和实习同伴的关系，并且在实习过程中恪守社会工作的专业守则，能够适当处理两难情境。国内外有关文献显示，无论是研究者还是实务工作者，长期以来比较关注社会工作专业实习的理论基础和本质内涵（Bennett & Saks, 2006；Dyeson, 2004；Tsui, 2005；刘华丽, 2006）、实习过程中实习学生与实习督导的关系（Coulton & Krimmer，2005；Munson，2002）、实习学生与实习机构的关系（Furness，Torry & Wilkinson，2005；Russell，Lankford & Grinnell，1984），以及实习过程中对学生的支持和协助（Cousins，2004；Itzhaky & Ribner，1998；Maidment & Cooper，2002），对于实习学生在实习过程中所应当承担的责任和专业操守则较少论及。所以，实习学生在实习中所需恪守的实习责任和专业操守等相关问题需要给予更大关注，这既是社会工作基础性的价值观思考，也将影响实习学生对社会工作的专业认知的内化情况。

5.4.1 实习学生的实习任务

1. 实习契约

社会工作实习的本质是通过提供机会给学生学习并对服务对象进行服务，达到完成社会工作教育的目的。然而，实习的时间有限，而且要学习特定的知识与技巧，如果实习以无结构的方式进行，不仅不能了解到学生可以获得哪些学习，同时也影响了教学双方的配合。因此，实习应该有一种结构化的要求。实习的结构化要求包括实习督导和实习学生的角色与职责确定、双方共同确定的实习目标和学习机会以及如何评估实习效果。对以上问题的约定，构成了实习契约，成为整个实习开展的参考框架。

实习契约由实习学生和实习督导共同商定，并且在接下来的实习安排中被落实，实习契约也常常被用来检视实习学生工作的方向和效果。根据实际情况的不同，也可对实习契约做出调整和修改，但需要与实习督导进行商定。实习契约的订立详情将于第六章进行介绍。

2. 实习工作量

实习的前期，学生实习的具体目标和内容是经过学生和实习督导共同协商决定的（以实习契约的形式确定），是根据机构的需要而制定的，符合实习督导的要求以及学生自身的兴趣、能力和学习要求。

一般而言，学生实习应完成一定的工作量，根据机构可以提供的学习机会，学生应尽量开展不同种类的工作，如完成一定的个案、小组、项目及大型活动数，具体要求应由学生同实习督导共同商定。应该注意的是，根据实习机构的性质和服务内容的不同特点，学生的具体实习任务也相应有所不同，并不局限于完成个案、小组、项目及大型活动，学生的具体工作量由实习学生自身、机构督导及教师督导三方通过不断的评估和调整来确定。

3. 实习文书种类和提交时间

学生在实习过程中需要接触以下几类文书（见表5-1）。

表5-1 实习文书的种类、功能及提交时间

序号	文书种类	功 能	完成和提交时间安排
1	实习契约（见第六章）	明确实习目标与任务	建议在实习前三周完成
2	导向报告（见第六章）	整理对机构及服务的整体性认识	建议在实习前三周完成
3	实习日志/周志（见附录5-1）	记录实习过程中的观察、反思及心情等	与实习督导分享
4	个案工作相关文书（见第七章）	包括接案记录表、介入计划书、个案记录、结案报告以及一次过程记录等	建议根据个案工作的进度完成
5	小组工作相关文书（见第七章）	包括小组计划书、小组记录报告、小组最终评估报告等	建议根据小组工作的进度完成
6	大型活动相关文书（见第七章）	包括活动策划书和活动评估报告等	建议根据活动开展的进度完成
7	实习报告（见附录5-2、附录5-3、附录5-4）	包括实习中期报告、实习最终报告、实习成长报告，帮助实习学生阶段性总结自己的实习工作	中期评估、终期评估和实习结束后与实习督导商讨后完成

此外，实习学生也需要完成如实习考勤表、实习评估表等以下行政表格（见表5-2）。

表5-2 行政表格的名称及其功能

序号	表格名称	功能	备注
1	实习考勤表（见附录5-5）	帮助实习学生记录实习的时数和实习内容	每日填写
2	实习请假申请表（见附录5-6）	需获督导批准，假后需补回相应实习时数	根据需要填写
3	实习中期评估表（见附录5-7）	对前期实习过程的回顾，明确下一步工作方向	—
4	实习最终评估套表（见附录5-8）	对整个实习过程的回顾，总结实习经验与收获	包括学生实习情况描述表、学生实习表现自我评估表和实习学生自评及实习督导评分表
5	实习机构反馈表（见附录5-9）	了解机构对实习学生实习工作的满意度	实习结束后一周内
6	实习学生对实习督导反馈表（见附录5-10）	了解实习学生对实习督导的意见	实习结束后一周内
7	实习督导会面记录表（见附录5-11）	了解实习学生与实习督导的互动情况	每次督导后填写
8	实习学生对实习机构反馈表（见附录5-12）	了解实习学生对实习机构的意见	实习结束后一周内
9	学生实习结束保证书（见附录5-13）	实习正式结束，实习学生需要将相关保密性文件删除	实习结束后一周内

4. 实习成绩不及格的处理

终期评估一般在实习结束前一周进行，建议学生与实习督导安排一次面谈。学生需要在此之前完成实习最终报告（见附录5-3），交由实习督导评阅，并与实习督导对照实习最终评估套表（见附录5-8）进行相应的评分。

实习不及格的学生，在正常情况下会被要求重新进行一次实习。若还未通过，就可能最终被记为不及格。

实习期间，在以下两种情况下，学生也可能被实习老师要求中止实习，并评定为实习不及格。

（1）有严重伤害他人的行为，如在生理或心理上虐待服务对象、破坏机构服务对象名誉的行为，造成严重后果的。

（2）屡次犯错，经过帮助仍无改过的迹象，如长期擅离实习工作岗位、不接受实习指导、不完成机构或学系要求的文书等。

情境解答

学生：我如何选择实习机构？

实习协调员：我们让学生选择实习机构服务的类别，如老年人、青年人等，但不会提供具体的机构名单，最后根据学生的选择再进行调配。这样做是为了避免学生挑选实习机构的时候不是以服务为首要考虑的因素。例如，个别学生会说"这个中心的工作人员好"，"这里办公室环境有空调"，甚至"那里工作比较轻松"，等等。

学生：我可以推荐实习机构吗？

实习协调员：可以，但所选机构和实习督导须符合社会工作实习的专业要求，并将其背景介绍及相关资料（包括机构简介、机构负责人的简历等）提交给社会工作专业负责老师以获批准。负责老师将与实习协调员就该实习的合适性和质量水平进行商讨、审议。

学生：我本科的时候已经完成过专业实习，我在研究生期间还需要实习吗？

实习协调员：鉴于部分硕士研究生本科毕业于不同高等院校的社会工作专业，对于本科已开展过含个案、小组工作的专业实习的学生，中山大学社会工作专业允许学生申请参与社会工作间接服务工作（如协助社会工作行政教育工作的开展或从事其他相关研究项目工作）。但申请者必须出示本科阶段800小时的专业实习证明，包括符合专业标准的实习督导、规范的实习报告、具体清晰的实习时数统计、实习督导和机构的最终评估结果等材料。根据申请，我们将组织专门人员进行考核。考核结果将作为最后审批的依据。

学生：在整个实习过程中，学系将如何支援我的学习？

实习协调员：学系会帮学生联系实习机构和寻找实习督导，实习协调员全程监督学生实习的过程，学生有任何问题可向实习协调员反映。在实习中期，我们会召开"实习学生中期评估会议"，让大家分享实习过程，互相支持，及时地与实习协调员沟通实习机构和实习督导的情况。在实习工作坊中，也会提供"社会工作实务技巧""实习工作坊""高级社会工作实务理论与技巧"等课程支持学生的实习。每期实习结束后，实习学生需填写实习机构反馈表和实习学生对实习督导反馈表，让学系能够对实习机构和实习督导做出评估，看其能否满足学生学习的期望。另外，如果资金允许，我们会联系外地机构，资助学生到香港、深圳等地机构进行实习，体验不同地方社会工作的发展。

学生：每期400~600小时的实习时数是否很多呢？我需要做些什么工作？

实习协调员：根据我们的经验，400~600小时并不是太多，而是非常紧凑的。因为要完成个案、小组、大型活动的任务以及书写"实习契约""导向报告""中期评估""最终评估""机构反馈表""日志""考勤表""个案、小组总计划""每节个案、小组计划""每节个案、小组记录及评估""个案、小组最终评估""大型活动计划"和"大型活动的记录及评估"等如此之多的文书，所以大部分学生都不能在400小时内如期完成实习，需要额外增加工作时间。很多时候，学生要到实习期过半的时候才完成计划而开始开展各种工作，这样的实习时间更显紧迫。因此，我们建议学生"未雨绸缪",于实习之前做好时间管理。除特殊情况外,文书写作的时间是不允许计入 400 小时的实习时间内的。

学生:"最终评估"的分数真的是"最终"吗?

实习协调员:做最终评估的时候,学生需打出自己的分数供实习督导参考,实习督导和学生也可共同对分数进行讨论。最终的分数由学系专职负责的教师进行审核,所以如果学生对实习督导给予的分数有争议,可向专职教师反映。

学生:在何种情况下我会被中止实习?

实习协调员:详见上面介绍。总的来说,如果学生的表现实在不佳,如不与实习督导会面、不递交实习文书、与机构和实习督导发生冲突,或者严重违反社会工作伦理操守,即会被勒令中止实习。请注意,处理方法可能是更换一个机构接着实习,也可以重新开始实习,甚至成绩直接评为"不及格"。

5.4.2 实习学生应尽的责任

1. 对实习机构的责任

学生要对机构负责。学生在实习中代表机构工作,服务对象会把学生视为机构的工作人员。所以,学生的言行举止、穿着打扮都应符合实习机构的要求。

学生要和机构工作人员一样遵守机构的政策和程序。例如,他们必须注意基本的工作道德,满足机构行政、财务上的要求,如签到、撰写报告、工作记录、着装等。

学生要与机构的工作人员合作。学生如果是在一个多学科的工作环境中实习,作为工作团队的一员,要有建设性的贡献,并向其他人通报自己的工作。

学生要按机构的正常工作时间上下班,并且在必要时,要做好晚上或周末加班的准备。超出的时间要尽快按机构行政规定补休,不应累积在一起。

情境解答

学生:实习有工资吗?

实习协调员:原则上实习是没有任何薪酬的。

学生:实习机构条件很差该怎么办?

实习协调员:这是一个常见的问题。基本上我们的实习机构都是非营利组织,经费不足、办公环境欠佳是十分普遍的。有时候,这些机构甚至连电脑、办公桌也不能为学生提供。不过,实习最重要的还是能够提供服务,而不是在于硬件环境上,因此,学生和实习督导应相互沟通,因地制宜,灵活处理问题。必要时,学生可与实习督导商量,申请工作时间回学校或回家书写实习文书。

学生:我在实习期间不断加班,已积累一定时数,能否提前结束实习?

实习协调员:学生可记录加班的工作时数,然后在实习督导的批准下进行补假。原则上,学生是不能提前结束实习的。因为我们认为,每期400小时的实习时间其实是非常紧迫的,学生不可能在如此短暂的时间内提前完成颇为巨大的工作量。所以,学生有责任保证实习任务的质量,而不是找借口仓促地提前结束实习。

2. 对服务对象的责任

(1)除非机构有特殊原因要求学生在实习时隐瞒身份,否则学生必须向服务对象说明他们的身份是"实习社会工作者"(Lesley &

Lynne，2000）。若因特殊原因，考虑隐瞒身份，须请示实习督导。

（2）学生应以尊重、礼貌、诚恳的态度对待服务对象。

（3）学生必须尊重服务对象的隐私权，对在专业关系中获得的关于服务对象的情况的资料应恪守保密责任，如避免将服务对象的记录信息留在办公桌上，以及被其他服务对象或未被授权的人看到。

（4）学生如有需要对服务对象的会谈进行录音或录像时，必须事先征得服务对象的同意，并签订书面的同意书——对于使用音频录音和/或视频录像的同意书（见附录5-14）。

（5）学生应与服务对象之间建立专业关系。其中，专业关系的建立是为了达到社会工作目标，是基于公益、客观的基础之上的，不得以社会工作者的自身的利益为前提，更不能融入社会工作者的个人问题与情绪需求。

（6）学生应以服务对象的最佳利益为优先考虑，并尊重和培养服务对象自我决定的能力，以维护服务对象的权利。

情境解答

学生：实习过程的资料应如何处理？

实习协调员："保密"是社会工作者重要的伦理道德之一。实习资料涉及服务对象甚至机构的重要信息，学生需妥善保管，必要时对文件进行加密。原则上，除实习督导外，服务对象的资料是不能外泄的。曾经发生过实习学生将所有的实习资料"完整地"上传到博客的事件。这是严重违反社会工作专业伦理道德的事情。即使日后实习资料需要成为案例进行讨论或者集录成书，也需要将姓名、地点等个人信息略去。

3. 对实习督导的责任

（1）学生应主动让实习督导了解自己实习的情形，以及所遭遇到的困难，向实习督导寻求支持。比如不清楚工作安排或机构的情况、工作量太大、不清楚实习督导的要求或者其他由自身原因或环境因素造成的对工作的影响。通过联系实习督导、保持沟通、例会反馈和澄清事实等，大多数困难都可以得到解决。如果学生面临的困难无法通过与实习督导讨论得以解决，应该向实习机构的工作人员咨询和交流意见。

（2）学生应对实习督导表示敬重、礼貌和诚恳，虚心接受机构督导及教师督导的教导及批评，在平时的工作中应积极主动，如请教他人，相互交流在业务学习、专业知识和技巧、行政措施及社会政策价值观上遇到的难题。

（3）学生应相信有效督导的价值和经验，积极和实习督导共同分享对问题的关心、看法、观察和诊断以及用什么方法解决困难等，互相理解、互相信赖和互相合作。此外，学生能信赖地向实习督导表达自己的关心或实习受挫的心情，或自己的优势、弱点。

（4）学生应按时参加教师督导和机构督导召开的个别或团体督导会议，并准备相应的材料，依督导要求提前提交工作报告，主动提出需要讨论的问题。

4. 对学系的责任

（1）学生应按照学系的要求完成实习工作坊的任务，包括各种研讨会及机构参访等活动安排。

（2）在分派实习机构时，学系会充分考虑学生的实习机构志愿报名情况，但当现实条件不允许时，学生应服从学系对实习机构分派的安排。

（3）学生需配合实习协调员完成对实习机构资料的收集和完善，在实习期间收集机构的相关宣传资料，如简介、服务手册、刊物等。

（4）学生在实习期间要特别注意个人实习安全，来回机构或参与活动时，尤其应注意交通安全。

（5）学生的实际实习内容应依照机构的规定或机构督导的指示，当机构的规定或机构督导的指示违反常理或相关法规时，应迅速向教师督导或实习协调员报告。

（6）实习结束后，学生应协助实习协调员对实习机构、实习督导的情况进行反馈。

（7）实习结束后 1 个月内将统一组织本期实习的总结报告大会，邀请实习督导和代表，以及在校社会工作专业学生听取学生实习课程的经验与总结。总结报告大会由学生班级具体策划、组织和实施，学系将给予相关的支持。

5. 对实习同伴的责任

（1）要尊重、包容实习同伴。每个人的为人处世风格都是不同的，所以，要学会尊重和包容他人。

（2）与实习同伴相互支持。在实习机构中，面对陌生的环境，难免会产生负面的情绪，所以，实习学生应相互支持，共同面对实习初期的不适应。

（3）与实习同伴分工合作。在同一实习机构中合作，对于一些工作或者文书（如导向报告），与督导商量后，是可以由实习学生分工合作的，所以，要明确个人的责任，并且能够在完成己任之后帮助其他的实习同伴。

（4）实习学生有时与实习同伴对于服务或机构进行工作讨论，仍需要坚守保密原则，不可透露服务对象的相关个人信息，也不可针对实习机构进行恶意攻击。

5.4.3　实习学生应遵守的社会工作专业操守

1.《中国社会工作者协会社会工作者守则》内容

社会工作要求社会工作者以其专业的方法和技巧协助服务对象解决问题，并且要求其在伦理价值和专业操守的指导下开展实务工作。以下是 1994 年由中国社会工作者协会制定的《中国社会工作者协会社会工作者守则》。

中国社会工作者协会社会工作者守则

一、总则

中国社会工作者继承中华民族悠久的历史、文化传统，吸收世界各国社会工作发展的文明成果，高举人道主义旗帜，以促进社会稳定和全面进步为己任。中国社会工作者通过本职工作，提倡社会互助，调节社会矛盾，解决社会问题，改善人际关系，为社会的物质文明和精神文明建设服务。

二、职业道德

1. 热爱社会工作，忠于职守，具有高度的社会责任感和敬业精神。

2. 全心全意为人民服务，为满足社会成员自我发展、自我实现的合理要求而努力工作，并不因其出身、种族、性别、年龄、信仰、社会经济地位或对社会贡献不同而有所区别。

3. 尊重人、关心人、帮助人。为保障包括人的生存权、发展权在内的人权而努力。注重维护工作对象的隐私权和其他应予保密的权利。

4. 同工作对象保持密切联系，主动了解他们的需要，切实为之排忧解难。

5. 树立正确的服务目标，以关怀的态度，为工作对象困难问题的预防和解决，以及其福利要求提供有效的服务。

6. 清正廉洁，不以权谋私。

三、专业修养

1. 确立正确的社会工作价值观和为专业献身的精神。

2. 努力学习和钻研业务，不断提高专业技术水平和专业服务质量。

3. 通过参加专业培训和进修，努力实现专业化，提高工作效率和服务效能。

4. 运用专业的理论知识与方法技能，帮助社会成员改进和完善社会生活方式，不断提高生活质量，以利于民族素质的提高。

5. 从广大群众的集体力量和创造精神中吸取专业营养，促进专业的发展与创新。

四、工作规范

1. 重视调查研究，深入了解社会成员的困难和疾苦，并采取有效措施，切实帮助他们摆脱困境。通过不断的调查研究，提高社会工作的服务水平。

2. 对待工作对象，应平易近人，热情谦和，注意沟通，建立互相信赖的关系，努力满足他们各种正当的要求，并帮助他们在心理和精神等方面获得平衡。

3. 对待同行，应互相尊重，平等竞争，取长补短，共同提高。在业务上，诚意合作，遇有问题时，互相探讨，坦率交换意见，或善意地进行批评和自我批评，以促进专业水平、工作效率和服务效能的提高。

4. 向政府有关部门、社会有关方面反映社会成员需要社会工作解决的问题，以及对工作的意见和建议。

5. 向社会成员宣传贯彻国家有关社会工作的政策、方针和法规，鼓励和组织社会成员积极参与社会事务。

6. 对待组织和领导，应按照民主集中制的原则，主动献计献策，提供咨询意见，并自觉服从决定，遵守纪律，维护集体荣誉。努力使领导和单位的计划实施获得最佳效果，圆满完成社会工作的各项任务。

由《中国社会工作者协会社会工作者守则》可以看出，对于社会工作者的专业操守，明确了"坚持以人为本、强调平等尊重、维护案主权益、注重专业修养、严格行业规范、讲求服务效率"的重点。同样，对于社会工作专业学生，在实习过程中也要坚持专业操守准则，了解和内化专业操守和伦理原则，这一过程不仅要求实习督导对实习学生有效引导，也要求实习学生应敏感地注意实务工作中有关专业操守和伦理准则的相关内容，避免出现伤害服务对象或实习机构甚至实习学生自身的情况。面对实习中价值两难的处境，应以上述操守为原则进行价值判断并妥善处理。

2. 社会工作专业操守的完善

从现实情况来看，由中国社会工作者协会制定的《中国社会工作者协会社会工作者守则》的普及率并不高，相比来说，国内高校或一些机构多数采取美国、中国香港等国家或地区的成熟专业操守准则或伦理守则。张莉萍、范志挺、黄晶晶（2006）指出，《中国社会工作者协会社会工作者守则》仍存在"欠缺理论根据、可操作性小、指引不明确、尚未涉及伦理两难问题"的缺点。可见，《中国社会工作者协会社会工作者守则》还需要进一步完善和修订，这也是推动中国社会工作发展不可忽略的重要一步。

高校或机构多数采用美国、加拿大以及中国香港或中国台湾地区的守则，那么在引用时我们就需要注意本土化。例如，社会工作者面对家庭暴力的案子是否需要告发，在美国和中国香港的条例是不同的。在美国，若受家庭暴力的对象是未成年人，那么社会工作者一定要告发，但当家庭暴力受害者已成年时，则社会工作者并无告发的责任。但这种情况如果发生在中国的香港，则无论对象是成年人还是未成年人，社会工作者都一定要告发。回到中国内地的现实，"家丑不可外扬"的传统观念和立法的不完善，令社会工作者在面对此问题时不知所措，所以需要机构或相关部门做出明确的指示。对于具体的情况，其他完善的经验值得借鉴，但需要根据现实情况做出调整，明确相关指引。

而在社会工作实习过程中，实习督导在指导实习学生时，不可忽略专业操守和价值伦理的指导。陈海萍（2010）强调忽视价值伦理可能会将社会工作推向科学理性、价值无涉的诊断型实务，容易忽略服务对象作为"有血有肉的人"的本质需求，以及社会工作作为一门助人专业的"人文关怀"。因此，形成共同信守的伦理守则不仅是社会工作专业化的必要条件，也是提高社会工作服务水平的客观要求。社会工作实习是培养社会工作专业学生成为一个真正的社会工作者的过程，在实习过程中强调专业操守和价值伦理的培养有其重要性，实习督导要注意结合中国的实际和机构的要求，引导实习学生遵守相关的专业操守。

5.4.4 实习学生面对两难情境的处理

社会工作专业学生作为实习学生进入实务环境中，在提供服务时，仍可能因为不熟悉或者对于一些事项不了解而陷入两难情境，特别是对于保密原则的把握。比如现在流行的微博，很多实习学生在开展活动时喜欢上传活动照片到个人微博，那么这是否可行呢？这其实需要看实习机构的具体规定，所以实习学生在开展实习初期，实习机构有必要向实习学生解释哪些行为是机构不允许的，而且实习学生也要敏感地处理在实习过程中发生的与实习有关的个人行为。

无论是机构员工还是实习学生，都可能在实务过程中遇到两难情境。所以，面对两难情境的处理，要把握好度，才能帮助员工或者实习学生更好地进行实务工作。在这里，以保密原则为例，宋红源（2011）总结了相关学者指出的相关指导原则，但具体情况还需要实习学生询问机构的规定以及与实习督导共同探讨。

台湾辅仁大学社会工作学系的许临高教授曾在《中国文化与社会工作伦理》中列出简表，指出青少年直接服务伦理议题剖析与介入，其中针对保密原则与违反隐私权就很透彻地指出了保密产生两难情境时的情况、价值抉择、对社会工作者的影响和处理原则（见表5-3）。

香港中文大学博士生导师林孟平教授在《小组辅导与心理治疗》中总结社会工作伦理的保密原则解密的情形，具体包括以下几方面：当事人的生命处在危险边缘时；当事人的问题涉及刑事案件时；当事人未满16周岁又是受害者时；当事人有犯罪意向，或社会工作者评估会危及自身或社会时；当事人心理失常时；当事人有自杀倾向时；等等。

表 5 - 3　面对两难情境的处理分析框架

伦理议题类型	常见的情况	冲突的价值抉择	对社会工作者介入的可能影响	伦理议题介入的原则
保密原则 VS 违反隐私权	1. 对第三者的保护，如案主透露可能伤害他人之意图 2. 第三者要求提供讯息，如法庭、学校、少年家长、警察等要求社会工作者提供少年相关讯息 3. 对案主福祉的保护，对少年权益或生命的保护，如少年欲自杀 4. 要不要让案主家人或相关人士知道的矛盾，如未成年人怀孕	1. 尊重案主隐私权 2. 保护案主或第三者的生命及财产 3. 忠于法令规定，告发不法行为 4. 与其他合作单位互动关系之维系	1. 揭露案主意图可能危及专业关系之建立 2. 为案主保密及和他人建立诚信关系之间产生两难，可能破坏与其他单位互动关系；可能影响机构之声誉；可能导致不可预期的后果	1. 伤害人类的生命、健康、食物、住所等，优于其他伤害的考虑，如揭发隐私、欺骗等（Reamer 伦理抉择指导原则第一条） 2. 事前告知案主保密之限制、工作人员预警责任和告发通报的职责 3. 社会工作人员严守资料机密的例外情形：预防案主或可确认的第三者遭遇严重的、可预期的或即将发生的伤害时，或法律或规定要求揭露而不需案主同意时，社会工作者应揭露与目标达成最必要、最少量且直接相关的信息（NASW 伦理守则1.07c） 4. 厘清及确认案主意图，审慎评估保密与否可能导致的风险和伤害，采取适宜的介入策略

案例分享

案例 1

学生 A 到社区青年服务中心开展 400 小时的社会工作实习，实习开始前机构对同批来实习的学生进行了实习前培训，除介绍机构服务开展情况、对实习学生工作内容的具体要求外，也特别提醒实习学生，机构规定工作人员要妥善保管自己的私人信息，工作中若需要与案主联络，请留办公电话、工作邮箱等，切记不要留私人电话、私人邮箱和私人即时通信工具号码。

学生 A 经过培训后开始实习，实习过程中，服务社区中的一个特殊少年 B 在社交上存在障碍，喜欢不断寻找不同服务单位求助，以期引起他人关注。B 很快在社区青年服务中心认识了 A，B 为引起 A 的关注表现得特别友好，并向 A 索要即时通信工具号码，A 一时间忘记了实习机构关于保护社会工作者隐私的提醒，便将即时通信工具号码告诉了 B。随后，B 通过网络途径知道了很多 A 的同学和朋友，并不断添加他们为好友。被 B 网络骚扰的 A 的同学和朋友纷纷向 A 投诉，A 在与 B 沟通后仍无结果，于是一气之下在自己的即时通信工具中郑重声明"B 有精神病，来自＊＊社区青年服务中心，大家不要添加他为好友"。

分析

保密是社会工作者必须坚守的原则之一，社会工作者要保护服务对象的隐私，实习学生也一样需要为服务对象保密。学生 A 很明显侵犯了 B 的隐私，并且没有遵守机构的规定，事件发生后为了尽快解决采取了极端的方式，这样既伤害了服务对象，也伤害了实习机构。学生 A 的实习督导应立即跟进事件，并协助学生 A 认识错误，采取补救措施，将伤害减到最低。

处理

A 的实习督导见到网络中传播的这条信息，立即制止了 A 的行为，认为 A 的行为严重侵犯了 B 的隐私，作为社会工作者应该保护 B 的隐私，并且应该尽可能地帮助 B 解决社交方面的行为问题而不是指责对方。同时，A 学生未能遵守机构的规定，擅自泄露自己的私人信息，才造成这样的后果。实习督导要求 A 郑重向 B 道歉，并向机构写检查交代自己的问题，向受波及的各类网友交代事情原委，期望网友从保护 B（未成年人隐私）的角度出发，停止传播泄露 B 个人情况的信息。

案例 2

实习学生小张的实习督导是校外督导，在实习过程中，小张向实习协调员反映，实习督导要求太严格，实习督导规定的很多工作计划自己无法完成，因而他比较担心自己最后的实习成绩，询问实习协调员能否更换实习督导。同时，小张也讲到实习机构的服务类型自己不喜欢，在机构实习感觉和自己未进入机构前所想的有很大差距，因而也希望能够重新更换实习机构。

分析

该案例中，实习学生在实习过程中提出要更换实习督导和实习机构，这就意味着前一阶段的实习需要被完全舍弃，要重新开始另一次实习。对于实习学生的这一变化，实习协调员绝不可贸然做决定，而需要考虑以下三方面的问题再决定是否接受实习学生的申请。

（1）实习督导的实际督导情况。实习督导是否按照实习手册上的要求进行了实习指导，如按照实习手册上的要求开展督导工作，实习督导本身便不存在过高要求学生的问题，因实习手册是学生在实习中所必须遵循的规定，是对于实习学生的基本要求。在此情况下，实习协调员就需要深入了解学生提出更换实习督导和实习机构的动机，了解该学生的实习表现、机构人员对该学生的实习评价、案主对该学生的主观印象，因不排除有学生无心实习、对于实习督导的尽职而有所非难等学生自身的原因。

（2）实习机构的具体工作情况和负责人的态度。对于实习学生未按约定的时间而提前离开机构，实习机构一般都不愿看到这种情况，这样会对机构的日常服务运作造成一定程度的影响，因为实习机构也花费了成本来培养实习学生，并安排了固定的工作由实习学生来完成。实习协调员需要亲自到机构了解机构的服务和实习学生实际进行的工作，对机构负责人进行详细的解释说明，以防与实习机构的关系恶化而影响高校与实习机构的关系。

（3）实习学生已开展服务的转介工作能否顺利完成。本着一切以服务对象为中心的原则，实习学生也需要向服务对象负责。实习协调员向服务对象解释实习学生中止服务的原因，并做好服务对象的转介工作是十分必要的。同时，服务对象资料的保密性也需要特别注意，实习学生需要与实习督导共同遵守保密性原则。

处理

本案例中，实习协调员首先单独约见实习督导，了解实习督导的指导情况。实习督导在本案例的实习过程中，依照实习手册上的规定要求学生完成机构导向报告，每周与实习学生会面指导，对于个案和小组要求实习学生做好访谈记录和小组记录，并要求学生及时交付给实习督导审阅。实习督导反映该学生的上述实习功课一直不按时交给他。对于学生的实习情况，他曾经与实习学生长谈，实习学生反映自己因忙于其他事情，希望实习督导能够"睁一只眼闭一只眼"让他把实习时间度过。作为一名专业的社会工作者，实习督导表示自己必须尽职尽责维护社会工作实习的专业性，不可能让其随便就通过专业实习，希望该实习学生能够与实习协调员沟通，考虑中止本次实习，在下一个实习周期中延长实习时间。实习协调员进一步了解了实习机构负责人对该学生的评价，机构负责人认为该实习学生与其他实习学生相比积极性明显较低，且在实习时间内忙于其他与实习无关的事情。最后实习协调员向实习学生讲述了所了解到的具体情况，同时征询实习学生本人的意见。实习学生承认现在正在准备一个重要的考试，确实未按实习督导的要求完成实习作业。实习协调员要求学生考虑下一个实习周期延期实习的可行性，学生表示可以接受。于是，实习协调员向实习督导和机构说明情况，在实习学生做好了服务对象的交接或转介后，由实习学生、实习督导、机构和学校四方签订了正式的实习中止书面材料，中止了实习学生的本次实习，安排实习学生延期实习。

案例 3

学生 C 到社区青少年中心开展实习，其间组织青少年外出做义工，开展社区活动。活动过程中，青少年义工 D 被分派做派发传单及招揽社区居民的工作，但 D 在义工工作过程中禁不住游戏活动的诱惑，忘记去招揽社区居民的工作，而是跑回活动摊位参加游戏，而且在参加游戏的过程中还与社区居民因为一些游戏规则的问题发生了摩擦。实习学生 C 发现这个情况后，立刻要求青少年义工 D 回到自己的岗位上。活动结束后，C 组织全体青少年义工开展活动后的分享和工作总结，在分享和总结中，C 当着全体青少年义工的面呵斥、辱骂青少年义工 D，机构社会工作者见到这样的情况立刻对 C 的行为进行了制止，并向全体青少年义工澄清。机构社会工作者表示，一方面，义工 D 在工作过程中的确存在不足的地方，希望以后改进；另一方面，工作人员 C 身为实习学生，在管理组织方面也存在一些缺陷，希望彼此改进，共同进步。随后全体青少年义工一起分享和总结了此次活动的收获、优势和值得改进的地方。

分析

尊重服务对象是实习学生对服务对象的责任，也是社会工作者伦理守则之一。案例中学生 C 明显违背了这一点，机构员工的及时补救，能够减少对青少年义工 D 的伤害，也避免了关系的破裂。对于学生 C 和义工 D，都仍需要进一步跟进。

处理

在全体分享和总结结束后，机构社会工作者单独找 C 进行谈话。向 C 严厉地提出，青少年义工是中心的服务对象，在义工活动中表现出来的不足，正是社会工作者应该协助青少年去改进和成长的地方，当面辱骂和呵斥服务对象的方式有违社会工作者尊重服务对象的基本原则，有害于社会工作者与服务对象关系的建立，更难以达到协助青少年行为的改变。同时，机构社会工作者找到 D，对其进行了单独的咨询辅导。

案例 4

学生 D 到 S 学校开展驻校社会工作实习，因学校课程安排原因，实习时间需要延长才能完成实习订立的个案目标。经过机构督导与 D 协商，D 同意延长实习时间至下学期，直到自己的个案完成为止。但是，到了下学期，学校开学了，D 却一直没有出现，每次机构负责人找 D 的时候，D 都表示自己这周将回来实习，但临时又以自己学校有课或者有什么讲座等理由请假不来，于是学校的个案一直未能结案。机构负责人一而再、再而三地找 D，都联系不到。学校要求机构进行学生实习评估时，学生 D 也未能出现。

分析

学生 D 的表现违反了对服务对象和机构的承诺，表现出对工作的极不负责任。没有履行对服务对象、实习机构、实习督导以及学系的责任。但对于学生是否发生意外也需要密切关注，以联系到学生为当前的首要工作。

处理

面对这样的情况，机构应该直接联系学校，反映学生在实习中的不良表现，并提醒学校积极联系学生，防止学生出现意外和特殊情况。

5.5 实习督导的角色与工作事项

5.5.1 社会工作督导的起源与发展历程

社会工作督导有漫长的历史，笔者根据徐明心、何会成（2003）对历史上社会工作督导发展的回顾，并结合督导的功能，将其大致分为四个阶段。

1. 行政功能为先（1878~1910年）

在北美，社会工作督导的源流可以追溯至1878年。它最早开始于纽约州水牛城的慈善组织运动，简称为COS。直到今天，社会工作督导所普遍认为的三个功能——行政、教育及支持，都源于此。有学者认为社会工作督导开始于行政的需要（Austin，1957；Kutzik，1977；Waldforgel，1983）。

Kutzik（1977）明确指出，早期的工作人员，如"友好访问员"，虽未受过专业的训练，但他们均来自社会的上层，有丰富的知识基础，有些甚至是机构的董事局成员，基本不需要接受来自中下阶层的受聘文员或个案助理的督导。

Kutzik（1977）认为早期COS成员所做的多为顾问而非督导工作。同时，COS成员所坚守的平等观念，也令机构内一些如行政督导般凸显地位高低的制度难以建立。他也指出早期的社会工作实在无督导可言。直至20世纪之交，部分来自中下阶层的探访者的数量不断增加，并开始成为受聘社会工作者，从那时起督导工作才逐渐展开，并以此为基础确立了行政问责制度。在这样的历史背景下，决定了社会工作督导主要源于行政功能。

尽管社会工作督导源于行政功能，但其教育及支持功能很快于20世纪初展现，并开始逐渐受到重视。究其原因，主要是探访者缺乏系统的训练，令他们很难处理探访工作的复杂情况，导致探访者流失率极高。鉴于此，这些训练多由机构有经验的长期雇员负责（Kadushin, 1981; Kadushin & Harkness, 2002）。但是，其功能依然是行政主导的，督导的责任主要在于指派及监督员工的工作。与此同时，行政人员亦为工作上受挫折的员工提供情绪上的支持，成为社会工作督导支持功能的开始。

2. 教育功能的凸显（1911~1945年）

1898年，纽约慈善组织会社为27名学员提供了一个为期6周的暑期训练计划，成为正规社会工作教育的开始。经过数次暑期训练，纽约慈善学院于1904年成立，并提供一个为期1年、包含实习成分的训练。该学院日后演化为第一所社会工作学院，即现在的哥伦比亚大学社会工作学院。1911年，首个实习督导的训练课程由Mary Richmond领导，在Russell Sage基金辖下的慈善组织部开设。20世纪20年代，社会工作训练逐步从机构转移到大学，实习督导也成为正规教育课程的一部分，以传授社会工作价值理念、理论知识与专业技能。而学生在督导个别的指导下学习，也成为现今社会工作学院教育督导普遍采用的形式。1935年，随着美国社会工作教育协会的成立，督导的教育功能开始凸显。

在1920年以前，社会工作文献中有关社会工作督导的文献还没有出现（Kadushin, 1992b），但当实习督导成为社会工作教育的一部分时，督导教师发现只是教学生"如何去做"还远远不够，必须向学生解释"为什么要这么做"，因此实习督导日渐需要理论支持。实习督导应被视为协助学生在"行动中学习"的过程，而由经验丰富的实习督导从中进行指点至为关键。1936年，Virginia Robinson出版了《社会工作督导》

(*Supervision in Social Work*) 一书，成为第一本有关社会工作督导的专著。该书首次将督导界定为一个教育过程，认为社会工作者的专业发展是社会工作督导的主要目的（Burns，1958；Harkness & Poertner，1989）。

需要注意的是，在很长的一段时期内，学生督导与员工督导被视为相同的过程。直到 20 世纪 80 年代，学者及研究人员才开始认识到学生督导与员工督导在理念、方法与实务上的区别。员工督导与学生督导稍有不同，学生督导可以说是一个纯粹的教育过程，是学院式教育与现实环境的桥梁，学生从中学会理论与实践的结合（Bogo，1983；Vayda & Bogo，1991），并为将来成为专业社会工作者和开展服务做好准备。而员工督导涉及复杂的组织动态、行政职权、层级职权及对组织内外之多重的问责（Hafford-Letchfield，2006），不仅有教育功能，还包含了行政问责的部分，员工通过督导向机构及服务对象负责。

3. 支持功能的发展（1930～1970 年）

随着督导的行政功能和教育功能的发展，帮助员工和学生减轻压力、提供支持也成为重要的一部分，而如何提供督导的支持功能，则受社会工作实务理论发展的影响而不断变迁。

20 世纪 20 年代，精神分析学的出现对社会工作影响非常深远，一时间个案工作几乎成了社会工作的代名词。到 20 世纪 30 年代，社会工作与精神分析开始整合，社会工作者选择性地借用精神分析的观念，督导工作也深受精神分析的影响，整个督导过程被视为由督导者对被督导者进行的治疗历程。对精神分析的概念，如潜意识、移情作用、反向移情等的深信不疑，使社会工作者深信自己能对受助人的思想、情感和行为产生潜在的影响。为了提供良好的服务，社会工作人员的自我意识、自我醒悟、自我知觉变得十分重要。所以，督导成为督导者为被督导者提供精神分析的过程，为被督导者提供支持，从而增进被督导者的自尊感、成就感和潜能发挥。

到 20 世纪 50 年代，一方面，个案工作对督导的形式及结构仍有巨大的影响（Austin，1952；Munson，1983），如督导过程的保密、督导与员工的双向互动关系，到现在仍是督导的重要原则。另一方面，有人对采取个案工作的方法提供支持性的督导提出质疑，有的一线社会工作者认为整个社会工作服务过程是督导者辅导一线社会工作者，再由一线社会工作者辅导服务对象，这种认识抹杀了社会工作者的自主性和独立性，而且将社会工作者当成服务对象来看待，侵犯了社会工作者的隐私（Kadushin，1992a、1992c）。

20世纪50年代以后，对督导的支持功能的发展，出现"寻求支持导致自主性缺失"的质疑。随着1956年美国社会工作者协会的成立，社会工作迈向成熟的专业化，督导的治疗色彩逐渐淡出，而开始转向专业自主的诉求，一些社会工作者把长期的督导视为对他们专业地位的侮辱，并开始寻求其他的方法替代督导。

4. 重返行政问责的年代（1980年至今）

20世纪80年代以后，管理主义开始抬头，服务机构必须向政府及社会公众保证善用其资源，以达到"成本效益"指标。社会资源对机构投入的多少与服务质量和成效有很强的关联，服务质量不再由提供服务的专业人士来界定，而变成由资助者与受助者来评定。整个社会工作专业内，机构督导者开始重拾督导的行政功能，通过监控服务质量和成效，以达到资助者和受助者的要求。

美国社会工作者协会出版的《社会工作百科全书》一书对督导定义的变化也反映了督导工作重心的转移。1965年，社会工作督导只被界定为教育过程，但在随后的三版《社会工作百科全书》中，督导的定义明显有行政的倾向（Minahan & Ginsberg，1987；Morris，1971；Turner，1977）。1987年的版本中明确指出，重新强调督导的管理功能，反映管理功能与教育功能的有机整合，是增进服务机构质量和生产力的关键（Minahan & Ginsberg，1987）。Edwards和Hopps（1995）指出，督导对于教育功能及管理功能有日渐融合的趋势。Mizrahi 和 Davis

（2008）则于最新版本中再次肯定和强调了社会工作督导的教育、支持、协调和管理功能。

5.5.2 社会工作督导的模式

模式是用以简化现象，以便解释及明了现象的工具。模式可令督导过程清晰，有助于社会工作指导实践的开展，特别是在社会工作实习教育过程中，督导模式可以明晰督导的责任与实习学生之间的互动关系。模式比理论更具有弹性，而且较容易修改和测试（Bernard，1992）。在督导实务中，模式为督导者和被督导者提供了共同的思考框架。通过总结相关文献，以及社会工作实习教育在国内开展的实际情况，本书概略性地提出以下几种实习督导模式。

1. 按督导成员情况分

（1）个案督导

个案督导是最为传统的督导方式，是指由一位督导者和一位被督导者以面对面的方式进行定期的讨论或会议。该模式在很大程度上源于精神分析治疗模式的发展，是对治疗模式在督导领域的修正，是当今社会工作实习督导领域运用最为广泛的一种模式（Kadushin，1981、1992a、1992b；Kadushin & Harkness，2002）。个案督导模式是由督导者与被督导者的单对单的关系所组成的，督导者角色包括所有行政、教育及支持的功能，对于被督导者所遇到的困境及所提供的服务情况，督导者能够给予及时的反馈和指导。

以中山大学社会工作实习为例，社会工作督导都会采用此种督导模式，保证督导者与实习学生一周有一次单独见面的机会，有至少1个小时的面谈时间，且督导者与实习学生还通过电子邮件、电话等现代化的通信工具随时保持一对一的紧密联系。

个案督导的优点在于以下几点：①督导者与被督导者能够在不受任何干扰之下，决定及解决某一议题；②督导者有充分的时间可以讨论被督导者的服务对象；③督导者有机会仔细检视被督导者的工作进展，并着重于彼此间的关系；④个案督导重复了个案工作的本质，因而提供了有用的模仿方式；⑤督导者能够对被督导者的总个案量有一个概括的了解；⑥个案督导具有较高的隐秘性（黄源协，2008）。所以，需要进行更具体、强互动和隐秘性的督导，选择个案督导模式更佳。

个案督导模式固然有其巨大的督导优势，但并不排斥混合使用其他模式，采用多种方式对实习学生进行支援，小组督导模式便常常与个案督导模式结合使用。

(2) 小组督导

小组督导是由一位督导者和数位被督导者，以小组讨论的方式，定期举行讨论或会议。它是另一种备受欢迎且在实际督导过程中十分有效率的督导模式，常被用以补充个案督导模式过于强调督导者与实习学生私密关系的局限（Kadushin & Harkness, 2002）。一般情况下，督导者会以自己所督导的人员为小组成员，彼此有基本的熟悉，这样可以很快使小组成员"破冰"，小组督导强调组员之间的共同需要，所以对共同督导的实习学生的训练和对实习的体验异质性不能太大（Watson, 1973）。同时，督导者对自己所督导学生的相对了解，可以更好地引导和促使组员之间进行分享。在小组督导中，督导者的功能犹如一个小组的领袖，鼓励实习学生分享他们的困难及体验，实习学生在较舒适的环境中学习广泛而多样化的经验，亦可获得情绪上的支援。相对于个案督导模式以处理实习学生个人的特殊需要和问题见长，小组督导模式则优于分享体验和节省时间。

小组督导的优点在于以下几点：①每一位督导者皆会收获大量信息和不同观点；②被督导者有机会学习其他成员如何处理工作；③被督导者有机会听到和学习到其他成员的工作经验；④各种不同的观点交流，可用于矫正某一督导者可能产生的偏见和盲点；⑤小组督导较为经济、省时；⑥小组督导的形成，提供了做角色扮演的机会（黄源协，

2008）。对于寻求经验学习、多元互动和分享以及促进同质性学生的学习，采取小组督导模式有更大的优势。

（3）同辈督导

在美国社会工作实习中，同辈督导模式正得到广泛的运用，并逐渐成为流行之势。在国内，此种督导模式尚处于探索之中，各社会工作专业院校尚未进行大量尝试。同辈督导是指具有相同需求、观点或技术层次的个人或群体，以个别互惠或团体讨论的方式进行。参与互动的成员未必是同一团队或同一机构的人。在同辈督导（也称为同辈小组督导）中，所有实习学生的参与都是平等的，并没有一位专任的督导者，每个实习学生都对督导工作负责。

黄源协（2008）总结了 Hawkins 和 Shohet（1989）关于如何组织一个同辈督导的建议。①设定基本规则。例如，给予成员直接、均衡和坦诚的反馈，避免奖励式的意见，公平分配时间。②会期的安排。每一会期始于发觉谁有什么样的需求，或有一套合理分配时间的制度。③鼓励所有成员表明他们希望从团体中获得什么。成员需要的是有人听他诉说、给予反馈、探讨其个人的反映、协助探讨下一步该如何或是协助做选择。④安排非正式的时间。若没有非正式的时间，则成员间的闲聊、互通信息或个人的接触，皆可能干扰督导会议的进行。同辈督导可在会前或者会后安排非正式活动时间，为成员提供交流的机会。

从中山大学社会工作实习的情况来看，实习督导与实习学生之间仅仅是每周能够会面一次，定期的个案会议并不能处理突发事件，因而实习学生与机构同事，或与其他实习学生之间的相互咨询则是普遍性的。虽然咨询与同辈督导不完全等同，但亦有相通之处。同辈间的咨询能凝聚互助与分享的气氛，帮助实习学生敏锐地处理各种突发事情。正是基于此考虑，中山大学社会工作者在目前国内专业督导资源缺乏的情况下，一直强调在实习过程中实习学生同辈之间的守望相助。

同辈督导的优点在于以下几点：①督导过程中，专家的权威减至最低，没有权威的现象；②参与者可以在最方便的时间组织督导会议；③不需要付费；④参与者对彼此的发展阶段和需求，会有高度的了解与支持；⑤对非常有经验的被督导者而言，同辈督导也许是一种可供选择的督导方式之一（黄源协，2008）。

同辈督导模式也有其固有的缺陷，对同样缺乏工作经验的员工来说，同辈督导可能无法达到其效果，而互相切磋、学习也可能导致难以找到适合的服务策略和方向。特别是目前社会工作在我国的发展还未成熟，同辈的社会工作者或社会工作专业学生未必有丰富的经验进行专业层面的同辈督导，更多的是起到情感上的相互理解和支援作用。

2. 按督导风格的影响因素分

（1）内因的影响

督导者以往的专业训练、价值观、个人的生活经验和对生活的见解，都会影响督导者的理论取向，理论取向又影响其风格，风格决定了其督导策略、督导形式以及督导技术的选择。由于被督导者采纳了督导者的行为和思维模式，因此，督导者的督导模式也影响着被督导者的价值取向。参考黄源协（2008）对社会工作督导观点的总结，笔者依据督导者所坚持的理论观点形成的督导风格分为以下几类。

①传统的督导观点

这是一种问题取向的观点，强调在日常的实务工作中，督导者就被督导者所面对的问题提供相关的意见和协助。尽管问题的解决是督导相当重要的一环，但其本质却是一种被动的回应，相对来说较为忽略被督导者长期的学习和专业发展。

②发展性的督导观点

此观点强调的是被督导者解决问题能力的建立。督导关系是一种亲子关系的反射。坚持此观点的督导者将以能够培育一位免于依赖督导者的独立和专业的社会工作者作为督导过程的目标，并且督导者会视被督导者的专业发展阶段，调整其督导的方式和风格。督导者的角色是被督导者专业生涯发展过程中的支持者和激励者。

③心理动力的督导观点

此观点强调关系模式，督导者不将被督导者视为一位未成熟的人或初学者，而是将督导关系建立在督导者与被督导者的相互学习和成长之上，这就需要双方能以开诚布公的态度来面对，并勇于检讨自己的脆弱和不足之处。

④优势视角的督导观点

督导者鼓励被督导者与人们共同致力于找出优势来源及生活的抗逆力，并将之运用于目前的情境。督导者主要强调被督导者过去实务中的成功经验，而不是其工作中的挫折或问题。

（2）外因的影响

督导者所处的环境也对其风格的形成产生影响，教师督导处于学校环境和资源中，而机构督导需要面对机构行政和发展的要求，这些外在因素也会对督导者的督导风格有所影响。

①管理主义的督导观点

此观点关注的是绩效监督和组织利益的最大化，较少强调发展和支持的功能。有时，机构督导会因为考虑机构的绩效而采取管理的督导风格，这样会限制被督导者的专业学习责任。

②权威主义的督导观点

督导者所在的环境和其所处的地位会决定其权威，并且影响其督导风格。Munson（1976、1979、1981、1993、2002）研究了督导中权威的运用。他将在督导过程中建立的权威分为两类：一类是授权型，权威来自人所处的督导这个位置。一般非专业社会工作机构的督导者正是此类型的，一些非社会工作专业出身且无实务经验的教师督导也仅是以督导位置去形成督导风格，这并不利于与被督导者的互动。另一类是称职型，权威来自督导的内在资源，即督导者本身的表现及专业知识和技巧使被督导者折服，此类型能够提升督导者与被督导者之间平等的互动和工作的满足感。

5.5.3 专业督导的作用

实习的经验对学生的专业能力和专业认识的影响很大（Stein，1961）。专业督导在整个实习过程中作为实习学生最直接的指导者和监督者，是学生实习经验的主要来源，实习学生会在很大程度上以专业督导为榜样并模仿。实习学生缺乏经验，人格尚未成熟，自我觉察和情绪控制能力不足，在面对真实的实务场景和形形色色的服务对象以及他们的各种求助时，心里会比较紧张，感觉压力大，容易受到挫折。此时，专业督导的作用显得尤为重要。中山大学社会工作专业的受访学生在访谈中谈及整个实习过程中专业督导所发挥的作用，笔者现总结如下。

1. 专业督导引导实习学生明确实习的角色与任务

在实习初期，专业督导发挥引导的作用，帮助实习学生缓解实习初期的紧张、焦虑情绪和解决实习中的疑惑，使其能够尽快适应实习机构全新的工作环境。特别是在实习相关的文书写作规范方面，专业督导会从导向报告、实习计划、工作分配、实习契约等方面提出建议，让学生对实习有一个初步的概念。

有实习学生说明专业督导帮助他们走出"第一步"的重要性。"我觉得专业督导首先是指导我们实习，说实话，刚开始的时候真不知道如何开展实习，全是专业督导将我们引进门的。例如，前几个星期先是观察所在社区的情况，写导向报告。专业督导会提一些建议，设定整个实习需完成的任务和内容。"

也有实习学生强调专业督导协助不同的实习任务的作用。"专业督导在实习过程中的影响非常大。例如，在制订实习计划上，专业督导会告诉我们哪些可行、哪些不可行，以及那些不可行的如果有哪些条件、哪些努力就会有怎么样的改变等，这是整个实习非常关键的一步，为我们确定了目标。"

2. 专业督导传授社会工作知识技能及思考方式

"做中学，学中做"，专业督导正是带领实习学生经历这样的循环历程。有实习学生也反映了对这一过程受益匪浅。"在具体实施时专业督导会教我们如何策划一个小组活动，以及如何接个案，这些虽然在课堂上学过，但操作起来没有人给予指导，真是不敢做。每次开完小组会或者进行完一次活动后，专业督导都会对我们进行点评，指出我们在实际操作中应该改进的地方。而且专业督导一般都是某一方面的专家，他们会补充你的专业知识。"

通过模仿来学习，可以帮助实习学生更容易地掌握相关技能。实习学生通过模仿和以专业督导为示范，不仅能加强自己实践的信心，也促进对相关技能在操作时的思考。"专业督导都有多年的实际的工作经验，他的服务经验丰富，当他对案主进行辅导时，我会认真地观察他，然后尽量地模仿他的整个过程。轮到我自己来开展个案工作、小组工作时，我一般都会按照专业督导的示范来操作。"

在实习过程中，通过学习和模仿进行实践，也能够带动实习学生培养兴趣和尝试结合自己的特点去反思专业。"专业督导带来的更多是引导式思维方法，可以让实习学生在实习结束之后，习得多项技能，对自身实习领域的种种问题产生兴趣，并学会用专业的头脑去思考问题。"

3. 专业督导能给实习学生情绪上的支持与鼓励

专业督导给予实习学生的不仅是知识技能方面的支持，而且在督导过程中也对实习学生进行情绪疏导，帮助实习学生克服心理上的挫败感和低落情绪。

"有时候我的情绪也会有点低落，比如某次活动做得很不成功，参加的人员很少，自己都不想再做了，这个时候专业督导的支持就显得非常重要了。"

"专业督导很喜欢和我聊天，所以我如果有不愉快的时候，我会告诉专业督导，他就会帮我分析，解除我心里的疑惑，每次我看到专业督导的时候，就算实习再不愉快，也会觉得问题都还是能解决的，这给了我很多精神上的支持。"

4. 专业督导培育社会工作专业学生的专业认同感

专业督导的专业精神会潜移默化地影响实习学生，很多学生通过与专业督导的相处，对社会工作有了更深的认同。专业督导正是通过自身对社会工作的实践，帮助实习学生树立专业的认同感和价值观。

专业督导不仅与实习学生同行，而且用自己的力量去影响实习学生。

"和专业督导一起做培训，专业督导主持培训，我做她的助手。培训开展之前我们就经过几个通宵的策划，专业督导的经验很丰富，任何可能出现的情况她都能想到，而且做出了应对方案。她的那种敬业的精神让我很感动，真是全心地投入到这次活动中，很有人格魅力，我不想做的时候，看看专业督导那么有热情，自己也就不敢松懈了。"

"我和专业督导一起辅导一位偏差行为青少年，辅导前，我们先一起查阅了那位青少年以往情况的资料，并且向他的班主任了解了更多情况。辅导时，专业督导比较能够把握青少年的心态，问的问题非常有技巧，能够先吸引青少年的兴趣，循序渐进地向我们的辅导目标引导。我感觉专业督导非常敬业，一直面带着微笑，让人觉得非常真诚。辅导结束后，专业督导和我开了总结会，总结辅导过程中应该注意的地方，很有收获。"

"我想，从我对专业督导的观察中能够感受到的是专业督导的专业、认真、随和，他们非常敬业，当然也有在实习态度和实习作业要求上的严格。"

相反，在没有专业督导的实习学生中，他们的反馈是相反的。"我当时是没有专业督导的，只是一个其他专业的老师在指导我一些调查方面的技巧和知识，在社会工作技巧方面并没有太多指导，我对社会工作的认同感和价值观没什么提升。"

5. 专业督导作为机构与实习学生的"联络员"

有受访学生指出,专业督导也起到了一个"联络员"的作用。"专业督导有时候也是个'联络员',实习开始后,他每次来和我谈话时,都会去拜访一下机构,去和机构领导聊一聊。在我和机构之间,专业督导起到了很好的沟通联系作用。"

目前,国内由于社会服务和福利组织自身尚处于发展的初期阶段,有社会工作专业知识和多年工作经验的专业人员尚未培养成型,所以专业督导一般采取"空降"的形式。如此,专业督导作为一个外来者,自身必须先了解实习机构的具体情况,与机构有一个良好的沟通。实习的目标是让实习学生最大化地学习,为社会工作的发展培养专业人才,但实习机构可能是希望实习学生更多地为机构分担事务,帮助机构发展。这两者之间需要很好地平衡和协调。因此,专业督导也必须做好机构和实习学生之间的"联络员"。

5.5.4　社会工作实习督导的操作过程

1. 实习督导的责任

（1）第一次参与督导工作的实习督导将出席实习会议并接受社会工作专业短期实习督导培训课程,为督导工作做前期准备。

（2）接触合适的机构员工共同探讨潜在的学习体验,特别是实习指导场所、学生的需要和期望,以及实习指导项目的其他任何相关问题。

（3）就实习督导和学生双方在管理和教学方面的期望和要求,与学生联合订立书面实习契约。

（4）在一般情况下,实习督导的责任在于以下几点:①定期督导学生;②通过回顾、评估学生的活动并共同计划符合学生教学需要的活动,让学生的学习焦点清晰;③能有针对性地指导学生开展实习工作并达到教学的目的。

（5）安排及指派适当的学习机会给学生以完成学习目标。

（6）实习督导会为学生提供周详、有计划的督导面谈（定期的、每周1~2个小时的个人或小组形式的督导会议）。在每一期的实习中，正式的实习评估有两次：一次是中期评估，另一次是最终评估。

（7）在每期实习开始之前，实习协调员将公布确切的实习评估时间。实习评估表是评估整个实习课程中的基本工具，旨在为评估学生的表现提供一项标准化的工具，给实习督导及学生提供统一的测量工具。实习学生、任何参与到实习中的机构员工和实习督导都可以参与中期评估和最终评估。学生的实习成绩将由实习督导拟定，最终由科目老师审核决定。

（8）实习结束时，实习督导和学生须完成一份最终的评估报告，评估学生在实习中的表现和完成学习目标的进展。

情境解答

督导： 我一般要带几个学生？

实习协调员： 我们一般只会安排每个督导带2~3名学生，最多不会超过4名。因为实习学生的任务非常重，并且需要书写大量的文书，而这些都是需要督导批改的。还有，每周一次或每两周一次的督导会议也需要花费督导大量的精力和时间进行准备。所以，为了保证学生的学习质量，我们不但要求实习需要督导，还要求督导不能指导太多的学生。

督导： 实习开始之后，我还会与实习协调员会面吗？

实习协调员： 除了实习初期的督导会议外，我们还有两次规定的督导会议：中期会议和最终会议。这些会议的目的是为了促进学系、督导、学生、机构四方情况的沟通，让实习协调员能够根据实际情况做出协调和回应，保证实习的顺利进行。另外，督导如果有任何问题，也可随时与实习协调员联系。

督导： 实习开始之前我要做些什么？

实习协调员：首先，督导需上交一份个人学术简历，以便我们考察督导是否有足够的能力督导学生以及督导何种级别的学生。接着，督导需要出席我们举办的第一次督导会议。在会议中，实习协调员会向所有督导派发实习手册、学生资料卡、实习机构简介，而且介绍整个实习的流程、工作和相关的问题。会后，督导需与学生联系，进行实习前的准备（如书籍、资料、心态的准备），并带领学生探访机构，与机构督导会面以了解更多的信息。

2. 实习前和实习导向期的准备

（1）个人教学计划

正式确认所负责的实习学生后，督导需要开始与学生进行接触，增进相互的了解和交流，以便考虑策划和确定导向活动的安排，主要包括与督导首次会议的安排、拜访机构、认识实习机构人员、探访相关机构和服务等。督导与实习学生根据实习手册的指引，共同澄清实习学生和督导的角色，初步确定督导对实习学生的工作量、工作表现和评估标准的期望。督导也可以向实习学生推荐参考书目和数据。

基于机构或项目的实际特点，结合每个学生或每组学生的特点和需求，督导与学生一起制订个人教学计划。

（2）实习契约

实习契约在实习指导过程中是一项十分重要的工具，它可以促使学生和督导开始探讨识别明确的技能和知识，澄清学习目标和期望，尤其是让学生明白从实习体验中可以期望什么。学生可能早已确定了实习目标，但该目标可能不够明确和全面，或是重点排序欠合理。通过制定实习契约，既尊重学生的学习需求，又可以让其做出更系统和深层次的思考。

实习契约在教学过程中是最初的步骤，一般在驻机构实习前的两周内完成，在实习过程中可以不断根据实际情况，与督导一起进行修正，这在导向活动之后就立即开始。督导尽可能安排与实习学生进行首次会议，一起商讨实习契约包含的内容。实习契约主要涉及以下几方面的内容：①讨论实习机构与学生的相互期望；②讨论《中国社会工作者协会社会工作者守则》和实习课程评估表；③订立督导会议和小组讨论会的时间和地点，以及临时调整的方案；④讨论如何处理学生由于生病或其他原因的缺席，并且识别学生、督导的学习风格和工作风格；⑤讨论最初的任务分配；等等。

在制定实习契约的过程中应注意将宏观的目标转化为实习中明确、具体、可操作的行动指标，以协助学生清楚自己的行动、知识和能力等各方面的要求和期望。督导也应初步评估实习学生现有的兴趣、知识、优势、经验、期望、学习的需要和目标，以便为他们提供适当的个性化的学习环境。评估的方式是多样的，最常见的是通过聚焦性的会谈来完成，这种会谈能清楚地识别学生的分析和介入技能。同时，这也可以作为实习学生最后评估的参考。

(3) 导向报告

督导在院系的协助下，带领学生与实习机构进行接触，尤其是与机构负责人交流和商谈，了解机构的情况（主要包括服务、组织架构、管理体制、机构文化、服务对象特点和需求等）及实习安排，从而为学生提供关于他对实习相应的期望、工作性质、局限、学习机会、要求和困难等信息，共同探索适合学生参加的服务、项目和明确的活动，以及设想潜在学习机会的最佳时间。

在实习导向期间，督导协助实习学生了解机构和社区，并形成机构导向报告，促进实习学生对机构和社区服务有初步的了解和把握。

3. 实习期间的工作

(1) 监督过程

督导有责任设计和发展适当的方式，让学生可以分享和分析实习中的问题及其表现。为了解学生的工作表现，有一些工具可供督导选择，包括口头报告、日志和摘要记录、过程记录、文件记录、视频录像带、音频磁带、直接观察、联合推动、单面镜、模仿等。

其中，日志在实习指导过程中是一项有用的学习工具，常被督导和学生当作主要工具使用。日志可以作为一种对比学生与督导的观点和感知，一种识别问题、困难和工作范围，一种评估进步的方式，并且最终可以作为从多个角度评估学生全年表现的手段。

当遇到问题或将要出现问题时，日志能发挥特别重要的作用。其对过程、问题、文件及数据的记录和分析，有助于判定困难的出现和评估相应的模式的发展情况。日志在识别和确认学生、督导或机构的观感及关注方面也发挥了作用，有助于探索可能的解决方法和改变。

日志的类型包括两大类：①大纲、摘要格式；②叙述性的、描述性的。

情境解答

督导：我联系不上我的学生，他们也没有递交相关的实习文书给我。我应该怎样处理？

实习协调员：学生在开始实习之前已被告知需要参加督导会议，以及在见面之前需将作业通过电子邮件的方式递交给督导，从而提高督导的效率。具体交作业的安排可参考文书提交时间建议表。督导制度是社会工作重要的一环，尤其是在实习期间，这是对服务对象和实习机构的负责。因此，这是一个十分严重的违反实习规定的行为。督导需将此情况告知实习协调员，由实习协调员进行调解。必要时，该名学生的实习可被勒令中止，甚至评为"不及格"。

督导：实习文书有格式吗？

实习协调员：没有统一的格式。但我们在实习手册中列出了各种文书的参考格式。

(2) 督导方式

督导需定期开展每周 1~1.5 个小时的个人或小组指导。学生必须参加这些每周例行的指导会，并做适当的准备，提前思考要讨论的问题。

①个别督导

最常见的督导学生成长和专业发展的方式是个别督导。学生的个别督导要根据总体学习目标进行。个人讨论会将以它的教学性聚焦成为项目的核心。它提供一个反思的环境，在这个环境中，一方面，学生有机会把知识转变成操作原理，把原理转变成实务；另一方面，学生以不断增长的自我意识参与案主问题的解决。

学生和督导都需要做好相关的准备工作。

学生：提前提供自己的工作记录给督导（日志、摘要或过程记录、录音、录像、报告、工作计划）；附加评估、专业活动的自我评鉴；理想地识别讨论的问题。

督导：阅读适当的材料、选择讨论的主题；准备教学需要的所有材料和参考文献；反思学生的需要和学习态度、教学计划；努力确保议程可以在分配的时间内得到处理。

②小组督导

当有许多学生在相似的实习机构（如健康中心）进行实习时，督导可以考虑小组督导。小组督导可以在全部或部分与学生的教学性接触时间中采用。选用小组会议的原因是它能提供有效的知识传播，促进学生之间提供情绪支持和互相学习的机会，常被督导用来模拟学习并实践小组技巧。

情境解答

督导：我需与学生见面多少次？

实习协调员：每周 1~2 个小时的个人或小组形式的督导

会议为佳。如果督导来自外地，我们的要求可放松至不少于每两周一次的见面。整个实习期间，我们要求学生和督导需利用电子邮件或者电话紧密联系，以便学生能够第一时间向督导反映问题，督导也能够及时对学生进行指导。作业需在见面之前通过电子邮件向督导递交。

(3) 评估

①评估时间

正式的实习评估包括中期评估和最终评估。

②评估目的

通过评估，希望能达到以下目的：学生能够在实习过程及结束后收到正式的总结性反馈，有利于学生对实习的反思及学习；学生能进一步确认学习所要求的范围，从而培养学习意识并提供清晰的学习方向；学生可以在日后的专业发展中学会自我评估及指导；评估学生在长时间实习中的总体进展，为证明学生取得的成绩提供依据。

③评估工具

可以利用评估表作为评估工具。中期评估表是评估上半段实习课程的基本工具，旨在帮助督导评估学生的表现。最终评估表是评估整个实习课程的基本工具，旨在提供一项标准化的工具，提供给督导及学生一致的测量工具以评估学生的表现。

通过利用这两份实习评估表，期望能做到以下几点：督导与学生在实习课程一开始就使用这两份表格；督导与学生能把评估表的各项指标运用到实习中作为实习契约的一部分；督导可把学生的目标和机构员工分享，这使得员工能设计相应的程序补充学生的学习目标。

学生、任何参与到学生实习中的机构员工和督导都可以对中期评估和最终评估给予评价。最终对学生的评估由督导负责。

④与评估对象的沟通

督导需要与学生就以下评估事项相互达成一致：实习课程的开始阶段，学生需要意识到他们的工作将作为实习过程被正式评估；学生有责任提供证据证明他们完成了学习的目标；学生需要对于他们如何被评估以及他们在哪里与督导进行每周会面有清楚的认识；学生需要提前被告知什么时候开始评估以及如何进行。因为这样不仅能减少他们的焦虑，同时为评估做好准备，也为学生提供充足的机会去完成他们对自己表现的评估，从而满足课程要求。

⑤评估会议的准备工作

• 收集资料

督导需要收集的资料包括时间表、实习机构提供的相关材料（文字与多媒体）、实习日志、会议及活动摘要记录、视频录像带及音频磁带、机构员工期望学生实习的内容。

情境解答

督导：为了督导的方便，我可让学生对服务过程（如个案、小组、大型活动）拍摄视频或录音吗？

实习协调员：我们不反对学生和督导运用拍摄器材辅助教学。但前提是服务对象需签署录音/录像同意书以示同意。这些资料在未经服务对象同意之前，是不能向督导以外的人展示和传播的。当实习结束后，实习生需销毁这些资料。

• 计划评估

计划评估工作可按以下步骤进行：督导表达自己对评估的期望，学生表达自己对评估的理解；督导与学生一起回顾督导的经验，分析所收集到的资料的意义；督导向学生初步说明在实习中可能发生的事件或活动，并告知学生哪些内容是与实习评估表中的哪些指标相匹配的；督导提供适当、具体的例子给学生，教会学生如何提供证明自己成绩的证据。

• 学生/督导会议

学生和督导应为会议做准备，督导根据在实习评估表中确定的标准评估学生自身的表现，为他们提供一个在专业自我评估方面参与的机会。评估在双方讨论后，督导需引出学生的反馈，也一起探讨学生对督导表现的评价，并最后形成评估报告。

评估报告应有督导和学生的签名。学生在阅读过评估后签名，如果学生有不同的意见，督导应该鼓励学生自行添加上注释说明。

情境解答

督导：我怎样对学生进行评估？

实习协调员：正式的实习评估有两次：一次是中期评估，另一次是最终评估。这两个表格都可在实习手册中获得。中期评估是对学生实习前半期的阶段性评估，以便告诉学生其优点和缺点所在，让他们在后半期的实习中能够有所发扬和改进。当学生表现实在不很理想的时候，我们鼓励督导清晰地告诉学生"不合格的表现"以做警示。最终评估成绩将由督导拟定，由学系专责教师审核，最终得出学生实习的分数。

案例分享

案例1

目前，大多数高校社会工作专业并未清晰了解实习协调员的内涵，对于实习协调员与实习督导两者的角色一般不做区分。在大多数情况下，社会工作专业老师兼任了实习协调员和实习督导二者的角色。

例如，某大学的社会工作专业实习仅有一期，安排在每年的年末进行，共2个月。社会工作专业老师负责联系机构、安排学生实习及协调等事宜，承担了实习协调员与实习督导的双重角色。社会工作专业老师与实习学生的配对采取平均分配的方式，如系内共有9位老师愿意指导学生实习，实习学生数为78人，故每位老师平均分配8~9位实习学生。老师与学生的配对主要是由各位老师对愿意前往的实习机构与学生所选择的实习机构相吻合而定，而这又在很大程度上取决于老师的家庭住址距离实习机构的远近和老师个人与实习机构的私交。

实习开始后，社会工作专业老师在第一周会陪同学生共同进入机构，介绍学生情况，实地了解机构工作，以及机构对学生的具体工作安排。在第一次陪同学生前往实习机构后，社会工作专业老师就鲜有固定的与学生面谈指导的机会。据了解，有的社会工作专业老师在整整两个月的实习过程中，除第一次陪同外再没有到过实习机构。更为严重的是，社会工作专业老师鲜有与学生对实习事宜进行交谈，了解学生实习情况以及在实习中遇到的困难，基本对学生无任何实质性的实习指导，实习督导角色形同虚设。唯一能体现社会工作专业老师作为实习督导角色的方面在于实习结束后实习督导评估一栏的印象分数。

分析

以上案例是国内很多高校社会工作实习督导过程中会遇到的情况：由社会工作专业老师负责实习，社会工作专业老师因为种种原因，未能充分地指导学生实习。这些现象的出现主要有以下两方面的原因。

(1) 社会工作专业老师自身的角色定位不清晰。其一，实习指导人员包括实习协调员和实习督导，社会工作专业老师一般较好地履行了实习协调员的角色，认为指导实习就是联系好机构，顺利安排学生进入实习机构即可。其二，多数社会工作专业老师本身承担了日常的教学工作，当指导学生实习与日常教学有冲突时，往往会忽视实习指导。

（2）社会工作专业老师本身对实习督导职责认识不清。目前，国内社会工作专业教育尚处于起步阶段，高校社会工作专业老师大多从其他专业转入，本身并未经历过严格的社会工作实习，对于实习的整个过程知之甚少，故而对实习督导的职责——实习督导具体应该做什么、实习督导的工作事务和责任是什么、如何指导学生、怎样对学生提供知识和情绪的支持等，未必有清晰的认识。

具体建议

（1）聘请专业的实习督导，可由专业社会工作者或机构工作人员来担任。聘请专业社会工作者为实习督导，是很好的选择。一方面，能减轻社会工作专业老师的负担；另一方面，部分机构督导本人自己也未受过严格的社会工作专业训练，也未必能保证提供专业的督导。由学校聘请专业社会工作者作为实习督导，能够保证实习的质量和维护社会工作实习的专业性，增强学生对社会工作的认同感。

（2）对社会工作专业老师进行系统的实习督导课程培训，讲授督导职责和具体的工作事务，以及实习过程中学生常见的问题。在实习开始之前，对实习督导进行必要的培训是很有必要的，无论实习督导是由社会工作专业老师担任还是由专业社会工作者担任。各个学校有不同的实习要求、实习步骤、实习安排及对实习督导的特别要求，在实习开始之前，实习督导都需对以上基本事项有清晰的了解，明了实习督导事务和具体工作责任。此外，实习督导本身也需要具备即将督导学生服务领域的专业知识，如尚有欠缺，需及时通过培训或自学方式增强。

（3）制定详细的社会工作实习督导手册，用成文的形式明确督导的职责。大部分社会工作实习虽有实习指导老师手册，但目前沿用的依然是学校统一的社会科学实习类的指导手册，这样的指导手册编写简单，基本上将社会科学专业的个性抹杀，只能起到实习时间记录和证明学生确实到机构实习的作用而已。各学校社会工作专业需针对自身的实习特点，具体明确本校实习督导手册，规范实习督导的工作责任，成文的督导手册同时也是对实习督导本身的一种有形约束。

案例 2

一名实习督导十分苦恼地向实习协调员反映，她与她督导的学生存在一定沟通上的问题。学生不但不回复实习督导的邮件，而且还拖欠大量的作业。当实习督导进行督导会议的时候，学生甚至不来与实习督导见面。实习督导询问：应该如何处理这种情况呢？

分析

部分学生对实习的积极性本身就不高，再加上由于是个别的督导，实习督导对学生的要求是十分严格的。因此，实习协调员了解情况后发现，学生的畏难情绪十分大，表示对社会工作实习没有兴趣，而且和实习督导"合不来"，觉得实习督导不理解他，总是不断地"强迫"他，使他觉得压力很大。

具体建议

当实习督导和学生之间出现问题的时候，是需要实习协调员出面进行协调的。通常的做法是：首先，了解双方的期望，因为很多时候矛盾是由双方对实习的期望不一致造成的；其次，进行澄清和说明；最后，若学生无意愿改进，实习协调员可对学生进行口头警告，督促他要补交功课并追上学习进度，否则将导致实习的不合格。

5.6 学校准备社会工作实习的条件

学校在开展社会工作实习时，需要准备好社会工作实习所需要的"硬件"和"软件"，以便做到既能够协调好各实习主体的关系，也能够帮助实习学生在实习过程中把握实习的要素，从而有效地完成社会工作实习。

从"硬件"来看，社会工作实验室的配备能够帮助实习学生有效地锻炼相关的专业技巧，为实习学生进入真正的实习环境做好铺垫和过渡；与实习机构建立起实习基地的关系也是最重要的条件，这样才能够使实习学生有实习的资源和机会，不断拓展新的实习机构和不同属性的实习机构，既能满足实习学生的专业兴趣，同时也能拓展各种不同的实习资源；实习督导是必不可少的角色，所以，邀请更多有经验的实习督导，都是为社会工作实习取得真正的成效所需要完成的工作；争取一定的实习经费，用于社会工作实习的相关需要，条件允许时给予实习学生在交通和伙食方面的补贴，能够更好地调动实习学生的积极性。

从"软件"来看，发挥社会工作实验室的作用，需要设计好实习工作坊课程，以便帮助实习学生更好地掌握技巧和了解社会工作实习各项工作的进行。而帮助实习学生明确各实习主体的责任和自身的实习工作指引，实习规划制度的制定必不可少。所以，实习手册明确厘清社会工作实习的目标，学校、实习机构、实习督导和实习学生的责任，以及规定实习学生需要完成的各项行政和专业的任务，对于实习学生来说，有着重要的指导作用。

"硬件"和"软件"等各方面的准备，能够帮助学校推动社会工作实习，而要真正凸显社会工作实习的成效，既需要实习学生的积极参与，也需要各方实习主体的共同合作，这样才可在实践中体现社会工作专业实习的成效。

附录 5-1：实习日志/周志

<table>
<tr><td colspan="2" align="center">**实习日志/周志**</td></tr>
<tr><td colspan="2" align="center">**版本一**</td></tr>
<tr><td>实习学生：</td><td>实习机构：</td></tr>
<tr><td>学号：</td><td>日期：</td></tr>
<tr><td>实习督导：</td><td></td></tr>
<tr><td>事宜：
描述：事件内容、过程、结果等</td><td>回应及反省：
反省：经验总结、检讨及对学习的启示</td></tr>
<tr><td colspan="2">实习督导评语：</td></tr>
<tr><td colspan="2" align="center">**版本二**</td></tr>
<tr><td>实习学生：</td><td>实习机构：</td></tr>
<tr><td>第 周， 月 日 ~ 月 日</td><td>实习时数(累计)： 小时</td></tr>
<tr><td colspan="2">实习督导：</td></tr>
<tr><td colspan="2">本周实习主题：</td></tr>
<tr><td colspan="2">本周实习内容：</td></tr>
<tr><td colspan="2">专业成长：</td></tr>
<tr><td colspan="2">实习心得：</td></tr>
<tr><td colspan="2">下周实习主题：</td></tr>
<tr><td colspan="2">实习督导评语：</td></tr>
<tr><td colspan="2">*附注：
1. 若机构规定应写实习日志，则应另行撰写日志，但实习周志仍需撰写。
2. 周志内容应包含活动的种类、参与活动者、活动时间与地点、活动过程概述、机构内实习学生的角色与职责等。</td></tr>
</table>

附录 5-2：实习中期报告

实习中期报告

1. 实习工作报告部分

各项实习工作可参考以下要点：

（1）实习计划由来及具体内容

（2）现阶段工作实施情况检视

（3）个人能力发展与限制

（4）下阶段工作重点及计划

2. 实习心得部分

实习心得讨论可选取下列重点：

（1）机构的专业（设立）目标

（2）机构专业的价值观与伦理

（3）机构组织与运作的特色

（4）直接服务之基本知识

（5）服务的方式与过程

（6）实务工作者的角色

（7）专业关系的建立

（8）评估工具的使用

（9）个人实习工作与环境的评估

（10）人际关系（与实习督导、社会工作者及其他实习学生等）

（11）学习的困难

（12）专业成长（如案主问题之解决、社交技巧、压力管理等）

附录 5-3：实习最终报告

> **实习最终报告**
>
> 1. 实习工作报告部分
>
> 各项实习工作可参考以下要点：
>
> (1) 实习计划（方案）背景及内容
>
> (2) 实习计划（方案）总体实施情况
>
> (3) 实习计划（方案）评估
>
> (4) 社会工作者反思与总结
>
> (5) 其他
>
> 2. 实习心得部分
>
> 实习心得讨论可选取下列重点：
>
> (1) 机构的专业（设立）目标
>
> (2) 机构专业的价值观与伦理
>
> (3) 机构组织与运作的特色
>
> (4) 直接服务之基本知识
>
> (5) 服务的方式与过程
>
> (6) 实务工作者的角色
>
> (7) 专业关系的建立
>
> (8) 评估工具的使用
>
> (9) 个人实习工作与环境的评估
>
> (10) 人际关系（与实习督导、社会工作者及其他实习学生等）
>
> (11) 学习的困难
>
> (12) 专业成长（如案主问题的解决、社交技巧、压力管理等）

附录 5-4：实习成长报告

实习成长报告

1. 检讨个人于实习期间，对于社会工作专业的认同有何提升？

2. 对于个人自我认识的发展如何？（意识到个人的动机、感情或行为）

3. 学生在课堂上所学的知识、技术或态度，在实际实习工作上的配合情形如何？

4. 学生获得的何种经验或知识，未曾在学校课程中学过？

5. 叙述个人在实习经验中，最有意义与最没意义的部分。

6. 对于未来参加实习同学的建议。

7. 对于本系实习课程与安排的建议。

8. 其他有关实习的建议。

附录 5-5：实习考勤表

实习考勤表

该表由实习学生每周填写，并定时交由实习督导签名，在实习结束时提交实习协调员。机构有其他考勤表的，也可采用。

实习机构：_____

实习学生：_____　　签名：_____

实习督导：_____　　签名：_____

实习第_____周，本周总计实习____小时，累计实习____小时。

本周工作重点：

时间＼日期＼实习内容	月　日 星期一	月　日 星期二	月　日 星期三	月　日 星期四	月　日 星期五	月　日 星期六	月　日 星期日
上午							
下午							
时数							

请在上表中填写每日的实习内容，可能包括下列各项计划的工作性质及时间。

①各项会议（如个案检讨会议、工作小组会议及院务会议等）

②各项小组及活动等实务工作

③外出工作（如家访、外出开会及参加培训活动等）

④更改上班时间及补假安排

附录 5-6：实习请假申请表

实习请假申请表

请在请假后的一周内直接交给实习协调员。

实习机构：＿＿＿＿＿＿＿＿＿＿＿＿＿＿＿＿＿＿＿＿＿＿＿＿

实习学生：＿＿＿＿＿＿＿＿＿＿＿＿　填写日期：＿＿＿＿＿＿＿

机构负责人：＿＿＿＿＿＿＿＿＿＿＿　签名：＿＿＿＿＿＿＿＿

实习督导：＿＿＿＿＿＿＿＿＿＿＿＿　签名：＿＿＿＿＿＿＿＿

第一部分：由实习学生填写

请假日期从＿＿＿＿年＿＿＿＿月＿＿＿＿日到＿＿＿＿年＿＿＿＿月＿＿＿＿日，共计＿＿＿＿小时。

请假原因说明：＿＿＿＿＿＿＿＿＿＿＿＿＿＿＿＿＿＿＿＿＿＿

跟进安排：＿＿＿＿＿＿＿＿＿＿＿＿＿＿＿＿＿＿＿＿＿＿＿＿

第二部分：由机构负责人填写

是否批准学生的请假申请：□批准　　□拒绝

注释（如有）：＿＿＿＿＿＿＿＿＿＿＿＿＿＿＿＿＿＿＿＿＿

第三部分：由实习督导填写

学生请假申请获得：□批准　　□拒绝

注释（如有）：＿＿＿＿＿＿＿＿＿＿＿＿＿＿＿＿＿＿＿＿＿

第四部分：由实习协调员填写

于＿＿＿月＿＿＿日收到＿＿＿＿＿＿＿＿递交的实习请假申请表。

注释（如有）：＿＿＿＿＿＿＿＿＿＿＿＿＿＿＿＿＿＿＿＿＿

附录 5-7：实习中期评估表

实习中期评估表

此表由实习督导填写。

实习学生：_____

实习督导：_____ 实习机构：_____

实习时间：_____ 填写时间：_____

Ⅰ 过程回顾

Ⅱ 需要提升的地方

Ⅲ 其他评议

Ⅳ 学生的附加评议（如有）

附录 5-8：实习最终评估套表（包括学生实习情况描述表、学生实习表现自我评估表和实习学生自评及实习督导评分表）

实习最终评估套表

在完成此报告前请仔细阅读注意事项的解释（附在本报告后）。

实习学生：_____　　所在年级：_____

实习督导：_____　　所在机构：_____

实习时间：_____　　填写时间：_____

缺席天数：_____

与实习督导会面的次数：_____

（其中，个人会面次数：_____，小组会面次数：_____）

学生实习情况描述表

A. 个案工作：咨询服务的次数（　　）

次数统计	次数统计
面谈	间接接触
与案主外出/家访	会议/个案讨论会
电话联系	上面没有列出的与接触案主有关的活动
与同学讨论	

B. 方案/小组工作：小组工作次数（　　）/方案数（　　）

次数统计	次数统计
小组会议	与员工/外界机构代表的会议/讨论
和案主一起的个人讨论	
家访	
电话联系	上面没有列出的与接触案主有关的活动
和同事的会议/讨论	

C. 其他

次数统计	次数统计
询问	上面没有列出的与接触案主有关的活动
热线电话/电话询问	

注：
本表不需要描述工作的细节，只需要学生汇报实习工作的简要总结。
请仅记录那些布置给学生与个案/小组/方案有关的会议/讨论。

◆ 有利于或阻碍实习的特殊环境情况（如机构特征、作业性质、个人危机、教学情境中实习督导和学生的兼容性等）

_____
_____
_____
_____
_____

学生实习表现自我评估表

此表由实习学生填写，并于最终评估前填妥以供实习督导参考。

1. 实习目标

2. 实习过程回顾

3. 专业成长

3.1 表现出色之处

3.2 表现尚待改进之处

3.3 对社会工作者角色的认同

4. 个人发展

4.1 自我认识和觉醒

4.2 对个人成长的影响

5. 以后学习的建议

6. 对实习的总体评价

☐非常好　　☐好　　☐一般　　☐较差　　☐差

7. 其他评议（如有）

实习学生：_____ 学生签名：_____

实习机构：_____ 实习时间：_____

填写日期：_____

实习学生自评及实习督导评分表

每个分数基数为 100 分；左横线由实习学生填写，右横线由实习督导填写。

第一部分：学习的要求

1.1 工作态度

    1.1.1 有责任心，能主动和独立地进行工作

    1.1.2 有良好的工作习惯（准时、守纪律、有礼貌等）

    1.1.3 有特殊情况需要请假（事假、病假等），不迟到、不早退

    1.1.4 有勇气，在困难面前坚持不懈，技巧性地解决困难

    1.1.5 有效地处理工作量（直接服务及写作任务等）

    1.1.6 有效地利用时间

    分数：_____ _____

1.2 学习责任心

    1.2.1 明确学习目标，主动地充分利用学习机会

    1.2.2 及时准备给实习督导阅读的相关材料

    1.2.3 根据实习督导的意见上交书面作业

    1.2.4 参与到要讨论的问题中，能够阐述自己的观点和分享自己的感受

    1.2.5 把从督导过程中学到的东西运用到实践中去

    1.2.6 分析自己的经验并运用到其他情况中

    分数：_____ _____

1.3 自我反省

    1.3.1 回顾实习表现，总结自己的优点和不足

    1.3.2 以开放的态度接受各种批评和建议

    1.3.3 鉴别和努力超越学习障碍

    1.3.4 除了日常工作外考虑更宽广的问题（如服务趋势、政策

发展、充足的服务供应等）

分数：_____　　_____

1.4　专业素质

1.4.1　认识到自己的价值和态度，认识到它们在专业实践中的影响

1.4.2　在实践中坚持社会工作的道德规范

1.4.3　在助人的过程中显示助人的信心和热诚

1.4.4　意识到为了发展职业生涯需要发展和提高的知识和技能

1.4.5　意识到职业的局限性和认识到继续发展的可能性

分数：_____　　_____

第二部分：机构的要求

2.1　对机构和服务的理解能力

2.1.1　熟悉相关服务的社会政策

2.1.2　理解机构的总则、使命、宗旨、目标群体和服务模式

2.1.3　理解机构在本地社会福利事业中的角色

2.1.4　熟悉和掌握相关服务的环节

2.1.5　回顾和评估机构提供的服务，提出具有可行性的建议

2.1.6　鉴别服务的缺口、局限性或者潜力以发展服务

分数：_____　　_____

2.2　学生的工作角色及表现的能力

2.2.1　明白自己作为学生工作者的角色和责任，在机构的限制和约束下工作

2.2.2　主动地了解机构的工作设置和操作

2.2.3　把自己看作机构工作人员的一员并在实践中进行恰当的参与

2.2.4　与机构各层次的员工建立良好的人际关系

2.2.5 根据行政要求执行机构任务（如统计数字、记录工作、对机构档案的恰当运用等）

2.2.6 根据机构要求上交书面报告

分数：_____　　_____

第三部分：知识、态度和技能的综合实践能力

3.1 对理论知识的综合运用能力

 3.1.1 研读相关的理论和实践用的资源材料

 3.1.2 准确选择用于处理实践的理论或实践模型的基本原理

 3.1.3 用概念及理论来描述和解释在实践中观察到的行为和现象

 3.1.4 确定相关的实践原则或模式并运用以指导实习计划和专业介入

 3.1.5 在本地的实际情况下考虑理论或实践模型的运用

 分数：_____　　_____

3.2 与案主沟通的能力

 3.2.1 认真倾听并表现出对案主言语的接受

 3.2.2 通过案主的口头和非口头语言觉察案主提供的潜在信息

 3.2.3 通过恰当的技巧促进案主的自我表达（如提问题、澄清、反映等）

 3.2.4 用案主可以理解的语言清楚地陈述自己的看法和提供信息

 分数：_____　　_____

3.3 综合的沟通能力

 3.3.1 清楚意识到自己与人交流时的感受，认识到这些感受对建立关系的影响

 3.3.2 与同事建立关系并一起工作（包括共同实习的同学和机构专业人士）

 3.3.3 与外界机构的人员建立关系并一同工作（包括政府机构、

志愿机构和区域管理者等）

  分数：_____　　_____

3.4 建立关系的技巧和能力

  3.4.1 认识到在助人工作中建立关系的重要性，用工作者－案主的动力模式去了解案主人际沟通的模式

  3.4.2 保持适合的工作者－案主工作界限

  3.4.3 与案主建立关系并鼓励他们加入其他各种关系当中去

  3.4.4 能够在艰难的情况下维持各种关系

  分数：_____　　_____

3.5 探索问题的能力

  3.5.1 用各种合适的方法收集相关环境的信息（如记录、间接接触、观察、访谈、家访、在小组活动和会议中的分享、问卷等）

  3.5.2 探究环境、鉴别相关的制度和发掘相关的具体信息

  3.5.3 客观地解释信息，懂得区分事实和推论

  分数：_____　　_____

3.6 评价问题的能力

  3.6.1 分析案主和社会系统互动的模式（如在家庭中或小组中），评估这些模式对案主的影响

  3.6.2 分析和评价影响案主的各种因素（如生物、心理、社会、文化和政治等）并发展出解释人类行为和政治现象的多维分析视角

  3.6.3 分析问题着重的领域，懂得选出优先处理的事项

  3.6.4 分析和评价改变的潜力和改变的阻力

  分数：_____　　_____

3.7 目标设定和缩小的能力

  3.7.1 根据案主的需要和机构的功能明确服务目标

  3.7.2 把整体抽象的目标分解成具体可操作的目标

  3.7.3 促使案主自我发展解决优先问题和达到目标的能力

3.7.4 澄清和阐明在达成目标的过程中案主和工作者的角色和责任

3.7.5 根据案主鉴别的需要和工作者鉴别的案主的需要与案主协作完成目标的设定

分数：_____　　　_____

3.8 计划行动的能力

3.8.1 准备有关目标达成的策略、活动和服务的方案计划

3.8.2 获得有关权威人士对行动的认同，把行动计划告知所有相关部门

3.8.3 设置实际工作进度表

3.8.4 在机构或小区中寻找并整合必需的人力、物力和财力资源

3.8.5 准备应付意外情况的方案

分数：_____　　　_____

3.9 行动执行和监控的能力

3.9.1 在介入的过程中维持目标和方向的意识

3.9.2 在必要或适当的时候调整行动的执行

3.9.3 意识到环境的变化并且有适合的行动应付

3.9.4 分析工作过程，考虑从案主和相关部门收到的反馈，为更进一步的行动拟订计划

分数：_____　　　_____

3.10 促进案主改变的技能

3.10.1 在不同的实践情况下扮演适当的社会工作者角色（如促进者、教育者、调解人、倡导者等）

3.10.2 使用基本的咨询技巧促进案主改变（如鼓励、自我披露、设置极限、对质、谈判等）

3.10.3 使用相关的治疗途径促进案主改变（如奇迹问题、认知重构、关注此时此地、群众大会、游说等）

3.10.4 使用适当的技巧促进案主学习（如制定任务、角色扮演、建模、训练、提供心理教育等）

3.10.5 承认案主的抵制力，探讨其抵制的意义和模式，并且在帮助案主改变中对其做出有建设性的指导

  分数：_____　_____

3.11 行动的评估与终止的能力

 3.11.1 学会设计、执行、分析及评估服务计划

 3.11.2 包括案主及与其相关的部分都来关心评估

 3.11.3 从事结束阶段的具体任务，使得此步骤有足够的时间（如回顾案主的进步、确定案主自身变化中的角色、处理案主与社会工作者对终止关系的感受、确定要继续改进的地方、计划如何维持变化等）

 3.11.4 根据机构的功能、案主的需求和状况做出终止或转介的决定

  分数：_____　_____

3.12 写作技巧的能力

 3.12.1 用清晰、简练、系统的表达方式，根据机构的要求书写报告

 3.12.2 用详细的数据以及分析和反映的方法完成书面报告

 3.12.3 准时提交任务的书面报告

 3.12.4 当机构随时要求时，能熟练地进行写作

  分数：_____　_____

◆ 总体评价（此栏仅限实习督导填写，请实习督导针对学生在实习过程中表现出来的个人特征、优点和不足等做出评价）

_____
_____
_____
_____

◆ 学生注释（如有）

_____
_____
_____
_____

◆ 分数统计

评分对象	1.1	1.2	1.3	1.4	2.1	2.2	3.1	3.2	3.3	3.4	3.5	3.6	3.7	3.8	3.9	3.10	3.11	3.12
实习学生																		
实习督导																		

分数：

（所有分数总和÷18）：_____ 等级：_____

签名：_____（实习学生）

（所有分数总和÷18）：_____ 等级：_____

签名：_____（实习督导）

◆ 关于评估学生实习表现的说明

1. 对实习学生的期待

实习督导在实习之初以及实习结束后，都对学生的实习效果充满了期待。在学习的各个不同阶段，对学生的一般期待也是有一些不同的。

（1）对开始阶段的一般期待

不期望学生能够掌握在实习计划中所列出的所有技巧。但是，学生应该已经具备使用这些技巧的信心，并且表现出一些能力，尤其是在案主有很好动力的情况下。当然，在复杂的情况下，实习督导的指导是非常必要的。

（2）对最终阶段的一般期待

在实习结束阶段，学生应该很好地具备使用这些技巧的信心，并加以尝试，学生的工作应该能有一些实质性的成果。当然，在复杂的情况下，实习督导的指导仍然是非常必要的。

2. 评估实习中的学生表现

在评估学生的表现时，要考虑学生本身的特点，同时还需考虑所分配任务及布置安排的复杂性。如果实习督导很清楚学生在特殊任务中的表现已经受不可改变的因素影响（如任务过于复杂等），则可以考虑就那些独特的任务给予学生更宽松慷慨的评级。最后的成绩应该反映学生在通过所有实习布置时期的表现。

2.1 如何寻找评估学生表现的方面

（1）一般方面

- 主动
- 责任感
- 工作态度
- 工作安排的调整
- 团队协作
- 处理困难
- 分析能力
- 对除当前任务外其他相关问题的兴趣
- 获得进步

（2）与实践有关的方面

- 理解和展现符合实际情境要求的社会工作者角色和形象
- 理论应用
- 执行的技巧
- 处理案主的抵制
- 写作技巧

（3）与学习有关的方面

- 学习态度
- 能够转换学习的能力

- 监督的采用（提出建议等）

2.2 学生表现的分级根据以下方法

分　　数	等　　级
95 分及以上	优　秀
90~94 分	非　常　好
85~89 分	好
80~84 分	比　较　好
75~79 分	满　意
70~74 分	比较满意
65~69 分	一　般
60~64 分	及　格
60 分(不含)以下	不　及　格

对等级的说明

（1）优秀：在所有的方面都表现得很好。具有强烈的主动性与责任感；独立并且自信；坚持不懈地处理困难，能够有效率地完成工作；对自身的学习需要有清晰的认识；热心帮助服务对象，并且对提高专业水平的建议保持开放态度；以行动证明了对机构与服务的理解，能够很好地扮演一名学生社会工作者的角色；能够研读实习布置的任务，目标明确地在工作中应用概念，并实践操作法则、模型及理论；能够采用有效的介入技巧以促进变化发生；有一个批判性的思考和好的写作能力；能够提交组织良好、系统的文书。

（2）非常好：几乎在所有的领域都表现得好。在工作与学习中表现出责任感与主动性；独立并且自信；表现出解决困难的能力和取得进步的愿望；以行动证明了其对机构与服务的理解，可以观察到作为一名学生社会工作者所必需的行为；努力研读理论与操作模型，在分析与介入时能够进行适当的综合与运用；能够有效地使用社会工作技巧去建立关系和促进变化发生；能够提交系统的文书。

（3）好：在大部分领域表现得好。能够主动学习与工作；独立并且负责；在自我表现中反映了准备好处理困难的决心；主动观察并学习作为一名学生社会工作者的行为表现；能够研读布置的任务，在分析与介入中应用概念和工作法则；能够适当地使用社会工作技巧去建立关系和促进变化发生；所有的文书都组织良好；能够不断提升学习目标。

（4）比较好：在一些领域表现得好。能够主动学习，对工作有责任感；能够尝试解决困难，在工作与专业方面都有提高或进步；以行动证明能够理解机构与服务；能够根据机构要求，表现出一名学生社会工作者应有的行为；对概念有不错的认识，能够灵活应用；有目的地使用社会工作关系与介入技巧，能够有效地利用一些来自实习督导的指导；能够提交组织良好的文书。

（5）满意：可能需要更多的指导。在适应工作安排方面主动、积极；执行工作负责任；能够批判性地理解一些理论和工作法则；能够尝试适当地分析和明确地叙述行动计划；能够根据指导使用社会工作关系与介入技巧；对建议有所回应，并采取行动改善；基本理解机构与服务；能够在工作中跟随机构的要求；有基本的社会工作技巧；能够准时提交文书。

（6）比较满意：工作习惯被动，对工作和学习有责任感。对建议与批评持开放心态；准备好为提高专业知识采取行动；对机构与服务的理解一般；对安排调整得不错，作为一名学生社会工作者表现满意；对理论和概念有一定的理解，能够尝试使用它们去分析、计划并开展介入；能够学习并应用关系技巧和社会工作技巧去促进变化发生；在处理困难方面需要协助。

（7）一般：学习与工作态度不是很主动。在自我表现和专业提高方面需要更多的努力；在确定学习需要以及实践中知识的运用方面需要从实习督导处获得指导；对机构与服务的理解较肤浅；希望能试行建议，做出改善。

(8) 及格：学习与工作被动。在调整工作安排时需要实习督导的大量指导；能够接受机构角色，接受社会工作专业的价值；有回避、隐藏问题的倾向，缺乏处理问题的信心；推动该生采取行动或尝试建议，需要一次又一次的提醒；虽然可以看到改善，但是在整个任务过程中体现得不突出。

(9) 不及格：学习与工作都非常被动。很少表现出责任感；很少表现出使用知识去指导分析、计划及行动；即使尝试采取，但其表现也不能达到要求，在再三提醒下，也不能采取必需的行动以改善；回避甚至隐藏问题；机构职员批评该学生，但其表现出很少的动力去改善。

2.3　程序

(1) 在评估报告表的"总体评价"栏中，应记录学生的强项、弱项和其他观察所得，实习督导的总结应做到清晰表达。若在评估中实习督导和学生之间的意见有重大不同，这些不同也应该记录在案。

(2) 实习督导对学生实习表现所打的分数是暂时成绩。在每期实习之后，实习协调员将回顾实习过程并决定每一位学生的最终成绩。

附录 5-9：实习机构反馈表

实习机构反馈表

本表用于收集机构工作人员对于在该机构实习的社会工作专业学生的意见，以供实习督导和学系参考。本表<u>由该机构负责人填写并加盖机构公章</u>，填写完毕的反馈表由实习学生与实习报告一同交回学系。

实习机构：＿＿＿＿＿＿＿＿＿＿＿＿

实行学生：＿＿＿＿＿＿＿＿＿机构负责人：＿＿＿＿＿＿

实习督导：＿＿＿＿＿＿＿＿＿＿

实习时间：＿＿＿年＿＿＿月＿＿＿日至＿＿＿年＿＿＿月＿＿＿日，共＿＿＿小时。

请在相应的方框中打"√"。

项 目	优秀	非常好	好	比较好	满意	比较满意	一般	及格	不及格
1. 主动了解并熟悉机构总体情况									
2. 遵守实习机构的行政程序									
3. 对工作有责任感									
4. 能够独立地完成指定的工作									
5. 能够有效地完成指定的工作									
6. 有良好工作习惯（如准时上班、不迟到、不早退、有礼貌等）									
7. 融入实习机构，成为其中一员									
8. 与其他工作人员建立良好的人际关系并合作愉快									
9. 向机构汇报工作进度									
10. 主动接触/联络服务对象									

实习鉴定：

_____
_____
_____
_____
_____
_____

附加评议（如有）：

_____
_____
_____

（机构公章）

机构督导：_____

填写日期：_____

附录 5-10：实习学生对实习督导反馈表

实习学生对实习督导反馈表

填写后请与实习报告一同交回学系。本表提供的数据，只供实习协调员参考，并予保密。

实习机构：_____

实习学生：_____

实习督导：_____

实习时间：___年__月__日至___年__月__日，共_____小时。

为促进学系掌握和评估实习督导指导学生实习的进行情况，现向各同学收集意见。请在适当的位置打"√"。

我觉得我的督导	十分好	好	一般	差	十分差
1. 在我遇到困难及挫折时给予支持去克服					
2. 支持我去独立工作					
3. 接纳我的不足及鼓励同学尽力而为					
4. 明白我的需要					
5. 协助我去寻找工作所需的信息					
6. 考虑各方需要，与我拟定学习目标					
7. 注意学习任务的性质及工作量是否合适					
8. 促进我认识及了解实习机构的运作					
9. 促进我运用课堂所学的知识与技巧					
10. 促进我磨炼实务工作技巧					
11. 促进我反省专业价值					
12. 提高我对专业发展的兴趣及关注					
13. 提供持续而稳定的督导					
14. 给予清晰而具体的反馈					
15. 对我的意见保持开放态度及积极响应					
16. 对督导有充分的准备					
17. 其他意见					

如果 100 分是满分，我会给我的实习督导打_____分。

附录 5-11：实习督导会面记录表

实习督导会面记录表

为了更好地了解实习学生与实习督导的互动情况，进一步加强专业实习督导的作用，请同学协助记录与机构督导及教师督导会面的次数及内容。本表与实习报告一同交回学系，本表提供的数据，只供实习协调员参考。

实习机构：_____

实习学生：_____

实习督导：_____

实习时间：____年__月__日至____年__月__日，共_____小时。

序号	日期	持续时间	内容摘要	备注
1				
2				
3				
4				
5				
6				
7				
8				
9				
10				
11				
12				

附录5-12：实习学生对实习机构反馈表

实习学生对实习机构反馈表

填写后请与实习报告一同交回学系。本表提供的数据，只供实习协调员参考，并予保密。

实习机构：_____

实习学生：_____

实习督导：_____

实习时间：____年__月__日至____年__月__日，共_____小时。

为促进学系掌握和评估实习机构提供的实习环境，现向各同学收集意见。请在适当的位置打"√"。

我觉得我的实习机构	十分好	好	一般	差	十分差
1. 有许多学习的机会					
2. 对实习学生的行政支持是足够的					
3. 机构环境对于实习学生的学习具建设性					
4. 为了让实习学生能够了解机构,提供足够的资料					
5. 职员对于实习学生是支持的					
6. 职员热衷于为实习学生提供咨询					
7. 机构的实务和文化对社会工作职业的发展有所帮助					
8. 实习学生有渠道提供反馈给机构					
9. 机构所布置的任务是适合的					
10. 其他					

你是否推荐日后的学生到此机构实习：□推荐　□一般　□不推荐

理由：_____

_____

其他评价（如有）：_____

_____

附录 5-13：学生实习结束保证书

学生实习结束保证书

我声明：

1. 我已经把所有含有个人数据的记录上交给实习机构和学系。

2. 我已经从我的计算机中把所有需要保密的相关数据删除。

3. 除非获得机构和其他相关部门的同意，我没有保留任何这些需要保密的相关数据用于我自己或他人的参考、传播等。

备注：

实习机构：_____　　填写日期：_____

实习学生：_____　　签　　名：_____

实习督导：_____　　签　　名：_____

附录 5-14：对于使用音频录音和/或视频录像的同意书

对于使用音频录音和/或视频录像的同意书

实习学生：＿＿＿＿＿＿＿＿＿＿

实习机构：＿＿＿＿＿＿＿＿＿＿

实习督导：＿＿＿＿＿＿＿＿＿＿

我，＿＿＿＿＿＿＿＿（服务对象姓名），特此授权中山大学社会工作专业在我知晓的情况下对我使用音频录音和/或视频录像记录，与社会工作专业的＿＿＿＿＿＿＿＿＿＿（实习/计划）有关。

我明白在记录被使用之前，我将有机会回顾整个记录，并且我希望可以要求我的姓名和其他确定身份的信息和/或记录的任何其他部分能被擦掉，更进一步来说，之后没有其他确定身份的信息加在记录中。

此外，我明白这份记录不会被用于商业目的或无论什么公共播放，并且社会工作专业只将其用于社会工作教学目的。

最后，我明白我有对其附加任何限制的自由，并且在任何时候，我都可以书面要求回顾这份记录并改变同意的条款，如果我这样选择的话。

签名：＿＿＿＿＿＿＿＿＿＿

日期：＿＿＿＿＿＿＿＿＿＿

参考文献

陈海萍：《社会工作实务中的伦理决定——基于中国社会工作专业化和本土化的思考》，《福建行政学院学报》2010年第3期。

黄源协：《社会工作管理》，（台北）双叶书廊有限公司，2008。

刘华丽：《社会工作教育在中国的发展》，《华东理工大学学报》（社会科学版）2006年第1期。

宋红源：《当社工"保密"两难袭来》，《社会工作》（实务版）2011年第1期。

徐明心、何会成：《社会工作督导：理论、实践与反思》，（香港）香港基督教服务处，2003。

张莉萍、范志挺、黄晶晶：《关于建构中国大陆社会工作价值与伦理体系的思考》，中国社会工作者论坛论文集，2006。

中山大学社会工作系：《中山大学社会工作专业学生手册》，2010。

Austin, L., "Basic Principles of Supervision", *Social Casework*, 33, 1952.

Austin, L., "Supervision in Social Work", In R. H. Kurtz (eds.), *Social Work Year Book*, New York: National Association of Social Workers, 1957.

Barr, H. & Goosey, D., *Interprofessional Education: Selected Case Studies*, London: UK Centre for the Advancement of Interprofessional Learning and DOH, 2002.

Bennett, S. & Saks, L. V., "A Conceptual Application of Attachment Theory and Research to the Social Work Student-field Instructor Supervisory Relationship", *Journal of Social Work Education*, 42 (3), 2006.

Bernard, J., "Training Master's Level Counseling Students in the Fundamentals of Clinical Supervision," *The Clinical Supervisor*, 10 (1), 1992.

Bogo, M., "Field Instruction", *The Clinical Supervisor*, 1 (3), 1983.

Brodie, I., "Teaching from Practice in Social Work Education: A Study of the Content of Supervision Sessions", *Issues in Social Work Education*, 13 (2), 1993.

Burns, M., "Supervision in Social Work", *Encyclopedia of Social Work*, 1965.

Burns, M., "The Historical Development of the Process of Casework Supervision as seen in the Professional Literature of Social Work", University of Chicago, 1958.

Coulton, P. & Krimmer, L., "Co-supervision of Social Work Students: A Model for Meeting the Future Needs of the Profession", *Australian Social Work*, 58 (2), 2005.

Cousins, C., "Becoming a Social Work Supervisor: A Significant Role Transition",

Australian Social Work, 57 (2), 2004.

Dyeson, T., "Social Work Licensure: A Brief History and Description", *Home Health Care Management & Practice*, 16 (5), 2004.

Edwards, R. & Hopps, J., "Natl Assn of Social Workers", *Encyclopedia of Social Work*, 1995.

Furness, S., Torry, B. & Wilkinson, P., "The Importance of Agency Culture and Support in Recruiting and Retaining Social Workers to Supervise Students on Placement", *Practice*, 17 (1), 2005.

Galt, A. & Smith, L., *Models and the Study of Social Change*, Schenkman Pub. Co., New York: distributed solely by Halsted Press, 1976.

Hafford-Letchfield, T., *Management and Organization in Social Work*, East Exeter: Learning Matters Ltd, 2006.

Harkness, D. & Poertner, J., "Research and Social Work Supervision: A Conceptual Review", *Social Work*, 34 (2), 1989.

Hawkins, P., Shohet, R., *Supervision in the Helping Professions*, McGraw-Hill Education, 1989.

Howe, D., *Surface and Depth in Social Work Practice*, *Social Theory*, *Social Change and Social Work*, Routledge London, 1996.

Itzhaky, H. & Ribner, D. S., "Resistance as a Phenomenon in Clinical and Student Social Work Supervision", *Australian Social Work*, 51 (3), 1998.

Johnson, L. C., *Social Work Practice: A Generalist Approach* (9th ed.), Boston, MA: Pearson Allyn and Bacon, 2007.

Kadushin, A. & Harkness, D., *Supervision in Social Work* (4th ed.), New York: Columbia University Press, 2002.

Kadushin, A., "Professional Development: Supervision, Training and Education", In N. Gilber & H. Sepchet (eds.), *Handbook of the Social Services*, Englewood Cliffs NJ: Prentice-Hall, 1981.

Kadushin, A., "Social Work Supervision: An Updated Survey", *Clinical Supervisor*, 10, 1992a.

Kadushin, A., *Supervision in Social Work* (3rd ed.), New York: Columbia University Press, 1992b.

Kadushin, A., "What's Wrong, What's Right with Social Work Supervision", *The Clinical Supervisor*, 10 (1), 1992c.

Kutzik, A., "The Medical Field", In F. W. Kaslow (eds.), *Supervision, Consultation, and Staff Training in the Helping Professions*, San Francisco CA: Josser-bass, 1977.

Lesley, C. & Lynne, B., "Fieldwork", In Allen & Unwin, *Human Services*, 2000.

Maidment, J. & Cooper, L., "Acknowledgement of Client Diversity and Oppression in Social Work Student Supervision", *Social Work Education*, 21 (4), 2002.

Minahan, A. & Ginsberg, L., *Encyclopedia of Social Work*, National Association of Social Workers, New York, 1987.

Mitteness, L. & Barker, J., "Stigmatizing a 'Normal' Condition: Urinary Incontinence in Late Life", *Medical Anthropology Quarterly*, 1995.

Mizrahi, T. & Davis, L., *Encyclopedia of Social Work*, Oxford University Press, USA, 2008.

Morris, R., *Encyclopedia of Social Work*, National Association of Social Workers, New York, 1971.

Munson, C., "Professional Autonomy and Social Work Supervision", *Journal of Education for Social Work*, 12 (3), 1976.

Munson, C., *Social Work Supervision: Classic Statements and Critical Issues*, Free Press, 1979.

Munson, C., "Style and Structure in Supervision", *Journal of Education for Social Work*, 17 (1), 1981.

Munson, C., "Supervision of Cotherapist Conflict", *The Clinical Supervisor*, 1 (4), 1983.

Munson, C., *Clinical Social Work Supervision*, Routledge Mental Health, 1993.

Munson, C., "The Techniques and Process of Supervisory Practice", Social Workers' Desk Reference, 38, 2002.

Robinson, V., *Supervision in Social Case Work: A Problem in Professional Education*, The University of North Carolina Press, 1936.

Rubin, A. & Parrish, D., "Views of Evidence-based Practice among Faculty in Master of Social Work Programs: A National Survey", *Research on Social Work Practice*, 17 (1), 2007.

Russell, P., Lankford, M. & Grinnell, R., "Attitudes towards Supervision in Human Service Agency", *Clinical Supervision*, 1 (3), 1984.

Stein, H. D., *Curriculum Study*, New York: New York School of Social Work of Columbia of University, 1961.

Tsui, M., "Functions of Social Work Supervision in Hong Kong", *International Social Work*, 48 (4), 2005.

Turner, J., *Encyclopedia of Social Work*, NASW Press, 1977.

Vayda, E. & Bogo, M., "A Teaching Model to Unite Classroom and Learning",

Journal of Social Work Education, 27 (3), 1991.

Waldforgel, D., "Supervision of Students and Practitioners", In A. Rosenblatt & D. Waldfogel (eds.), *Handbook of Clinical Social Work*, San Francisco CA: Josser-bass, 1983.

Watson, K., "Differential Supervision", *Social Work*, 18 (6), 1973.

第六章
社会工作实习的准备

| 本章导语 |

万事开头难，好的开始等于成功的一半。学生及老师要想拥有一个充实并富有教学意义的实习体验，达到实习教学的最终目的，需要各方的努力和完善的准备工作。这些准备涉及硬件和软件、校内和校外等诸多方面。本章结合实战经验，介绍实习需做的各种准备工作，如实习时间的分配、实习工作坊的安排、社会工作实验室的运用、实习契约的制定和导向报告的撰写等。

6.1 实习时间的分配

社会工作的实习，从实习的准备到结束，在每个阶段都需要完成各个工作事项，实习时间的合理分配和有效执行，有助于实习学生弄清和把握实习各个阶段的工作，能够更好地取得社会工作实习的成效。结合社会工作实习的目的和内容特点，列出有关社会工作实习时间分配的建议表，希望能够给予社会工作实习更明确的指引（见表6-1）。

表6-1 社会工作实习时间分配建议

阶段	事项	建议时间	备注
实习准备	实习工作坊 包括实习说明会、实习机构参观、社会工作技巧重温、实习过程交流分享会等	200~300小时	在进入实习机构前完成相关工作。此阶段的工作多为非直接服务事项,可考虑计入或不计入实习时数
实习进行	实习机构报到,督导见面,开始撰写实习契约、机构导向、社区研究及需求评估	第一周	以每周8(小时)×5(天)=40小时计。若实习时数为800小时,则分为两期进行,一期为400小时,即在实习机构实习的时间为10周。在这10周中,实习学生要根据实习内容的安排和工作量,如个案的个数、小组的属性和社区活动的安排,分配好实习时间,并且根据实习机构的服务时间分配好提供直接服务和文书撰写的时间
	实习契约定稿、导向报告、社区研究与需求评估、工作计划初稿	第二周	
	导向报告定稿、工作计划定稿	第三周	
	机构实习:计划执行,个案、小组、社区活动开始	第四周	
	机构实习	第五周	
	机构实习和中期评估	第六周	
	机构实习	第七周	
	机构实习	第八周	
	机构实习	第九周	
	机构实习:个案、小组、社区活动完结,撰写实习报告,安排机构工作交接和跟进	第十周	
实习结束	三方(机构、督导、学生)实习总结和终期评估	三方约定时间	
	提交各类实习文书	实习结束后两周内	

6.2 实习工作坊的安排

在实习正式开始之前,社会工作专业院系可以通过开设"实习工作坊"来向实习学生介绍有关实习的详情,以便帮助学生做好实习的准备。实习工作坊,是在实习前给学生提供各种体验的机会,以帮助学生正确理解实习的意义、对实务技巧进行回顾与训练,以及对不同的实习机构和领域有更多的认识。通过各种不同的形式,以社会工作实习的相关内容为主题,旨在为学生进行实习前的"热身",了解社会工作实习的相关行政安排，重温相关专业技巧和构建实习学生之间的支持网络。

6.2.1 实习工作坊的功能

1. 了解行政安排

在实习正式开始之前，通过实习工作坊，让学生了解实习的相关行政安排，具体包括以下几点：①实习机构的分派；②实习督导的安排；③实习任务安排（工作安排、文书撰写和提交等）；④实习时间与请假安排；⑤实习日程安排；⑥实习评估的要求。提前了解实习的行政安排，能够让实习学生对实习的整体进程有初步的把握，并且能够提前做好实习准备，初步澄清自己的实习期望。

2. 重温知识与技巧

实习工作坊作为一个模拟平台，能够帮助实习学生在进行真实的实践之前对社会工作的知识和技巧进行整理和预演。在实习工作坊大纲里，通常有一部分课程安排进行社会工作知识和服务技巧的总结和模拟，通过视频教学、利用社会工作实验室的模拟操作、角色扮演等，让学生在进行真正的社会工作实习之前先预演，因为对象是熟悉的同学或老师，学生可以有更大的信心进行技巧的运用，并且演练之后，老师和同学可以共同进行分析，使技巧运用更为成熟。

3. 建立支持网络

在实习工作坊中，通过经验分享会，一方面，邀请往届实习学生，让到相同机构的学生可以初步与师兄、师姐交流相关的经验，获取自己感兴趣的资料，帮助学生建立起对实习机构的初步了解，建立高年级有经验实习学生对低年级实习学生的支持网络；另一方面，机构负责人、实习督导和学生通过实习见面会，可以建立初步的关系，并为建立持续的支持网络打下基础。

6.2.2 实习工作坊大纲

为了实现实习工作坊的功能，实习工作坊的大纲要突出以下四大内容：①实习行政说明；②实习机构的了解和参访；③实习经验分享；④社会工作知识和技巧回顾；⑤支持网络的建立和发展。

以中山大学社会工作专业的实习工作坊大纲（2011）为参考，按照时间的顺序，设计可供参考的实习工作坊大纲（见表6-2）。

表6-2 实习工作坊大纲

序号	主题	内容	节数	地点	备注
1	实习说明会（一）	①实习课程安排说明 ②实习工作坊安排说明及机构参访分组 ③学生对于实习工作坊的期望收集	3节	教室	—
2	外出参观	根据学生兴趣参观不同的实习机构	两周	各实习机构	分组开展
3	参观交流会	①实习机构参观交流会 ②实习期望澄清及反馈	3节	教室	—
4	经验分享	实习经验分享会（实习督导、老师、往届实习学生、准实习学生）	3节	教室	分组开展
5	技巧重温	社会工作交往/服务技巧的回顾与讨论	18节	社会工作实验室	分组开展
6	实习说明会（二）	①发放实习手册 ②实习文书的要求 ③需配合的行政方面的准备	3节	教室	—
7	扩散思考	①实习过程的扩散性思考 ②实习文书的撰写指导 ③实习文书的知识扩散思考	3节	教室	—
8	交流会	实习见面会（实习学生、实习督导、机构负责人）	3节	教室	分组开展
9	实习期间分享会	①专业知识的疑惑解答 ②经验积累分享	16节	社会工作实验室	—
10	总结会	社会工作实习总结报告会	5节	教室	—

实习工作坊大纲需要根据各高校实习的具体情况而做调整，特别是有关社会工作服务开展技巧的知识，如果在实习之前的课程安排中没有涉及相关内容的学习，则需要在实习工作坊中针对这一主题进行更多的教授和总结。

6.2.3 相关书籍推荐（仅供参考）

在实习之前或实习过程中，可以通过阅读或重温相关的书籍，以促进理论联系实务的思考。

(1)《个案工作》

(2)《小组工作》

(3)《社区工作》

(4)《发展心理学：人的毕生发展》（第4版）

〔美〕罗伯特·费尔德曼著，苏彦捷等译，世界图书出版公司，2007。

(5)《人类行为与社会环境》（第6版）

〔美〕查尔斯·H. 扎斯特罗、卡伦·K. 柯斯特-阿什曼著，师海玲、孙岳等译，中国人民大学出版社，2006。

(6)《当事人中心治疗：实践、运用和理论》

〔美〕卡尔·R. 罗杰斯（Carl R. Rogers）等著，李迎潮、李孟潮译，中国人民大学出版社，2004。

(7)《动机与人格》（第3版）

〔美〕亚伯拉罕·马斯洛（Abraham H. Maslow）著，许金声等译，中国人民大学出版社，2007。

(8)《微光处处：28位社会工作者的心路历程》

曾家达、高鉴国、游达裕编，中国社会出版社，2009。

(9)《社会工作技巧手册》

〔美〕Barry Cournoyer著，朱孔芳、杨旭、丁慧敏译，华东理工大学出版社，2008。

(10)《社会工作技巧：实践手册》（第2版）

〔英〕帕梅拉·特里维西克（Pamela Trevithick）著，肖莉娜译，格致出版社，2010。

(11)《社会工作技巧演示：直接实务的开始》（第2版）

〔美〕琳达·卡明斯（Linda Cummins）、朱迪思·塞维尔（Judith Sevel）、劳拉·佩德瑞克（Laura Pedrick）著，韩晓燕、陈赟译，格致出版社，2011。

（12）《活动程序：计划、执行和评鉴》

张兆球、苏国安、陈锦汉著，香港城市大学出版社，1999。

（13）《思考的技术：思考力决定竞争力》

〔日〕大前研一著，刘锦秀、谢育容译，中信出版社，2010。

（14）《社会工作伦理：实务工作指南》（第 7 版）

〔美〕拉尔夫·多戈夫、弗兰克·M. 洛温伯格著，隋玉杰译，中国人民大学出版社，2005。

6.3 社会工作实验室的运用

社会工作实验室对于实习学生进入实习环境实操发挥着非常重要的作用。根据社会工作专业教学和学生实务训练的需要，以及社会工作专业方法的考虑，社会工作实验室主要分为以下不同的功能场室（中山大学社会工作专业，2010）。

（1）个案工作室

个案工作室主要用于开展个案辅导、会谈等实务训练。其空间设计保证了专业会谈的私密性，营造了良好的沟通氛围，可以通过专业的音频、视频系统对个案会谈的过程进行细致的观察和记录，有条件的甚至可以通过辅助心理测试等系统实现对来访者的心理测试和结果反馈。

（2）家庭工作室

家庭工作室主要用于对两个或两个以上的成员同时进行咨询和辅导等实务训练与服务。需要通过精心布置的温馨环境让来访者感觉到安全和舒适，能够促进工作者与来访者之间的沟通与互动。

（3）单面镜观察室

在个案工作室和家庭工作室中，还配有专门的单面镜观察室，让学生在参与和观察中学习，提高个案工作的技巧和能力。

（4）小组工作室

小组工作室主要用于开展具体小组实务和进行小组工作的教学和讨

论活动训练。小组工作室还需配备先进的音频、视频辅助系统，能够实现跟踪录像、实时转播、图像演示、实时采集小组情景影音等方面的功能。同时，还可配备多媒体设备，以便实现学生参与教学讨论的功能。

（5）多媒体教室

多媒体教室可以供学生在教师的带领下观摩社会工作的个案、小组实务技巧训练，亦可作为多媒体教室，供社会工作专业师生教学、讲座、研讨会等活动使用。

（6）多媒体活动室

多媒体活动室可以提供一个较大的空间给教师和学生在室内开展各种活动，进行小组、社区活动实务技巧的训练。

（7）控制室

控制室即设备间，是社会工作实验室的核心和枢纽。控制室工作人员通过操作各种设备实现对实验和教学活动的协调组织，通过相关设备和软件的协助，也实现对采集的音频、视频信息进行后期的编辑和制作，将各种资源有序地存储在硬盘中，方便及时调用。

通过结合社会工作实验室各个功能场室的特点，将有关社会工作技巧的课程放于社会工作实验室进行，通过教师的实操，或者邀请有资深经验的社会工作者进行示范教学，使学生可以进行学习、模拟和演练，帮助学生积累相关经验。

6.4 实习契约的制定

一次良好的社会工作实习经验源于精心的计划。实习刚刚开始时，列举实习学生想要达成的实习成果是非常重要的工作。通常，实习督导会与实习学生共同探讨实习的期望，并综合学系、机构对实习学生的要求，确认安排各种学习活动，以协助实习学生达成目的，这一过程就是制定实习契约。一方面，一个完整的实习契约凸显了实习的教育性本质，以学生的学习为中心，并且有着学生与实习督导的共同约定，能够激发学生学习的主动性；另一方面，一个完整的实习契约使实习成为具有挑战性、充满刺激而又具有价值的学习经验。如果在实习过程中没有一套实习契约，实习学生可能会浪费掉很多潜在的学习机会。尽管在实习中并不是所有的事情都会依照实习契约而发生，但其实践契约的过程，本身就是非常有益的经历和体验。

6.4.1 实习契约的基本概念

在实习期间，实习契约就像一张地图一样，明确指出实习学生的"目的地"和达到"目的地"可以采取的途径。发展和建立一份详尽的实习契约并不是一项简单的工作。对于很多刚刚开始实习的学生来说，设计一份完备的实习契约显然是不切合实际的。因此，实习契约是经过不断的修改和完善而逐步确定的。

实习契约融合了三种不同的教育目的，即学校的课程目的、实习督导的教学目的、实习学生的学习目的。而这些实习的目的大致可以分成价值观、社会工作知识与社会工作技能三个层面。

价值观是指一个人强烈的喜好，可被界定为某个人做出决定和行动时表现出来的偏好，且该偏好基于个人各种深层的想法。某一项价值观反映出个人对于所谓对和错的基本想法和看法。

价值观极强地左右了人们的选择、决策和行动，且根深蒂固地融合在个人的信念与承诺之中，价值观决定了个人认为什么是重要的、值得的、正确的或错误的。社会工作价值观，如正直、正义、尊严等，可经由学习或与他人交流想法而来。但价值观可否借由他人以有计划、系统的方式传授，则常常令人质疑。基本上，我们的价值观是通过观察某位我们所尊重与认同的人而习得的。

社会工作知识包括专有名词、事实、原则、概念以及理论。相对于价值观，社会工作知识比较容易教导，也比较容易学习。课堂可以说是社会工作知识教学最常用的形式。

社会工作技能是实务工作中的种种行为,是社会工作者用来协助服务对象改善其社会功能的技巧与程序。大部分技巧的学习来自观察和模仿实务工作者的行为。实习学生或许可以从教科书中学习到有关社会工作技能方面的知识,但一般来说,却无法仅仅凭阅读即习得相关的社会工作技能。

在实际的社会工作实务过程中,社会工作价值观、社会工作知识和社会工作技能是交织在一起的。例如,某个人的社会工作技能反映了他所掌握的社会工作知识和价值观;反过来说,除非能从实际的服务行动中加以体现,否则具备社会工作价值观和社会工作知识也仅仅是纸上谈兵。

6.4.2 实习契约的意义与功能

如果实习是以无结构的方式进行的,那么,不仅教学双方不易配合,而且也不易掌握和了解学生实习的成效,因此"实习教育需要结构化的要求"的观点越来越受到重视(Dwyer & Martha,1981)。实习教育的结构化不仅仅是指教学双方明确角色职责,也包括双方共同确认的教学目标、相关的实习经验和实习评估三个部分(Wilson,1981)。如果教学双方——包括学校实习协调员、实习督导和实习学生,要明确、清楚地了解实习的结构,双方必须经过深入的沟通以达成在实习内容和方式上的共识,即形成实习教育双方的共同约定——实习契约。实习契约可视为由教学双方共同参与设计的,具体包括以下内容:①彼此所期望的学习结果;②运用何种教学资源与方法;③如何对教学成果进行评估(Hamilton & Else,1983)。

曾华源(1995)总结认为,对社会工作实习教育而言,实习契约具有下列几项功能。

1. 激发学生的实习动机

实习契约的制定是通过教学双方活动的过程,共同确定和同意教学目标与实习活动。因此,不仅可以使实习教学突出重点,而且可以使双方参与教学过程。过去学生很少有机会思考学习上的期望与活动，大都被动接受外来的期望（Hamilton & Else，1983）。通过制定实习契约，实习学生能够充分发挥主动性，与实习督导和学校实习协调员甚至机构负责人共同商讨实习的内容、自己和他人的期望、所需要准备的资料和努力的方向等。因此，制定实习契约可以激发学生的实习动机和参与实习的热情。

2. 明确教学双方的责任

实习契约包括机构同意提供明确的实习机会、实习教学者的教学与评估方式、学生保证努力学习，以及学校老师同意与实习学生联系、指导和评估。实习契约对各实习主体的责任都有明确的约定，各实习主体依照约定而尽自己的责任。因此，实习契约是一个实用的工具，可用来明确责任，增进教学双方的信任。

3. 促成有效的教育评估

有效的实习契约需要制定实习工作要执行的标准与进程，为实习的中期评估和最终评估提供评判的依据。更为重要的是，利用实习契约，学生可以进行自我评估，随时修正学习行为，加深对自我的了解和认识。

4. 示范问题介入与情境教学

学生参与实习契约的制定过程本身就具有教育性，学生可以将此经验转换到协助案主的过程之中，帮助案主确认问题介入目标，将每个目标转换成任务行为，弄清其具体的工作内容和拟订介入计划。另外，很多实习学生在日后的社会工作生涯中，同样要负责实习督导的工作和实习教学任务，而制定自己实习契约的过程，则为其提供了示范性的教学经验（Hamilton & Else，1983）

6.4.3 实习契约的类型和特征

1. 实习契约的类型

实习契约包括两种：第一种，我们称之为"目的、活动与评估标准方式"；第二种，我们称之为"学习目标方式"。

（1）目的、活动与评估标准方式

在此种方式中，实习契约可以分为下列三点来撰写。

①实习的目的。

②为协助学生达成学习的目的而设计的特定的活动或经验。

③达成特定目的的评判标准。

首先列出学校对于实习课程所制定的通则性目的，由实习督导或实习学生加入该次实习之特定的学习目的，如可以将实习目的定为"熟悉某一社会福利机构的历史发展"或"发展与服务对象进行面谈的技巧"等。当我们确定了学习目的之后，其次列出各种实习活动。实习活动是指某些特定的工作、活动或任务，当实习学生执行这些实习活动后，将有助于他们朝着实习的目标迈进。最后描述达成特定目的的方法与评估标准。由于社会工作实习评估是实习中至关重要的一环，本书后面将详细论述如何进行实习评估。两种经常用于记录和评估实习进展的简单方法是：列举预定完成的工作或作业的日期；明确实习工作需要实习督导给予的检讨和反馈。

（2）学习目标方式

学习目标方式是形成实习契约的第二种方式，需要增强描述学习的目标。虽然我们常常将目的（Goal）与目标（Objective）两个词混合使用，但两者的意义并不相同。学习的目标是一种预期或预定达成的结果的陈述，且此种陈述应是可以测量的。在字句的陈述上，目标会比目的更加准确、特定、具体，在目标中会列明学习者将做的事项。以下即为某一实习学生对学习目标的陈述。

3月2日前，将实习手册通读两遍，并熟悉其评估表和有关实习事项的规定；4月1日前，完成实习导向报告，熟悉实习机构的有关问题和政策，并向实习督导征询意见；4月1日后，开始制订实习计划，7日完稿，交给实习督导征求意见。

一项学习目标中，集合了达到某一目的所要完成的单一成果、学习活动的描述，以及评估的标准。撰写目标是一项极具挑战性的任务，撰写目标需要运用描述行为的用语（所谓行为，是指可以被观察到的活动），同时需要将一个无法测量的目的转换成为可以测量的目标。

当我们选择并撰写学习目标时，必须留意将焦点放在确实重要且与社会工作实务学习有关的成果上，虽然我们强调目标的可测量性，但也要注意防止只测量较为容易达成而非与实习重点相关的成果。

（3）通用社会工作实务的观点与实习契约

社会工作专业院校的本科生课程以及研究生课程，大多旨在建立学生通用社会工作实务的概念。因此，期望学生的实习体验能帮助他们掌握通用的社会工作方法。通用社会工作模式是一种检视与思索有关社会工作实务过程与活动的方式，它是一组引导计划变迁过程的构想与原则，此种模式不一定是对实务工作最佳且唯一的思维方式，但在许多情境中，通用模式却是相当实用的。

根据《美国传统词典》的定义，"通用"这个词是指"个人在几个不同的学科领域中具有广泛或一般性的知识与技巧"。依此定义，所谓通用社会工作实务所描述的是，某位社会工作者有下列的特质：具有广泛的知识与技能；能够运用数种不同的理论和模式；在微观、中观和宏观层面，至少都能够执行最基本的实务工作；足以扮演各种不同的社会工作角色；能够轻松地从某一个服务领域转换至别的服务领域。

相对于通用实务工作的是以特定领域见长的实务工作。"特定"指的是，社会工作者所服务对象的类型、所使用的工作方法、服务介入运用的层面，以及主要扮演的角色等皆在特定的范围内。

若你的实习属于通用社会工作实务，则你所撰写的实习契约应能够让你获得下列的体验并转换为自我的内在经验。

①学习各种介入的技术、技巧与方法。

②担任各种不同的社会工作角色，如个案管理者、咨询者、介绍

者、教育者、倡导者、小组协调者、社区组织者等。

③学习各种不同层级（微观、中层、宏观）中的介入方法。

④学习如何将服务对象的需求与所需资源之间做最佳的链接，并能将服务介入个别服务对象的问题。

⑤所学习的实务技巧应能推导到其他的情境中。

通用社会工作模式能够融合各种方法来准备介入的技巧和程序，而不是仅仅用单一的理论和模式。在社会工作实习过程中，我们一般是采取通用实务工作观点，并不会太局限于实习学生仅仅是掌握一种特定的服务技巧，故而实习契约的制定方面，也大多倾向于让实习学生在社会工作多领域的参与。同时，在实际的实习工作中，实习学生可能会对某一方面的服务对象或社会问题接触较多，故而在实习过程中，我们并不排斥实习学生以特定领域见长，但要兼顾了解其他领域的知识和技巧。对于这个问题，可由实习督导在实习过程中进行具体的指导和协调，在实习未真正开展之前最好不要将实习契约制定得过于局限，而应该尽量使其涉及面宽广些。例如，在计划书中预期"了解治疗性面谈如何使用"，而具体是针对家庭、偏差行为青少年还是有学习障碍的儿童，则依据实际的服务对象情况而定，毕竟实习的过程是一个不断变化的过程。

2. 实习契约的特征

如上所述，实习契约是实习教学双方共同的承诺，且有各种不同的表现方式和类型。但无论采取哪种形式的实习契约，有效的实习契约应具有下列的特征。

（1）正式性

为了能够经常被参考并避免遗忘，实习契约更多采取文字记载的方式，有正式文字记载的实习契约比口头上的约定更有效。因为实习契约除了记载一般性目标外，还应包括以下内容：具体目标、学习机会；每周与实习督导进行督导的时间与会议的次数；评估会议的时间与次数；

实习学生工作日志的规范；记录、读书报告和其他作业；评估的指标和程序；学校实习协调员的联系方式和频率，以及对实习教学上应有的协助；等等（Popham，1973；Hamilton & Else，1983）。而这些实习约定并非用口头和随意的方式就能制定清楚和对实习各方有所约束的。

(2) 相互性

实习契约并非由实习中任何一方单方决定的。实习学生通常对自己的学习兴趣和需要、个人的优缺点、自己的想法和预期等比较了解。而实习督导经由教育性的诊断了解学生需求、经验、能力和知识等，从而提出督导意见。实习协调员代表着学校方面对实习学生的期待，对实习教学的目标和活动程序也有其看法和立场。机构督导对于机构自身所能提供的资源和提供给实习学生的实习机会亦有清晰的认识。因此，实习契约实质上是实习各主体之间相互协商的成果，通常会经过一两周沟通协商的时间才会有较明朗的计划制订出来。

(3) 有弹性

在实习阶段，社会工作实务本身就是一个不断变动的过程，对实习目标和活动的安排应随时给予评估和审视，根据现实情况的变化重新设定教学目标和安排学习活动（Wilson，1981）。

(4) 自主性

Knowles（1973）指出，学生经历参与厘清自己的学习要求、形成学习目标、寻找学习资源、选择策略和评估学习成效的过程将会有自主的感受，从而对学习计划产生承诺感。因此，在制定实习契约的过程中，应允许和鼓励学生反思自己要学习的内容和学习方式，让学生能够主导自己的体验式学习，这将有利于激发学生学习的动机和提高成效。

(5) 现实性

实习契约必须切实可行，所提供的实习机会必须能使学生演练技巧、思考整合和运用专业知识以达成学习上的目标。对学生学习与运用专业知识能力的期望应结合现实情况进行考查。一些实习督导有时会责问学生是不是没修过某门课程、是否没有听说过某一特定理论，这常常令学生感到很大的压力，实习督导对实习学生的评估和认识应该结合每个学生不同的学习能力，这样才能更好地帮助学生去经历实习的历练。

（6）具体性

为了促成实习学生自主的学习，对于实习过程中所欲达成的每一个目标，必须转化成学生要表现出来的具体行为或是学生能在特定时间内要完成的某一任务（Fox & Zischka, 1989）。一份好的实习契约要具备以下特征：目标要明确，要能针对个人的需要；了解现存的限制；配合学习者的能力、机会和资源，以便计划能够具体可行，并且可以随着时间和服务情况的变化做出适度的修正。对此，可借用管理学中目标管理的"篮球架原理"来做解释："计划目标不可距离实际情况太远，而又不可太易达到而失去激励作用，一个具体而稍稍高出其实际能力的计划，如篮球架般使人不断向上。"

6.4.4 制定实习契约的步骤

完成一份书面的实习契约需要花费大量时间和精力，然而一份好的实习契约则能够增进我们的实习体验，使实习过程清晰明了。制定实习契约的首要步骤是了解学校对实习契约内容的期待。有的学校或许将其称为学习合约书或实习计划书，某些学校也很可能已经备有既定的计划书内容和格式，实习学生可以依照学校文书格式填写。

在理想状态下，实习契约应由实习学生、实习督导和实习协调员共同协商制定。实际情况是，实习协调员一般不会具体到确定每个学生的实习契约内容，而只是起到一个审订的功能。实习督导和实习学生所拟订的计划书应有前瞻性，能拓展实习学生的知识和技巧；符合实习的情境、自身的能力和过去的经验，而且能够切合实际。在实习契约中，应至少包含两种重要的学习体验：①对机构运作的了解，如服务开展的流程、行政架构、预算等；②对实习机构所在的社区情况的了解。这两项还可具体表现在导向报告中。此外，实习契约还应该包括促使学生对社会问题的了解，协助实习学生了解人群的差异性，等等。

当我们在规划实习契约时，应同时仔细思考个人未来几年内的计划走向。例如，有些社会工作专业本科实习学生希望能够继续进入硕士研究生阶段就读，使自己在学术上有所建树。对于这样的学生，则需要考虑在实习过程中应做出何种努力从而为硕士研究生阶段的研究做准备，或提高其能够通过硕士研究生考试的机会。再如，如果学生希望在大学毕业后，即刻进入就业市场，则在实习契约中应规划一些工作以协助做好寻找工作的准备。因此，个人未来几年内的人生方向要有所考虑。

每个学生都有自我的特性，在实习过程中同样会体现自己独特的学习方法或特定的学习风格。在制定实习契约时，实习学生务必使实习督导了解自己的学习风格和特性，这样有助于实习督导选派工作并交付适合自己的任务。例如，一些学生倾向于先观察他人如何处理后再自行去做的学习方式，则需要与实习督导及时沟通，以免实习督导一开始就让学生直接参与某项活动和服务。再如，一些学生习惯先对整体理论知识有认识和把握后再开始实践，则需要与实习督导及时沟通，以免实习督导让学生直接参与服务。

总之，制定实习契约是将能够协助我们整合理论与实务的经验和活动纳入实习契约当中，是将过去在课堂中的学习加以灵活运用，是了解实习学生的决策及所选择介入方法背后所支撑的信念、价值观和理论的架构，以使实习达到尽量在各种不同层面的实务工作和方案中了解人们与社会系统是如何、何时和为何会发生改变的目的。

6.4.5　实习契约的修改

当学生完成实习契约的构想和撰写，且经过实习督导和学校实习协调员的审订后，学生就可以依循计划进行实习了，同时学生也需要经常在实习过程中审视实习契约。如果确有必要，则应该及时地修正实习契约。在实际的情况中，实习学生最容易想到修改实习契约的情况是实习环境难以安排某项学习的机会，对此，实习学生和实习督导都应保持慎重的态度，应尽可能获得各种有助于实习学生达成学习目标的资源，而非轻易地放弃某部分的计划。

实习学生在实习过程中的实际学习经验可能会面对很多超出预期的情况。面对这种情况无须感到惊异，因为社会工作实务本身就是一种有计划的改变过程。而所谓"过程"，则具有前进、进展、向前推进的意思。在实习的过程中，实习学生需采取谨慎的态度和特定的步骤，一步一步地鼓励和促成各种必要的改变，以朝向某个目标方向移动。当情况有所变化，或者服务阶段发生变动时，相应的服务计划也要随着改变。学生需要考虑的是改变的目标是否足够清晰和明确，且符合服务对象的实际状况和学生自身的特性；改变后的计划是否是适当的介入方法，能否达到使实习顺利进行并促进学习的目的。如果以上的疑问都能给予肯定的答案，那么学生就可以有信心地改变实习计划。同时，修订实习契约也是相当重要的学习机会，通过这些迂回、曲折的历练，可以教导实习学生以更具弹性和更加开放的心态来面对新的挑战、获得新的体验。

6.4.6 实习契约的举例说明

以下结合一名实习学生的实习契约进行举例说明，以协助大家更清晰地了解实习契约的制定（见表 6-3）。这里的实习契约文本并非唯一的方式，实习学生可根据学校和自己的风格形成自己的实习契约文本。

表 6-3 实习契约文本举例

实习契约内容	说明与建议
一　对服务及服务对象的认识 　1. 对服务的认识 　（1）认识机构所提供的服务的发展和演变，并掌握目前服务的发展宗旨及方向 　　XX 市第 XX 中学是一所百年老校，其前身是私立 XX 中学。	这一过程对服务的了解是帮助实习学生和实习督导

续表

实习契约内容	说明与建议
1953年9月,政府将私立XX中学和私立XXX学校合并,并命名为"XX市第XX中学"。2004年经XX市XX区教育局布局调整,学校与XX市第XX中学合并,沿用"XX市第XX中学"校名办学(即现在的南校区)。XX市第XX中学共有两个校区,本部主要是针对初三和高中的学生,南校区针对初一和初二的学生。 　　学校的校训是勤、诚、敬、爱,校风和学风严谨,并于2004年4月被XX市人民政府评为XX市一级学校。 　　(2)了解实习机构的背景和宗旨、组织架构、工作目标、服务范围、职员分工、财政的来源及机构的服务设施等 　　这可以使我们更了解XX市第XX中学的相关情况,使我们更好地配合学校的相关工作,在我们的实习工作中知道可为和不可为的东西,有助于学校老师和学生增强对我们的信任,更有助于我们在学校建立起社会工作者的形象。 　　(3)认识其他同类型服务,了解不同团体的运作、服务方针等 　　通过了解学校的"欣情小筑"心理咨询中心的相关运作,可以彼此更好地合作,指导我们更好地在学校开展工作。接触其他类型的服务,也能够使我们反思彼此的异同和合作,从而收获更多。	更好地安排实习任务的前提。而具体化地了解条项能够使实习学生明确搜索信息和全面把握资料。
认识途径:如相关服务的研究报告及书籍、机构的资料及刊物、机构人员的相关介绍、咨询老师以及以往的实习学生和现在实习的其他专业的学生等。	对于认识途径的思考能够帮助实习学生去获取资料。
2. 对服务对象的认识 　　(1)了解服务对象的需要和特性 　　XX市第XX中学初二的学生总体上都挺活泼的,都是挺喜欢玩的,男女生有互相打闹的,也有互相不交往的,较多喜欢网络。他们有对自我正确认识、学会正确对待网络和与异性、同性正常交往等的需要。 　　(2)了解服务对象面对的问题和解决方法 　　通过了解服务对象面对的问题和解决方法,能够使我们在提供服务时更有针对性和更有效。 　　(3)了解服务对象的支持系统 　　了解服务对象的支持系统,能够使我们更好地利用资源与他们合作。 　　(4)把握服务这类对象的特别技巧 　　把握服务这类对象的特别技巧,能够使我们更好地处理问题。 　　(5)政府、社会、大众及服务机构对服务对象的认识等 　　了解这些知识,能够帮助我们对服务对象进行更全面的评估。	这一过程如果能够在初步的了解后再进行更详细的分析会更好。
认识途径:阅读有关此类服务对象的特性及成长需要的书籍和相关的研究报告,以及介绍有关服务此类对象的技巧的书籍;了解机构相关人员(如老	

续表

实习契约内容	说明与建议
师、主任等)和服务对象的介绍;采访社区相关人员及浏览相关的网站;在现实生活中通过与服务对象的接触去认识。	
二 学习目的 **1. 实习学生希望自己实践和学习的范围** 　　在这一期的实习中,我希望能够将自己在课堂上学到的有关个案工作和小组工作的相关知识运用到学校社会工作中,特别是在个案工作方面能够实践和学习更多的技巧和方法,同时也希望自己能够通过实务工作反思社会工作者个案工作背后的原则和理念,探讨背后应有的态度及价值观。通过实务工作,学习到更多与学校社会工作和青少年社会工作相关的知识和技巧。总的来说,无论是社会工作的理念、价值观还是技巧和方法,都希望自己能在实习中不断反思和收获自己的体验。	帮助实习学生澄清自己的实习期望。 　　如果能够更为具体、针对性更强的话,对于实习的指导会更有效。
2. 实习学生期望对实习机构的日常运作、服务及其对象有何认识 　　在将近3个月的实习工作中,我期望能够在初期时尽快熟悉实习机构的日常运作,了解XX市第XX中学的工作的相关程序以及相关部门的职能,如科组、教务处、文印处和总务处等,能基本了解初中教育的相关服务,也能够认识并掌握青少年的一些行为特性和心理特点。	实习学生可将自己初步获取到的信息也呈现于此,这样有利于资料的整理和保存。
3. 实习学生希望探索社会工作者的态度及价值观、理论知识、工作手法和技巧 　　我希望在这一期的实习中,能够在实务工作中融合自己对社会工作的认识和体会,在实务工作中提升自己对社会工作者的认知,去体验社会工作者的价值观和理念与实务工作的相互融合,真正在实务工作中综合运用相关的理论知识,掌握个案工作和小组工作的工作手法和技巧,特别是掌握学校社会工作专业的相关知识和解决青少年问题及需要的技巧。并且,希望能够提高自己与别人沟通合作的能力,提高策划小组和项目的能力。	针对社会工作具体的期望澄清,能够帮助实习学生明确自己在实习过程中的定位和努力。
4. 实习督导评估实习学生的学习需要 　　实习督导期望学生在实习中能够建立好专业形象,与学校各方人士建立良好的关系,将所学的社会工作专业理论运用到实际工作中,对一两个课题做深入研习,在学校内开展1~2个小组工作,多做个案工作,提高自己开展小组工作和个案工作的技能。	从实习督导的角度去评估实习学生的需要,既要有专业性,也能够帮助实习学生更理性地思考。
5. 预期困难 　　在第一期的实习中,我预期可能存在以下的困难。 　　(1)第一次实习,没有经验,可能导致自信心不足,对自己开展个案工作和小组工作的能力存在疑问,可能有时自己也存在对实习工作的一些不适应和负面情绪的问题且未能及时得到解决。	在第一次实习中,实习督导引导实习学生进行预期困难的猜想和建议

第六章　社会工作实习的准备　193

续表

实习契约内容	说明与建议
建议：我觉得我可以通过再次温习以前所学的有关个案和小组的开展工作程序，把握相关的重点，在开展相关工作前做好充分的准备，利用督导会议提出自己的疑问并听取实习督导的意见和做好反思，吸收消化为自己的东西。对于实习的不适应和负面情绪问题，我觉得自己须先正视这个问题，接受它，并跟同伴分享和听取实习督导的相关经验，从而去转变、去适应。 　　（2）未能较好地把握好青少年的心理及行为特点，可能做出错误评估和未能处理好个案的问题及需要。 　　建议：我觉得自己可以多看些关于青少年的心理及行为特点的书籍，通过平时与学校青少年的接触，提高敏感度，结合相关知识慢慢进行把握，并在开展个案工作和小组工作前做好充分的准备，听取实习督导和学校老师的相关意见，避免做出错误评估，多多总结经验，反思错误，避免下次再犯，时刻保持敏锐性，以便自己更好地把握相关的问题。 　　（3）在处理个案时未能很好地运用工作方法的技巧。 　　建议：平时多多练习相关的技巧，并在开展个案工作和小组工作后多做反思，听取实习督导的意见，在督导会议上与实习督导进行角色扮演，以实例去理解技巧的使用。掌握技巧也是一个刻意的过程，所以要多多熟练，不断地练习、模仿，加入自己的风格，从而形成自己的特色，更好地提供服务。 　　（4）未能较好地处理一些突发事件，如有时因为疏忽未能较好地面对年级长的相关要求、承担不了年级长与心理咨询老师的工作安排以及小组工作开展时的突发事件。 　　建议：时刻谨记，在学校里开展任何活动都要征求年级长的相关意见，以不扰乱学校秩序为前提，这不仅是要求，而且要体现在行动中。对于年级长与老师的相关工作安排，在有时间的前提下可以适当地提供帮助，并咨询实习督导的意见。而对于小组工作开展时的突发事件，在制订计划时要尽量思考，并做好应对措施，听取实习督导的意见并在活动中尽力随机应变。	处理方式的思考，能够帮助实习学生先清除可能存在的阻碍，能够帮助实习学生具备初步的信心去开始实习。 　　这样的方式，也能够帮助实习学生"举一反三"，思考自己在之后实务工作中遇到困难时可以尝试的思考方式。
6. 实习过程中期望阅读的书籍和资料 　　在实习过程中，我期望阅读的书籍和资料如下。 　　（1）重温相关的《个案工作》《小组工作》《小组工作辅导与心理治疗》（林孟平著），以及《交往技巧的运用与分析》，香港城市大学、北京城市学院组编（已看过一次，再重温一次，加入更多的思考）。 　　（2）《青少年心理发展》，北京大学心理学丛书。 　　（3）《学校咨询与学校社会工作指导计划》（心理治疗指导计划系列），中国轻工业出版社。 　　（4）阅读相关的学校社会工作专业书籍及数据（希望实习督导能够提供参考书目或者提供借阅书籍）。	书本的知识是源源不断的。鼓励学生在实务工作中回归书本，这样能够找到共鸣契合点，加深对实务和理论的认识。
三　个人及专业发展 　　**1. 对自己现在的专业知识、技巧的评估** 　　我认同社会工作的价值理念，能够基本掌握相关的开展个案和小组的工	通过实习学生的自我评估，一方

实习契约内容	说明与建议
作程序,对一些理论模式有了解但并不深入,基本掌握一些交往技巧,如积极聆听、引领、反映和影响技巧,但是并不熟练。而对于如何开展个案工作、订立工作目标、在具体情境中运用介入手法、跟进和检讨个案进展等方面仍有较大的学习空间,特别是对于具体的个案工作程序和小组工作程序的整体把握还不系统,还需要多认真学习和巩固。 **2. 曾有的相关经历体验(如实习经历、义工经历)** 无。 **3. 学习风格、性格特点** 在学习风格上,我喜欢多参考相关的书籍去加深和提高自己的知识和技巧,有一些示范模型对我能够起到更大的刺激作用。例如,在督导会议中,彼此之间的角色扮演能够加强我的学习,而且,实习督导的即场示范能够让我学习、收获和反思更多。我也喜欢在了解一些事物后多思考并寻求答案。 在性格特点上,我是一个做事认真负责的人,在工作和学习上对自己有严格的要求,力求自己负责的事情能够尽力做到更好。我是个既外向但也内敛的女生,对于相互熟悉的人,我可能很开朗地与其交往;对于不熟悉的人,我可能更多展现内敛的一面。我善于关心周围的人,尽自己的力量去帮助别人,也能够包容别人。但是有时不够自信,不够勇敢,有时处事也会犹豫不决。 **4. 需要改善之处** 我觉得在学习上,我的视野要更宽广,不断涉猎其他方面的知识,扩大自己的阅历,加深自己对生活的体验和思考,多利用时间和机会去练习社会工作的相关技巧。在生活中,要更自信,学会与人沟通交流,勇敢地面对自己不擅长的方面,不断去尝试。 **5. 仍需加强的优点** 多思考和反思,在实务工作中进一步去了解社会工作的价值观和理念,去加深对社会工作的理论知识和工作方法与技巧的理解和运用。与其他两位同学好好地合作,相互促进,共同进步。 **四 功课** **1. 作业的分量以及时间的安排** 根据实习督导的要求,在实习期间,每位实习学生将开展1~2个小组工作(实习第五周即3月23日开始),接2~3个个案(3月2开始至实习结束),我和另一位同学将负责1个大项目。 **2. 工作内容、工作对象、介入手法的性质** (1)2~3个个案——工作内容:依个案情况而定。工作对象:以初二(七)班学生为主,同时也会接受其他学生。介入手法的性质:以基本技巧为基	面能帮助实习学生清楚自己,另一方面也能帮助可能不熟悉实习学生的实习督导更清楚实习学生的经历和个人风格特点,这样有利于实习督导"因材"督导和交流。 明确具体的工作量,能够帮助实习学生把握实习进程和发挥主动性。 这里可以更详细地介绍,这样能

续表

实习契约内容	说明与建议
础,再配合相关的专业个案工作方法。 (2)1~2个小组——工作内容:未定。工作对象:初二(七)班的部分学生。介入手法的性质:以基本技巧为基础,再配合相关的专业小组工作方法。 (3)1个大项目——工作内容:心理健康教育,具体内容未定。工作对象:初二年级全部学生。介入手法的性质:暂略。	够更清楚和更具指导性。
3. 机构特别要求 配合学校"欣情小筑"(心理辅导中心)在XX市第XX中学的相关宣传及相关工作,特别是辅助心理咨询老师开展中午的"心理咨询"服务。	
五 督导 **1. 时段、次数、形式** 实习督导将在实习期间与实习学生面谈12次,其中10次会到实习机构对实习学生进行督导,另外2次会在机构外与实习学生进行会面和督导。形式主要是以小组督导为主,个别督导为辅。	督导方式的明确,能够更好地帮助实习学生和实习督导明确双方责任。
2. 对实习学生的期望 实习督导对实习学生有以下四方面的期望。 (1)了解学校体制、文化环境、周围社区、学生的特性和家庭背景。 (2)配合学校的相关工作,不打乱学校的秩序,遵守学校的相关规定,在学校的限制和约束下工作;在学校建立社会工作专业形象,与学校建立和谐和信任的工作伙伴关系。 (3)坚持社会工作的操守和工作守则。 (4)在规定的时间内完成功课任务。	实习督导澄清对实习学生的期望,能够帮助实习学生把握实务工作的度和需要注意的地方。
3. 对实习督导的期望 我对实习督导有以下几方面的期望。 (1)我希望实习督导可以在我开展个案工作和小组工作时能够多多指导,特别是在技巧上,帮助我提高实务能力。 (2)结合理论与实践,引导我去发现问题,进行更多的思考,让我收获更多。 (3)在我做实务工作过程中,可以引导我加深对社会工作理念和价值观的理解。 (4)能在宏观方面看到我的优点,看到我的缺点和不足,引导我去反思、去改正,争取在社会工作实务和理论上都能做得更好。	提供机会让实习学生澄清对实习督导的期望,能够让实习学生发挥主动性,更好地促进实习学生与实习督导的关系。
4. 记录、报告等的种类、形式及递交日期 每周的考勤表将于下一次会见实习督导时以打印版递交,实习日志、实习契约、导向报告、工作计划等其他文书将以电子版交给实习督导,建议递交时间表。	责任明确。

实习契约内容	说明与建议
六 评估 1. 中期评估及最终评估的安排 　　中期评估预定在4月30日进行,最终评估预定在6月20日进行。 2. 同学表现的评估基础 　　同学表现的评估基础是实习学生的考勤情况、完成任务的程度、在机构的表现及实习督导和机构督导对实习学生的评估。相关标准将根据XX大学社会工作系制定的学生实习中期评估表、学生实习最终评估表和学生实习表现自我评估表进行。相关表格见《XX大学社会工作专业实习手册》。 实习学生：_____ 实习督导：_____ 签字日期：_____	这里若更详尽些,能够帮助实习学生了解自己将被评估和需要注意的地方。 最后的个人签名同样重要,是共同承诺的表现。

6.5 导向报告的撰写

6.5.1 导向报告简述

通过导向报告,实习学生开始迈入实习的第一步——了解实习机构和社区。一方面,实习学生通过各种途径知晓实习机构的历史、特点,帮助实习学生把握实习机构和社区现有的服务以及开始挖掘服务人群的需要,为后续的实习服务项目奠定基础；另一方面,实习学生在进入实习机构之初,通过书面形式了解机构对实习学生在工作方面的要求,从而规范自己实习期间在机构的工作着装和言行表现。

整个导向报告的撰写,需要了解和找寻很多的资料,需要实习学生向不同的人群了解相关的资料。一方面,实习学生可以借此与相关的人群建立起关系；另一方面,实习学生需要自己去分析和整合所了解到的资料,以便更好地撰写出有效的实习导向报告。

6.5.2 导向报告的举例说明

导向报告

第一部分：机构导向部分

一　导向过程包括的信息

　　（一）机构的背景

　　XX 中学

　　（1）校训

　　勤、诚、敬、爱。

　　（2）校风

　　尊师守纪、勤学苦练、朴实体健、奋勇向前。

　　（3）办学理念

　　学校坚持社会主义的办学方向，全面贯彻党和国家的教育方针，继承和发扬严谨治学的优良传统；以"以科技教育为特色，全面推进素质教育"的正确教育理念为导向，不断深化教育改革，优化、整合教育资源，改善办学条件；以行为规范为突破口，开展礼仪教育，走出德育特色；坚持科研科教兴教兴校，创立了"科教兴校"的品牌，取得了可喜的成绩。

　　（4）历史

　　学校成立于 XXXX 年……

　　（5）财政来源

　　主要来源于 XXX 区教育局拨款。

　　（二）员工的角色、功能和工作量

　　校长……教务主任……

　　（三）社会工作部门/实习部门的角色

　　（1）学校负责德育教育和训育的主要部门是教导处，而负责辅导和心理咨询的部门主要是"欣情小筑"——心理健康教育中心。"欣情小筑"创建于 2008 年 12 月 7 日，虽然创办时间不长，却对学生们产生了很大的积极影响，很多学生在课间或放学时间都会到这个地方玩游戏或找心理老师进行心理咨询。与此同时，南校区的"欣情小筑"是社会工作实习学生的实习基地。由于这个校区的"欣情小筑"还没有完全建立起来，而且除了实习期间有社会工作实习学生外，平时学校的心理老师很少来，所以影响力并没有北校区的大，很多学生都不了解其作用，很少有学生会来这个"欣情小筑"。

"欣情小筑"从心理咨询出发，希望为学生提供全方位、多方面的心理教育和辅导。在心理咨询的基础上，心理健康教育中心引入音乐治疗、沙盘游戏、心理测试、涂鸦墙等辅导方法，同时建立"欣情留言板""欣情自画像"来加强同学间、师生间的交流。北校区的"欣情小筑"中有音乐治疗室、沙盘游戏室、涂鸦墙、心理测试室、阅读吧，设备可以说比较齐全，为学生提供各种各样放松、娱乐的场所。而南校区的"欣情小筑"由于资源缺乏，里面只有一些简单的玩具，如象棋、少量心理图书、涂鸦墙，设备需要进一步完善。

综合分析"欣情小筑"的发展历程和现在的状况，我们发现其日后的发展有机会也有挑战。"欣情小筑"的优势之一就是里面的 XX 老师，她不但拥有丰富的培训经验，而且也深得学校领导的信任，在她来学校的短短两年时间里，举办了很多成功的活动，赢得了老师和学生的信任。同时，"欣情小筑"每年都有来自中山大学社会工作专业的学生和来自其他院校心理系的学生来实习，为其发展和壮大注入了强大的力量。就现在来看，南校区很多老师和学生已经对"欣情小筑"有了一定的了解，而且也有学生主动预约，寻求"欣情小筑"老师的帮助。另外，"欣情小筑"无论在南校区还是北校区，都有一个固定的地方提供服务，不像有的学校——只有心理老师而没有心理室，这为"欣情小筑"的发展奠定了基础。

相比其优势，"欣情小筑"的不足也是非常明显的。第一，整个中学只有一个心理老师，导致心理老师的工作压力过大，很多时候只能勉强完成学校交给的任务，而无暇顾及"欣情小筑"的其他事情，很多学校的预约都无法满足，特别是没有实习学生的时候情况尤为严重；第二，由于实习学生的实习时间通常只有3~4个月，实习学生往往刚熟悉了学校的运作，与老师和学生建立起关系，实习也就结束了，换句话说就是"欣情小筑"缺乏长期的人手，不利于其进一步发展；第三，学校毕竟是看重成绩的，所以很多资金都投入教学中，从而很多时候造成"欣情小筑"申请资金存在一定的困难。

但"欣情小筑"的发展是存在着很大的机遇的。第一，心理教育变得越来越受重视，很多学校为了全面发展都大力发展心理教育，而社会各界也重视学校心理健康教育的发展，"欣情小筑"应该抓住这个机会，充分发展自身；第二，第XX中学的领导班子也非常重视学校心理教育，希望通过心理教育来辅助传统教育，帮助学生解决学习和生活的困扰，全面地促进学生的发展；第三，现在学生面对的学习压力非常大，也希望通过"欣情小筑"来帮助他们解决压力问题。所以，"欣情小筑"应该抓住这些机会，充分发展自己。

面对机遇的同时，"欣情小筑"也面对着挑战。第一，学校毕竟是以成绩为重的，而"欣情小筑"所提供的服务有时难免与其他科目老师的教学有冲突，很多老师都认为"欣情小筑"举行的活动为他们的教学带来了阻碍；第二，"欣情小筑"还处于初步发展阶段，其中每一个活动都会对其发展和声誉产生很大的影响，一旦某些活动失败或对学校造成不利的影响，对"欣情小筑"的发展都是非常不利的。

（2）由于学校校长认同和肯定社会工作的价值理念，通过与中山大学社会工作系的协商，学校决定从2008年初开始引入社会工作服务，并作为中山大学社会工作专业的实习基地之一，2012年是中山大学实习学生到学校提供社会工作服务的第5个年头。

通过2011年两位社会工作实习学生的努力，学校初二级的学生已经对社会工作有了一个初步的了解，但了解程度不深，特别是在整个南校区内，很多学生还是不知道社会工作究竟是什么，不了解社会工作实习学生的工作和作用是什么。所以还需要在学校进一步宣传社会工作，加强学生甚至老师对社会工作的了解，使全校师生对社会工作都有一定的认识。

（3）上一届的两位社会工作实习学生在学校实习期间不了解学校的管理制度，给学校老师带来了一些麻烦，导致学校老师对社会工作实习学生产生不信任并采取了防范的态度，为我们这一届的社会工作实习学生带来了一定程度的困难。所以学校要求我们在这次实习中做任何事情都要汇报，而且由原来的1个社会工作实习学生带1个班变为3个社会工作实习学生带1个班。事先通知和汇报成为以后社会工作实习学生必须做的事情。

（四）所提供服务的性质

（1）服务类型

初中、高中教育；青少年教育。

（2）服务对象

①合计共44个班，每班约有学生40人，共计约有学生1760人。

②在本期的社会工作实习中，社会工作实习学生依据学校

的有关安排，主要是负责初二级的学生，其中重点负责初二（七）班。

（3）需求及特征（详见第三部分需求分析）

既要提供科学文化基础知识的教育，同时也要提供有利于学生心理健康成长的环境。学校作为一个以教育为主要任务的地方，把绝大部分时间放在教育学生学习知识上，但是学生一些知识以外的学习需要、缓解心理压力的需要却未能满足。

（4）现存困难

①学校场地限制：学校面积太小，设施有限，导致学生活动和娱乐内容有限而且过于单调，无论是南校区还是北校区，最大的活动场所就是一个篮球场。

②生源限制：与XX市的其他中学相比，XX中学的排名相对靠后，生源也不太好，尤其是初中生源，比较普通，而且家庭有问题的学生并不少，如经济困难、家庭暴力、家庭离异等。

③学校与社区的联系不明确，这会导致学生不能享用到社区现有的资源。

（5）工作策略

"以科技教育为特色，全面推进素质教育""科教兴校"。

（6）组织/管理结构

①班会：每周一第8节，主要由班主任总结过去一周的情况和出现的问题。

②班组长、级主任会议：每周三上午第4节～第5节，主要关于德育、保卫、宣传。

③文科教研：每周四下午，主要关于文科的教学教育工作研讨。

④理科教研：每周五下午，主要关于理科的教学教育工作研讨。

⑤校长会议：每周一上午第 4 节~第 5 节。

（7）与其他机构的联系

机　构	主　要　联　系
市 XX 宫	为学生提供体育、娱乐设施
市 XX 宫	为学生提供体育、娱乐设施和培训课程,为学生培养社会技能提供场所
XX 区教育局	财政来源、管理机构
中山大学社会工作系	第 XX 中学为中山大学社会工作专业本科和硕士研究生提供实习基地

（8）实习学生工作部门的能力、困难及限制

① 场地限制：学校只有一个"欣情小筑"为社会工作实习学生开展小组和个案活动提供场地，导致开展活动有一定的困难，没有足够的空间同时开展个案和小组活动，而且在 XX 中学的南校区，"欣情小筑"的装修及宣传都还没有完善，所以社会工作实习学生还需要花费时间在装修及宣传上。

② 时间限制：学生只有午饭时间和放学时间有空，而放学后学生也要赶回家里，刚好社会工作实习学生的工作时间也结束，造成社会工作实习学生接触学生的时间只有在中午及课间，时间是非常少的。

③ 如何在满足机构方面要求的同时，达到实习督导及院系方面的要求，同时在实习过程中得到提高。如当校方希望开展小组活动与实习督导要求接个案的矛盾该如何解决。

④ 如何在较短的时间内得到学生及老师的接纳，树立专业的社会工作者形象。

（9）改善建议

① 可以向学校相关部门申请一个额外的教室，为社会工作实习学生的个案和小组活动提供更多的场地。

②针对社会工作实习学生与学生接触的时间比较少的问题，社会工作实习学生应该珍惜中午休息时间和平时课间时间与学生交流，更应该充分利用班会课，使学生对其有一定的了解。

③对于学校的要求和实习督导的要求的冲突，社会工作实习学生可以向实习督导反映和协商，尽量做到既能满足学校的要求，也能满足实习督导的要求。社会工作实习学生应该主动、积极地与学校的学生和老师交流，使学生和老师对社会工作都有一定的了解，在他们中树立起社会工作者的形象。

二 工作性信息

（一）着装、发型等外观和言行上的规范

端庄大方，具亲和力，与学生较为接近，与校内老师要求相仿，夏天不穿背心、短裤，不染发，等等。

（二）工作时间安排

（1）一般工作时间：周一至周三早上8:30~下午5:00。

（2）午餐时间：12:00~13:00。

（3）周四至周日及晚上的安排：查阅数据、策划活动、撰写文书等。

（三）工作地点和设备的使用

（1）"欣情小筑"位于教学楼六楼、跆拳道室旁边。

（2）设施包括沙发1套、电话1台、棋类若干，以及一些相关心理辅导书、数幅挂画、若干日常文具、1副大型玩具板。

第二部分：社区导向部分

一 背景资料及历史

XX中学位于XX路XX街XX号，南校区位于XX街X号。XX街位于XX区西南部，东起XX路，与XX街相邻；西至XX路，与XX区交界；南起XX路，与XX街相邻。面积为1.02平方公里，主要有12个社区居委会。辖区内有著名的

XX 广场、XX 市解放纪念石像以及 XX 批发市场。有 XX 市第 XXX 中学等中小学校共 5 所。

　　XX 区在这几年举行了许多活动，利用社区文化广场举办了一系列以"幸福童年、快乐成长"为主题，旨在整合辖区内资源、促进少年儿童健康成长的活动。结合春节、母亲节、儿童节、X 城之夏、国庆节等节假日，突出对困难家庭儿童的关爱，举办"阳光花朵、温暖童心、共享和谐"的励志少年新春联欢活动，"亲亲妈妈、亲亲大自然"单亲、特困家庭母子联欢活动，"幸福童年、快乐成长"大课间活动展演，"快乐假期"X 城之夏启动暨"希望之星"夏令营，"活力社区、和谐人民"阅读进社区、进家庭系列活动激活暨社区定向寻宝活动，等等，着力营造"关爱儿童、造福儿童"的良好社会风尚。

　　本校师生在社区里较少参与社区活动，个别老师在社区会参加义工服务。

二　社区环境

　　XX 街 12 个社区广泛推进和深化群防群治工作。在试点的基础上，分段分批推进全街住宅社区以群防群治模式为主的基本物业管理建设工作。全街用于群防群治基础设施建设、硬设备投入的资金共 60 多万元，建设防盗铁闸 102 个、治安岗亭 50 个，共有社区治安值班队员 135 人。完善打防措施，全面落实维稳和综治层级责任制。针对娱乐场所较集中的特点，进一步规范管理，压减"黄、赌、毒"等违法犯罪行为的活动空间。将治安问题比较突出的 XX、XXX 社区作为重点整治社区，有侧重、分步骤地开展集中整治。XX 广场的治安状况彻底扭转。街道进一步规范外来人口管理，做好出租屋租赁、摸查、登记和管理工作。同时，重点开展对 XX 路海味特色专业街等人群密集地段的消防安全、房屋安全隐患的整治工作。XX街处于繁华地段，交通方便，地铁、公交等交通工具齐全，临近XXX步行街、XX广场等XX市著名商业区。

但依然存在以下问题。

（1）该社区的环境比较陈旧，大多数住宅都是旧楼，而且贫富差距大。

（2）周边有许多不卫生的快餐店，靠近X江边，许多是豪华酒楼和酒吧。有部分学生对学校的伙食不满意，就到那些快餐店就餐，这有可能会影响学生的身体健康，而且有个别学生在周末和其他朋友到这些酒吧喝酒玩乐，这会让一部分学生养成不良的习惯和行为。

三　居民特征

2006年，XX区居民人均可支配收入、人均消费性支出均比上年有所增长，其中服务性消费支出6378元，比上年增长19.21%，占消费性支出的39.19%。服务性消费支出主要用于交通通信、教育文化娱乐、居住方面。

XXX街约有居民17526户，人口51125人。在初二（七）班的学生中大多离本校较远，要搭乘公交或地铁回家，有少部分的学生家住本校附近。

四　与受助对象有关的社会服务

（1）学校职员参加一些社区的志愿者服务。

（2）区妇联所属街道妇联共有22个，社区妇代会283个，基层妇委会（机关事业单位）10个，新经济组织妇代会10个，另有妇女联谊会4个。全面启动"零家庭暴力社区"创建活动，区妇联在XX公园举行XX区"创零家庭暴力社区、建平安和谐家园"活动的启动仪式。会上，XXX街党工委、XX街妇联介绍了经验。10月，区妇联主席走访区公安分局，探讨如何进一步把"反家庭暴力"工作落实到社区。

（3）XX区共青团共有基层团委15个，直属团工委22个，直属团总支2个，直属团支部2个。团（总）支部765个，专、兼职团干部812人，团员18648人。共青团XX区委认真贯彻落实科学发展观，围绕城区现代化建设中心工作，团结带领广大青年为创建文明城市、构建社会主义和谐社会做贡献。

五　社区现存问题

（1）社区中多数快餐店的卫生不合格。

（2）社区内的人员构成复杂，我们亲眼看到学校附近有些女青年抽烟，无所事事。

（3）社区存在危楼，对学生的人身安全造成威胁。

（4）现阶段学校附近在搞工程，平时会有许多噪声，对师生的正常学习和休息造成了影响。

（5）校门外不远处有一个垃圾堆放处，会不时发出异味，卫生环境差，影响学生的健康。

第三部分：需要分析

一　学生需求分析（主要是初二学生）

（一）心理特点（共性的）

参考相关的研究和资料，了解到一般的初二学生具有以下心理特点。

（1）渴望独立，渴望其行为得到大人认可，但自我评价与调节能力不高。

（2）抽象逻辑思维迅速发展，并开始占主导地位，但具体形象成分仍起重要作用，认知能力还不高，仍带有片面性和表面性。

（3）能较自觉地完成学习任务，但情绪波动比较大，控制情绪、自我监督的能力还不高。

（4）有逐步稳固的学习兴趣，观察富有目的性和模仿性，想象富有创造性和多样性。

（5）开始意识到两性关系，萌发性欲、性爱和恋爱需求，人际关系逐渐频繁，渴望找到朋友。

（6）逐步形成比较自觉稳定的道德信念，但带有冲动性和感情色彩，不大切合实际，不善于把感情与理智结合起来。

（7）叛逆，较有抵触情绪，不爱听父母的话，面对父母时，往往把真实的想法隐蔽起来，把话藏在心里。

（二）XX市XX中学初二学生所特有的心理特点

从我们的观察和与学校心理老师的交谈中了解到，XX中学的初二学生总体上都挺活泼的，都挺喜欢玩的，男女生有互相打闹的，也有互相不交往的。因为我们三位社会工作实习学生主要负责初二（七）班的学生，对他们的接触也比较多，而在我们对他们的观察及与班主任的交流中也归纳出他们的一些主要的行为特点，如下所列。

（1）作为初二年级的重点班，他们的情绪总的来说较为稳定，但学习上也有压力，有想上重点高中的目标，但有时也会放松自己，怕辛苦，想不劳而获。

（2）对男女恋爱关系的话题较感兴趣，男女间会有暧昧心态，特别是女生，有部分女生较早熟。

（3）女生喜欢看动漫，沉迷于网络，上网聊天，看言情小说。

（4）男生比较贪玩，沉迷于网络，上网玩游戏，也会看言情小说。

（5）对学校老师表面顺从背后却有不满。

（6）对学校的一些规定不满。

（三）存在的主要问题

（1）学习压力大。主要表现为有时考试成绩不佳而心情不好，对自己信心降低，也会有担忧。

（2）人际交往的焦虑。包括和老师、同学以及父母及家人的关系。部分女生会出现次团体，也会有抵制现象；男女生交往中较有暧昧心态。

（3）责任感不强。表现为在家不做家务，并认为这是理所当然的，从而导致动手能力也不强。

（4）沉迷于网络问题严重。表现为不能掌握一个度，男女生均喜欢上网看言情小说，玩网游，甚至有同学因为上网问题与父母争吵。

（四）需求分析

（1）学习自我认识与现实感。指的是对自己的心理过程与特征及其表现的认识，以及个人对自己同现实之间关系的认识。

（2）缓解学习压力。特别是对于考试、成绩等压力的缓解。

（3）需要老师、家长的理解和支持。特别是对于青春期异性之间的交往，需要正确的引导。

（4）正确使用网络的需要。

（5）和同性、异性间正常交往的需要。

（6）学会控制自己情绪的需要。

二 学生对学校的需求

通过与学生交谈，从对学校相关设施和工作的观察中了解到学生对学校有以下的需求。

（1）学校老师创造一个轻松的教学环境的需要。

（2）老师特别是班主任的理解、聆听学生想法的需要。

（3）良好的教学资源以外的其他辅助成长的资源，如心理咨询、学校社会工作者等。

（4）伙食能够有所改善，多选择性。

三 学生对社区的需求

（1）在学生的消费能力范围内提供健康、卫生的饮食服务。在我们走访社区中了解到，学校附近有卖牛杂等食品的小摊贩，一些小饭馆也在社区的一些小巷里，其卫生情况极不理想。所以，社区提供既符合学生的消费能力也能保证健康、卫生的饮食服务是极为重要的。

（2）提供适合中学生的文娱设施。据我们了解，学校附近、社区内基本上没有适合学生的文娱设施，如书店和体育场所等。提供适合的文娱设施能够让学生在课后的时间适当放松，这也是很重要的。

（3）提供相关的适合的社会服务。我们了解到，社区里可以提供给学生的社会服务是极其少的，这样导致学生只是单纯在学校里生活、学习，使学校与社区分离开来，通过在社区提供适合的社会工作服务，如组建义工队和健康咨询等，能使学生更好地发展。

四 工作启示

（1）从社会工作实习学生角度，树立社会工作实习学生在学校的形象，了解学校相关部门的运作，辅助学校心理咨询室"欣情小筑"的相关工作，使社会工作实习学生提供更适合学生的服务，并在开展实务工作中，不断地探索和反思。

（2）从与学校老师合作的角度，做好与老师特别是班主任的沟通工作，加强他们对社会工作实习学生的信任，并建成合作关系，进行活动前做好沟通工作，听取老师的有效意见，协助老师共同解决学生的一些需要。

（3）从为学生提供服务的角度，了解学生的特点，评估好学生的需要，提供更适合学生的具体服务，引导学生处理在学习、生活、人际交往方面的困扰，其中最主要的是发掘学生的潜能。

附录 6-1：实习契约模板

实习契约模板

对服务及服务对象的认识	批注
1. 对服务的认识 　（1）认识机构所提供的服务的发展和演变，并掌握目前服务的发展宗旨及方向 　（2）了解实习机构的背景和宗旨、组织架构、工作目标、服务范围、职员分工、财政的来源及机构的服务设施等 　（3）认识其他同类型服务，了解不同团体的运作、服务方针等 认识途径：如相关服务的研究报告及书籍、机构的资料及刊物…… 2. 对服务对象的认识 　（1）了解服务对象的需要和特性 　（2）了解服务对象面对的问题和解决方法 　（3）了解服务对象的支持系统 　（4）把握服务这类对象的特别技巧 　（5）政府、社会、大众及服务机构对服务对象的认识等 认识途径：……	
学习目的 1. 实习学生希望自己实践和学习的范围 2. 实习学生期望对实习机构的日常运作、服务及其对象有何认识 3. 实习学生希望探索社会工作者的态度及价值观、理论知识、工作手法和技巧 4. 实习督导评估实习学生的学习需要 5. 预期困难 6. 实习过程中期望阅读的书籍和资料	
个人及专业发展 1. 对自己现在的专业知识、技巧的评估 2. 曾有的相关经历体验（如实习经验、义工经历） 3. 学习风格、性格特点 4. 需要改善之处 5. 仍需加强的优点	
功课 1. 作业的分量以及时间的安排 2. 工作内容、工作对象、介入手法的性质 3. 特殊安排（如需要） 4. 机构特别要求	
督导 1. 时段、次数、形式 2. 对实习学生的期望 3. 对实习督导的期望 4. 记录、报告等的种类、形式及递交日期	

续表

评估	批注
1. 中期评估及最终评估的安排 2. 同学表现的评估基础 实习学生：_____ 实习督导：_____ 签字日期：_____	

附录 6-2：导向报告大纲

A. 机构导向部分

一　导向过程包括的信息

（一）机构/项目的背景及历史：如宗旨、历史、组织架构、人手编制、财政来源等

（二）员工的角色、功能和工作量

（三）社会工作部门/实习部门的角色

（1）政策和程序手册（假如机构已有相关的内容）

（2）员工的工作量

（3）统计数字、记录方法等

（四）所提供服务的性质：如服务类型、目标、服务性质和内容、服务对象/会员的人数、需求及特征、现存困难、服务传送模式、工作策略等

（1）组织/管理结构：如例会、小组会议、员工会议等

（2）与其他机构的联系

（3）法律授权

（4）工作部门的能力和困难、限制

二　工作性信息

（一）着装、发型等外观和言行上的规范

（二）工作时间安排：如一般工作时间、午餐时间，尤其是周末、晚上的安排

（三）工作地点和设备的使用：如办公设备的使用、会谈和活动空间、提供给社会工作实习学生的桌子和用品、电话/空间、图书等资源和器材

（四）工作人员在行政、财务等方面的运作规范

（五）工作中使用的表格：如申请书、建议书、记录体系等

（六）其他：如钥匙、姓名标签

三　书面材料

（一）政策和程序手册

（二）统计表格

（三）记录方法

（四）同意表格

（五）特别报告、研究文件、地图、照片

（六）专门附属的文章、书籍

（七）问题、服务范围

B. 社区导向部分

一 背景资料

（一）社区背景及历史：如发展历史、居民来源及流动、过往发生过的重要事件或社区问题等

（二）社区环境：如地理位置、附近环境、社区设施、交通、房屋类型等

（三）居民/服务对象特征：如人口、年龄、组合、家庭人数、就业状况、收入水平、教育程度、居民社会网络状况等

（四）与受助对象有关的社会服务：如服务单位数目及类别、服务范围、人手编制、服务名额、服务需求、短缺或过剩情况、服务机构/单位之间的关系等

二 社区需要分析

（一）社区现存问题：如居民的需要、居民对社会服务的需求，并总结探索结果

（二）对工作的启示：如需要增加哪些服务、服务提供方式是否有改变的需要等

参考文献

曾华源：《社会工作实习教育——原理与实务》，（台湾）师大书苑有限公司，1995。

Dwyer, M. & Martha, U., "Field Practice Criteria: A Valuable Teaching/Learning Tool in Undergraduate Social Work Education", *Journal of Education for Social Work*, 1 (17), 1981.

Fox, R. & Zischka, P. C., "The Field Instruction Contract: A Paradigm for Effective Learning", *Journal of Teaching in Social Work*, 1 (3), 1989.

Hamilton, N. & Else, J., *Designing Field Education: Philosophy, Structure and Process*, Springfield, Illinois: Charles C. Thomas, 1983.

Knowles, S. M., *The Adult Learner: The Definitive Classic in Adult Education and Human Resource Development*, Elsevier Inc., 1973.

Popham, W. James, *Evaluating Instruction*, Prentice-Hall, Inc., 1973.

Wilson, G., *Behavior Therapy as a Short-term Theraputic Approach*, Forms of Brief Therapy, Guilford Publication, 1981.

第七章
社会工作实习的实施

| 本章导语 |

做完实习准备工作,实习就要正式开始了。实习是一个充满挑战和惊喜的过程,虽然实习学生与老师做好了充分的准备,实习正式开展的时候还是会遇到很多计划之外的情况与变化的。然而,实习的过程并非无规律可循,本章主要介绍社会工作实习的通用过程。同时,一些常用的实习工具表格、指引、说明,也能为迷茫的实习提供指引和方向。因此,本章也介绍个案、小组、社区工作的工作流程及常用表格,希望能对读者有所帮助。

7.1 社会工作实习的通用过程

7.1.1 社会工作实习的通用过程概述

社会工作实习学生在实习过程中,需要进行相关服务的提供,在进行提供社会工作的服务过程中,社会工作实习的通用过程其实与社会工作实务的通用过程是一致的(史柏年,2007)。通用社会工作实务模式是一个整合的工作取向,适用于个人、家庭、群体、组织和社区。其工作历程包括接案、预估、计划、介入、评估和结案六个步骤(见图7-1)。

接案 → 预估 → 计划 → 介入 → 评估 → 结案

图7-1 社会工作实习的通用过程

1. 接案

接案是社会工作实务的第一步，是社会工作者与服务对象（这里的服务对象可以是个人、家庭、团体、组织、社区）开始接触、建立关系、了解其需要、帮助其开始接受社会工作服务的过程。接案的目标正是在于与服务对象建立一个良好的专业关系，为后续的预估和介入打下良好的工作基础。

在这个过程中，社会工作者需要了解服务对象的来源和服务对象的类型，收集个人资料、身体情况、特点和能力、所处的社会环境等各类资料，在接案中，实习学生要注意以下几点。一是要判断是否需要紧急介入。因为每个服务案例并不都是直接从接案开始的，如果遇到像自杀等突发事件时，需要社会工作者直接介入干预，但这是社会工作实习学生所不能胜任的，所以一旦遇到这种情况，实习学生需要马上告知机构社会工作者，由机构社会工作者跟进，实习学生可作为协助学习的角色。二是要权衡是否有能力处理问题。服务对象的需要是多方面的，有时机构的社会工作者也未必有能力处理各种各样的问题，所以通过接案，了解服务对象的情况和需要，恰能为实习学生提供机会去权衡是否有足够的能力提供服务对象所需要的服务。因此，实习学生在接触服务对象后，需要将情况与机构资深的社会工作者和实习督导商讨，再决定进一步的行动。三是决定满足服务对象需要的优先次序。很多时候服务对象的需要不只是一两个，所以需要社会工作者协助他们列出优先次序。实习学生在这个过程中更需要耐心，并且需要尊重服务对象自己的意向，共同去讨论出优先次序，成功建立专业关系。四是要保证服务对象所要求的服务符合服务机构的工作范围。社会工作的服务类型各式各样，社会工作服务机构的属性和专长也各有所异。所以，在了解和接收服务对象的资料和需要后，要了解其需要的服务是否符合机构的工作范围，如果不符合，则要协助服务对象做好转介的工作。

2. 预估

预估是依据既定的情境中的资料推断出有关问题的暂时性结论的逻辑过程。在社会工作中，它是在正式展开服务之前对服务对象的需要及处境进行评价的过程。预估就是把资料组织起来使其具有意义，其目的在于为制订科学的介入计划打好基础。

预估是一个认识服务对象情况的过程，目的在于达到对服务对象的需要以及他们所处的环境的了解，并对之形成概念化的认识，从而建构一个计划去解决问题或满足需要。

预估的任务包括以下几点。①识别服务对象问题的客观因素。即认识、了解问题情境中的主要因素，包括服务对象的背景资料、所处的环境、问题的发生与持续的时间和他们为解决问题所做的努力；②识别服务对象问题的主观因素，即认识问题在服务对象处境中的意义，以及他们对问题的感受；③识别服务对象问题的成因及使问题延续的因素；④识别服务对象及环境的积极因素，从优势视角出发，运用专业知识去思考、辨认情境中需要改变及可以成为改变资源的部分；⑤决定提供服务的方式和内容，提出解决问题的方法，计划如何使改变现状的愿望成为现实。

探索服务对象的情况、问题、需要和分析服务对象的资料并做出预估摘要是预估的两大基本步骤。

3. 计划

计划是在与服务对象建立好关系、了解服务对象资料，并且与服务对象就服务目标达成一致的基础上形成的一系列使服务目标实现的现实行动蓝图。计划是有效开展行动方案、明确任务和责任的过程，也是决策行动的过程。一般的服务计划包括服务背景与缘起、目的和目标、服务对象基本信息、介入的方法和具体的行动方案、评估方法等。

制订服务计划要符合以下四点原则。一是要有服务对象的参与，这样能够让服务对象有机会为自己需要的满足做出努力和可以评估到服务对象在行动过程中的贡献。二是要尊重服务对象的意愿，社会工作者和服务对象共同商讨出服务的目标并为之共同努力，才有利于目标的实现和体现行动的有效性。三是要详细和具体，详细和具体的服务计划才能够给社会工作者和服务对象提供行动的指示，促进改变的发生，并且有助于目标的可测量，更具体地了解目标的实现程度和介入方法的有效性。四是计划要与工作的总目的、宗旨相符合，这样才能够保持行动和改变的一致性。

4. 介入

介入是社会工作者和服务对象采取行动，按照服务协议落实社会工作计划的目标，帮助服务对象改变，解决预估中确认的问题，从而实现助人计划的重要环节。从社会工作角度来说，介入是社会工作者运用专业的知识、方法和技巧协助服务对象系统达到服务计划目标的过程。而对于实习学生来说，其专业的知识和能力未必充足，所以在进行介入之前，服务的预估和计划都需要听取实习督导的意见，在介入中出现的任何问题，实习学生要及时反思并与实习督导进行讨论，积累相关的经验。

而在选择介入行动时，要坚持以下原则：一是以人为本，服务对象自决；二是个别化；三是考虑服务对象的发展阶段和特点；四是与服务对象相互依赖；五是瞄准服务目标；六是考虑经济效益。

5. 评估

社会工作评估是指运用科学的研究方法和技术系统地评价社会工作的介入结果，总结整个介入过程，考察社会工作的介入是否有效、是否达到了预期目的与目标的过程。

评估的目的包括以下几个：①考察社会工作介入效果、服务对象进步情况及介入目标的实现程度；②总结工作经验，改善工作的方法和技巧，提升服务水平；③验证社会工作方法的有效性；④进行社会工作研究。

实习学生由于知识面、技术水平等方面的不足，需要跟实习督导一同进行评估其介入过程，从中学到更多。

同时，评估过程应注意以下事项。①注重社会工作者的自我评估和反思。无论是真正的社会工作者还是实习学生，接触每一个案例的过程都是重新学习和检验知识技巧的机会，所以社会工作者在评估过程中要注重对整个工作过程中价值观、方法与技巧的反思，以便从中获取更多的经验。②调动服务对象的积极性，让他们积极参与评估过程。在进行评估时使服务对象参与其中，使评估真正达到改进工作、提升服务品质的目的。③评估的方法要与社会工作的价值相吻合，并注意保密。社会工作是与人打交道的专业，进行评估时所选择的方法、资料的收集等环节都要符合社会工作的伦理，不能因为评估损害服务对象的利益。④要切合实际需要。进行评估时要从实际情况出发，选择的评估方法也要与评估目标一致，切实可行。

6. 结案

结案是当服务对象的问题已经解决，或者服务对象已有能力自己应付和解决问题，即在没有社会工作者协助下可以自己开始新生活时，社会工作者和服务对象根据工作计划逐步结束工作关系所采取的行动。

一般来说，结案时要做如下的工作。

（1）总结工作

评估整个工作过程，对计划目标的完成情况、介入效果进行总结和评估，并将结果与服务对象分享，报告给机构和实习督导，并做好结案的各项工作。

（2）巩固已有的改变

帮助服务对象回顾自己的经历和所采取的行动，并通过指明和强调服务对象自己所取得的成绩来努力增进和肯定服务对象的自信。面对结案，个别的服务对象可能会怀疑自己后续独立面对问题的能力，因此，社会工作者需要努力使服务对象相信他们有这个能力，并通过表达这种信息来支持服务对象的努力，以强化他们的信心。

（3）解除专业工作关系

解除专业工作关系是社会工作者与服务对象解除先前双方确立的专业服务关系。结案并不是说社会工作者绝对不再与服务对象接触，而是不再提供服务。如果服务对象还需要其他服务，社会工作者应给予转介。

7.1.2 社会工作实习的通用过程对实习相关要素的影响

社会工作实习的通用过程，从接案、预估、计划、介入、评估到结案，要完成这一整个过程，并非短时间可以实现的，这也就决定了社会工作实习学生必须有足够的实习时数，才可以充分地经历社会工作实务的提供过程，所以国际标准所要求的 800 小时以上的社会工作实习时数既是基础线，也是进一步保证实习内容可以完成的基础。而且充分的实习时间，才能够使实习学生就相关的专业技巧在通用过程中得到锻炼，实习督导可以就实习学生在不同阶段所遇到的问题进行督导，实习学生所获取的经验也就更为丰富。

可见，确保实习学生的实习时数，从而保证实习学生能够在社会工作实习的通用过程中了解不同阶段的任务和反思自己的专业行为和技巧。所以，规范的社会工作实习制度，以及对社会工作实习的通用过程的一步步实践，才能够帮助实习学生真正体验到社会工作实习的意义所在，促使实习学生在实习过程中去学习，从而为实习学生成为真正的社会工作者走出踏实有效的一步。

7.2 社会工作方法的选取与整合

往往在提及社会工作方法时，人们大多数会说个案工作、小组工作、社区活动是社会工作的三大方法。而随着社会工作的发展，也有人将社会工作行政和研究并入社会工作方法。张和清（2008）指出，当前，在我国社会工作理论与实务界有三种倾向值得注意。第一种倾向是为了实现和谐社会的目标，社会工作教育更加强调专业化。许多社会工作教育者将社会工作心理学化或问题个人化，突出了社会工作的治疗模式，注重案主的本质问题和社会工作者的专家地位。第二种倾向是宣称社会工作必须行动，强调"行动带来希望"，却很少关心行动是为了什么，或将行动的意义与主流意识和专业化本身挂钩，似乎忘记了社会工作的社会责任。第三种倾向是方法为本或社会工作者为本。许多社会工作者无论是在课堂上还是在实践中，最关心的是个案工作、小组工作、社区活动是什么和怎么做的问题，大家要么将三大方法奉为法宝，要么只注重社会工作者能够像医生那样对服务对象的问题做到药到病除，却很少思考服务对象为什么会生"病"，是什么社会原因造成的个人困扰。所以，无论是方法为本还是工作者为本、问题为本的社会工作都是割裂的社会工作实践，随着社会的发展和社会工作专业服务推动的要求，整合的视角越来越受重视。一方面，社会问题已无法用单一方法、单一机构或单一服务提供者解决，而且，各个国家或地区政府负荷过重，要求发展一些相对节省经费的服务；另一方面，使用社会工作单一方法可能导致"头痛医头，脚痛医脚"的局限性。为此，社会工作者提出社会工作方法相互支援，使社会工作者以"通才"和"综合实务"的身份出现。

因此，在社会工作者提供服务时，需要先了解针对服务对象的问题或需要所要采取的主要方法，然后整合其他的社会工作方法，从而帮助其从各个方面满足服务对象的需要，真正从实际根源解决服务对象的问题。并且，在整合的思维视角下，以各种方法技巧的综合作为策略，真正从整合的实践帮助服务对象，从人的整体性、环境的整体性、问题的整体性去思考，从而更具针对性地选取社会工作方法。

作为社会工作实习学生，在实习过程中，要尝试利用各种机会去训练整合性思维，并且结合各种方法技巧，在实践中反思整合性思维的运用。如果没有充足的资源，实习学生也应当做出整合性思维的反思，并且与实习督导讨论，在实务过程中锻炼整合性思维，为自己成为综合性的社会工作人才打下基础。

7.3 社会工作三大基本方法应用

从社会工作的专业方法来看，个案工作、小组工作和社区活动一般被视为社会工作的三大基本方法。随着社会工作的发展，社会工作行政、社会工作研究也被认为是社会工作的专业手法之一。这几大方法都是社会工作实习学生在实习过程中不可忽视的。我们强调应以整合性思维视角为指导，并且综合运用各种不同的方法技巧。所以，从思维上讲，要整合思考所选取的方法；从方法上讲，实习学生必须先清楚地了解各种方法的流程，才可加以综合运用。以下将介绍这三大基本方法的流程和适用的工具性表格，以供社会工作实习学生参考使用。

7.4 个案工作

7.4.1 个案工作应用

明确个案工作流程可以帮助实习学生更有效地把握工作的进程和

个案处理的相关层面。个案工作流程会根据不同机构的需要和行政安排而略有不同。虽然实习学生可选择不同的个案介入理论，如认知行为疗法、理性情绪治疗等不同的模式，但个案工作的流程是基本一致的。以下为广州市启创社会工作服务中心为社会工作实习学生提供指引的个案工作流程。

1. 流程图

实习学生在一开始的接案过程中通过对个案信息的初步把握，与实习督导和机构督导商议是接受还是转介。若接案则进入个案工作过程，进行相关的面谈等工作，并最后评估个案进度再决定结案或转介。在过程中要熟悉相关程序和注意使用相关的工具性表格。

个案工作流程见图7-2。

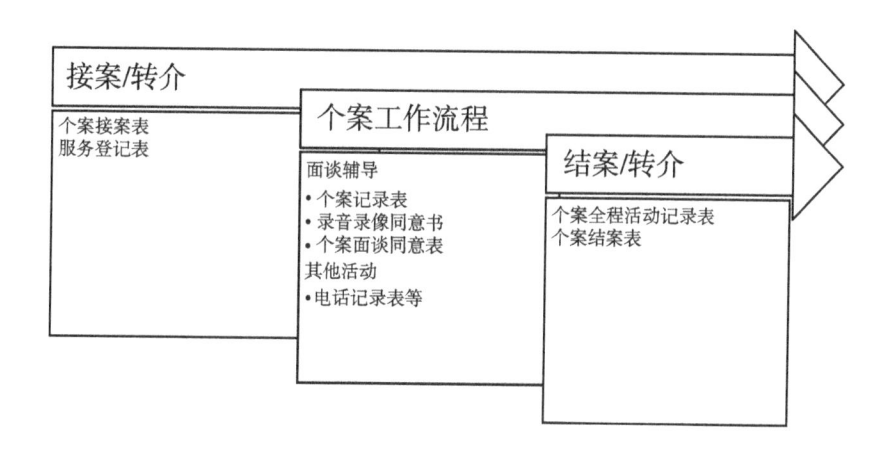

```
┌─────────────────────────────────────────────┐
│ 接案/转介                                    │
│ ┌──────────────────────────────────────────┐│
│ 个案接案表  │ 个案工作流程                  ││
│ 服务登记表  │ ┌───────────────────────────┐ ││
│             │ 面谈辅导  │ 结案/转介        │ ││
│             │ •个案记录表 │                │ ││
│             │ •录音录像同意书│个案全程活动记录表│
│             │ •个案面谈同意表│个案结案表    │ ││
│             │ 其他活动      │              │ ││
│             │ •电话记录表等  │              │ ││
└─────────────────────────────────────────────┘
```

图7-2 个案工作流程

2. 流程说明

（1）社会工作实习学生在接到个案后先填写个案接案表，并于3个工作日内填好提交机构督导审批签名，由机构督导给出处理的建议。

（2）社会工作实习学生在开案后，将每次面谈后案主问题、主要面谈内容、介入手法等主要信息记录在过程记录表上，发给机构督导给予建议。

（3）在跟进个案期间，社会工作实习学生与案主进行包括面谈在内的所有活动，均需填写活动记录表。案主在个案服务期间接受实习机构提供的其他服务，如接受电话慰问、家访、参加机构提供的各类活动，应按机构要求填写其他相应表格，如电话记录表、家访记录表等，并将相关文件存入个案档案中。

（4）每次面谈流程如下：①面谈前2个工作日内，社会工作实习学生需拟订此次面谈的计划和方向，提交机构督导审批并给予建议；②面谈开始前，若需要录音或录像用于督导和培训社会工作实习学生，社会工作实习学生应能清楚地解释录音或录像的原因，并邀请服务对象签署录音或录像同意书，案主拒绝填写同意书的，社会工作实习学生不得私自录音或录像；③面谈结束后，应立即让案主填写个案面谈回应表。

（5）个案需要转介的，社会工作实习学生应持续跟进至被转介机构顺利接手个案为止。

（6）社会工作实习学生需在结案5个工作日内把该个案的全部资料整理完毕。

（7）文件存档。社会工作实习学生打印相关文件，并提交机构督导审批签名后，入文件夹存档。同时，应发送电子文档提交给机构督导存档。

7.4.2 个案工作工具性表格

1. 功能

在个案工作过程中，借助相应工具性表格的使用，可以达到以下的功能（小组工作和社区大型活动也有相似功能）。

（1）工作的指引

实习学生从学校进入实习机构，开始接触社会工作真实的实践情境，对具体的相关处理工作可能没有明确的思路，而且不同的机构会根据宗旨和服务对象的利益思考而有相应的工作制度，所以通过使用工性表格，能够帮助实习学生了解自己的实习机构处理个案工作的流程以及相对应阶段自己的进度并进行必要的准备工作。

（2）工作系统化

工具性表格帮助实习学生提前去思考自己在个案进程中的各项工作和记录相关的资料。首先，工具性表格为实习学生在开始进行的个案面谈提供系统化思考，将在面谈进行前预先把握个案相关的信息、面谈的目标和相应的计划，帮助实习学生厘清个案的进程和相关注意事项，通过书面表达整理出来，厘清思路。其次，因为个案工作有持续性的特点，每两次的面谈时间会有一定的间隔，所以通过工具性表格的记录，可以帮助实习学生在进行下一次面谈时对上一次面谈的资料进行回顾，有利于实习学生把握个案的进程。最后，工具性表格帮助实习学生进行个案开始前的系统化思考和个案进行后的系统化记录，确保个案资料的存档，为实习机构在需要时便利地调阅档案。

（3）协助反思

要实现实习学生在实习过程中深化对专业理念的认同和积累专业技巧的经验，则需要帮助实习学生思考其在个案工作、小组工作和社区活动中与各相关方面的互动过程。通过工具性表格的记录，实习督导可以了解实习学生的实习进程和具体的想法，包括专业理念坚持、专业伦理的两难情境、专业技巧的适当使用等情况，方便会面时与实习督导共同探讨，这样不仅有利于实习督导把握如何给予实习学生需要的督导，也帮助实习学生进行反思，完成经验的有效积累。

2. 各类表格及使用提示

为了帮助实习督导和实习学生能更好地了解各类工具性表格的性质和相关使用说明，下面向大家呈现各类工具性表格，部分表格会以详细的资料呈现，希望能给初用者提供相关的参考。依据保密原则，相关个人隐私信息将匿名或省略。

(1) 个案接案表

保密　　　　　　　　　　　　　　　　档案编号：

个案接案表

接案编号：　　　形式：电话/√面谈　　接案员：贺＊＊

转介资料：

转介机构/转介人：何＊＊

联络电话：＊＊＊　接触日期：2011.10.27　联系方式：＊＊＊

个案问题：

<u>遇重大疾病，面对临终的情况，经济压力大。</u>

要求服务：

<u>帮助面对目前的状况，处理和准备离世后与家人、世界的分别。</u>

个案资料：

姓名：<u>＊＊＊</u>　出生日期：<u>1969年3月</u>　性别：<u>男</u>

教育水平：<u>初中</u>　职业：<u>工厂工人</u>

政治面貌：<u>群众</u>

住址：<u>＊＊</u>

联络电话：<u>＊＊＊＊＊</u>

据转介者/案主了解：

个案情况：

<u>案主为贵州人。现在肺癌晚期，已经接受六次化疗，吃不下饭，经常呕吐，因为癌细胞扩散而疼痛。3月时鉴定为工伤，化疗后可以走动，停止化疗后2个月，癌细胞扩散到骨头，很痛。现在红细胞、白细胞、血小板都减少，日趋恶化，预计只剩几个月的寿命。家庭关系和谐，有4个孩子，经济压力大。</u>

案主的应对及效果：

(1)<u>　XX工会救助基金会曾给予3000元资助。</u>

(2)<u>　厂里捐助过9000多元。</u>

(3) 9月，案主的家人把住院发票拿回老家，按农民合作医疗保险的报销比例报销一部分。

案主对辅导服务的期望：

(1) 经济负担重，4个孩子在读书，医疗费花了好几万元。

(2) 案主病情恶化，多处疼痛。

(3) 案主对病情很担心，还有对孩子的牵挂。

(4) 厂方没给予赔偿，何＊＊正在帮忙打官司，一波三折。社保那边的工伤保险尚未拿到。

案主情绪状况：

案主担心自己的病情，对孩子也非常牵挂。

案主安全是否受到威胁：是/√否/不肯定

案主是否有自杀倾向：√无/想过/有计划/表示要自杀/曾经自杀

案主被评估：精神病：无　　伤残：工伤　　智障：无

备注：

接案员签名：＊＊　　日期：2011年10月27日

督导批注：

督导：　　　　批阅日期：

请提供以下服务/跟进事项：

□要填写转介表

☑安排首次会面（包括转介者/√案主/√家人/其他）

□初步只做个案咨询

□不适合跟进

个案委派给：

在个案接案表中，主要是帮助实习学生把握个案的初步信息。若是转介个案，要与转介者/转介机构交接转介工作，详细记载转介资料和联系方式,以便需要时向转介者/转介机构咨询相关详情。而通过对个案情况、案主的期望等信息的了解,可以帮助接案学生把握个案的具体需要,以便实习督导评估是否适合实习学生接案。

(2) 个案服务登记表

保密	档案编号:

个案服务登记表

若此部分由家庭成员填写,则需注明填写人姓名(填写人姓名:_____)。

需要服务者资料

需要服务者姓名(中文):　　　　　　政治面貌:

　　　何**　　　　　　　　　　　　群众

性别:☑男　□女　　　　　　出生日期:1969年3月

身份证号码:*******　　　　　职业:工厂工人

联络人资料

姓名(中文):安**　　先生/小姐/√女士

联络电话及时间:******

地址:肿瘤二科病房

可接受服务时间:上午9:00~10:00

寻求服务原因

(1) 肺癌晚期,病情恶化,多处疼痛。

(2) 经济负担重,正在争取工伤保险和厂方赔偿。

(3) 有心理负担,对病情的担心,还有对老婆孩子的牵挂。

其他专业人士/机构的服务记录

日期	服务机构名称	服务性质	联络人	电话号码	有/没有服务报告
XXXX年2月开始	XXNGO	帮助案主打官司	张**	****	有/√没有
⋮	⋮	⋮	⋮	⋮	有/没有
					有/没有
…	…	…	…	…	有/没有

是/否服用药物

（如有请列明）：化疗及止痛药物

需要服务者的家庭成员资料

姓名	性别	年龄	与需要服务者的关系	职业	能否参与第一次会面	能否参与日后的会面
安**	女	43	夫妻	工人	能	能
何**	女	19	父女	学生	不能	不能
何**	男	14	父子	学生	不能	不能
⋮	⋮	⋮	⋮	⋮	⋮	⋮

重要家庭事件

案主父亲脾气暴躁，小时经常打他，现在很多事父亲也要常常干涉。

XXXX年，何**来广东X地打工，从事化工产品制造工作；XXXX年，全家从老家搬迁到广东定居；XXXX年，何**生病，查出肺癌，经维权机构协助，认定为工伤。

填写人签署：安**　　填写日期：*月*日

在确定接案后，需要了解个案接受的相关服务和家庭系统，帮助实习学生把握服务对象的生活资料，为下一步的工作提供参考，所以有关家庭成员和重要家庭事件的资料，需要实习学生仔细收集。

（3）个案记录表

个案记录表，可以帮助实习学生明确面谈的目标，并且记录面谈过程的内容，也可以帮助实习学生了解自己与个案的互动过程和把握个案的进程，并且为跟进计划提供参考。在面谈过程和内容记录中，实习学生可以记录下自己在过程中所使用的技巧和产生的疑惑，以便实习督导更有针对性地给予意见。

保密		档案编号：

个案记录表

案主姓名：何＊＊　　　　　　　辅导社工：王＊＊

项目	日期/时间　2011年10月　日　＊＊＊＊～＊＊＊	第5次面谈
目标	1. 为案主继续做心理疏导。 2. 反馈跟X主任商谈个案的情况，就与医院财务处协商先开发票再缴费一事以及电视台报道一事听听X主任的意见。	实习督导意见
面谈过程及内容摘要	1. 社会工作者去探望案主，案主还在接受化疗，感觉还是痛，不舒服。 2. 与案主的妻子在肿瘤科活动室单独面谈。首先是跟进昨天厂方借款一事。据她反映，昨天厂方财务处的负责人接待她，态度很好，与之前形成鲜明对比，借给案主2万元。关于电视台媒体一事，案主的妻子反映说，这周电视台尚未联系她，周一的时候她打电话过去没接通。对此，社会工作者鼓励她继续跟进。 据案主的妻子反映，他们已经找过XX工会，得到资助3000元。案主很早就知道自己是肺癌晚期，活不了多长时间，他跟妻子聊得比之前多，有一晚上聊到凌晨一点钟，聊孩子。还有案主觉得妻子奔波劳累，他说如果工伤保险金或者赔偿能够拿到的话，他也就安心了，不然临走前也会很不甘心的。案主表示自己身体很痛，如果拿到赔偿后，想吃药安乐死，案主的妻子进行了劝阻。此外，社会工作者与案主的妻子探讨今后的打算。她反映，这周四上午开庭，关于工伤认定的事情。顺利的话就请＊＊协助去社保局争取工伤保险金，还想继续跟厂方打官司，争取让厂方赔偿。假若丈夫走了，自己仍然会留在这里打工。 3. 社会工作者与XXNGO工作人员通电话咨询一些细节。法律上规定案主可以得到民事赔偿，具体要看地方是否落实。此外，即使案主提供了医院发票也不一定能够得到社保局的工伤保险金，还得进一步去争取。	
跟进计划	1. 社会工作者跟X主任提到个案的情况，请她协助跟医院协商能否先开发票再缴费。 2. 社会工作者需要多与案主沟通，疏导其压力，鼓励他多与孩子通电话。	
项目	日期/时间　2011年11月25日　＊＊＊＊～＊＊＊＊	第6次面谈
目标	1. 为案主做心理疏导，鼓励案主与孩子通电话。 2. 安抚案主的情绪。	实习督导意见
面谈过程及内容摘要	第三次鉴定下来了，确定案主患的是职业病，工厂里的人态度变得比之前好，昨天厂里的人拎着水果来探望案主。《XXX报》前两天分别采访了案主和工厂。面对媒体，工厂称已经为案主花了好几万元。案主及其妻子说工厂是在说谎，因此很不满。社会工作者一面倾听案主及其妻子表达自己的感受，一面安抚他们的负面情绪。 此外，社会工作者鼓励案主与孩子通通电话，但是案主担心孩子学习受影响，不太愿意。	

续表

项目	日期/时间 2011年11月25日　＊＊＊＊~＊＊＊＊	第6次面谈
跟进计划	1. 面对案主与他人的是非与纠纷，社会工作者和媒体都不能只听一面之词，要尽量做到客观。 2. 对于每一决定，社会工作者要真正尊重案主的意愿和想法。有些做法在社会工作者看来是好的，但是否适合案主及其环境，案主才是最了解的。	

可复制延长表格

（4）个案回应表

保密　　　　　　　　　　　　　　　　　档案编号：

个案回应表

填写人姓名：<u>何＊＊</u>

面谈日期：<u>XXXX年XX月XX日</u>

接见辅导员：<u>王＊＊</u>

你对今天面谈有什么期望？

<u>期望能获得赔偿。</u>

今天的面谈对你有什么启发？

<u>珍惜现在帮助我的人，很想多与孩子待在一起，但又害怕面对，不知孩子如何接受。</u>

你对今天面谈的满意程度是：

□非常满意　□满意　☑普通　□无感觉　□不满意　□非常不满意

其他回应：

<u>　　　无　　　</u>

填写人签署：<u>何＊＊</u>　　填写日期：<u>XXXX年XX月XX日</u>

个案回应表主要是让个案对象填写。通过填写个案回应表，可以帮助个案对象清楚自己的参与，协助其思考，并且协助实习学生去了解个案对象面谈的相关内容，以便实习学生可以对个案进度做更有效的跟进。在个案开始阶段，实习学生可以协助个案对象填写此表。

（5）个案结案表

保密　　　　　　　　　　　　　　　　　　档案编号：

个案结案表

案主姓名：何＊＊　　辅导社工：贺＊＊　王＊＊

1. 个案资料

姓名：何＊＊　　出生日期：1969年3月　　性别：男

教育水平：＿＿＿＿　职业：工人　政治面貌：群众

居住年限：10年　　住址：＊＊＊＊

联络电话：＊＊＊＊

2. 接案与问题陈述

2.1 个案来源及接案过程

由 XXNGO 转介而来。

2.2 问题陈述（表征问题）

(1) 案主病情恶化，多处疼痛。

(2) 经济负担重，4个孩子在读书，医疗费花了好几万元。厂方没给赔偿，维权机构正在帮忙打官司，一波三折。社保那边的工伤保险尚未拿到。

(3) 案主对病情很担心，还有对孩子的牵挂。

2.3 背景资料（家庭结构、个人成长史、其他）

(1) 案主健康情况

据医生介绍，案主现在接受第六次化疗，吃不下饭，吃了就呕，因癌细胞扩散到骨头，很痛。现在红细胞、白细胞、血小板都减少，日趋恶化，预计只剩几个月的寿命。

（2）案主家庭背景（经济、内部结构、对外关系、文化等）

家庭关系和谐，夫妻结婚二十几年没吵过架，在＊＊市租房住。妻子开朗，在＊＊村打工。4个孩子在读书（大女儿在＊＊市读大一，懂事；其他几个孩子都在老家读书，最小孩子7岁）。

（3）个人或家庭曾经或正在接受的资助及服务

①XX工会救助基金会曾给予3000元资助。

②厂里捐助过9000多元。

③9月，案主的家人把住院发票拿回老家，按农民合作医疗保险的报销比例报销一部分。

3. 个案评估

3.1 问题的性质及核心

（1）案主病情严重，只剩几个月的生命，因此对于自己的家人很担忧。

（2）自己也十分悲观，经济压力大，与厂方之间又存在矛盾。

3.2 问题的严重性（侧重未来发展趋势）

（1）如果对案主的悲观情绪不理不睬，则可能导致案主的病情更加严重。

（2）案主经济上的问题，如果通过多渠道去争取，应该可以减轻其家人的负担。

4. 服务计划的设定（侧重干预目标的制定）

时间/地点	对象	内容	达到的成效
2011.10.28 肿瘤科病房	案主的妻子	鼓动案主的妻子用正面积极的言语鼓励丈夫	案主的妻子对此有所认识
2011.11.9 肿瘤科病房	案主及其妻子	1. 安抚案主对医疗费的担忧 2. 协助联系媒体及求助热线	1. 案主胃口很好 2. 媒体一周内给予答复
2011.11.21 肿瘤科病房及肿瘤科活动室	案主、XXNGO的工作人员	1. 疏导案主的负面情绪，如亏欠感 2. 向XXNGO的工作人员了解案主的法律援助状况，讨论他们与社会工作者之间的分工合作内容	明确社会工作者与XX NGO工作人员之间的分工合作及各自的角色

5. 服务计划评估与结案（侧重服务进度、个案转变）

（1）经济援助方面，在工会领导、媒体、XXNGO 等的共同努力下，案主所在的工厂给予了停职留薪的工资赔偿，市工会给予了慰问金，社会工作者协助募集到一台笔记本电脑赠送给案主的女儿，社会上一些爱心人士也伸出了援助之手。案主过世后，相关人士仍继续协助案主的妻子向相关方争取经济赔偿。

（2）情绪支持方面，社会工作者帮助案主疏导了一些负面情绪和压力，如亏欠感、对病情的担忧、对妻儿的牵挂、将来孩子的照顾问题等，也给予案主的妻子一些心理支持。社会工作者将募捐到的电脑送给案主的女儿，协助案主实现了之前对女儿的承诺，以减轻他对女儿的愧疚感。此外，社会工作者送上的新年贺卡、祝福语和鼓励的话，使案主及其妻子受到鼓舞。

（3）家庭关系方面，在社会工作者的引导下，案主与其妻子有了较多的沟通交流，逐渐说出心里的感受和愿望，案主的妻子也更多用正面积极的言语鼓励丈夫。此外，经过社会工作者多次沟通和协助，案主的孩子及案主的父亲等家人从老家到 XX 医院探望案主。临终前能见到挚爱亲人，了却了他的一大心愿。同时，案主对父亲也逐渐释怀，解开了自小以来的心结。

（4）后事处理及未来生活安排方面，社会工作者为案主的妻子提供了处理后事的一些信息，协助她确定了今后的生活计划，如遗产处理、孩子的照顾问题、自身再就业的打算。经过这么多人的帮助，案主的妻子已经有了解决问题的意识和能力，她的情绪逐渐变得平稳，也继续保持乐观积极的生活态度。经过多方面的评估，社会工作者对该个案进行了结案。

6. 备注

经过与个案的相关面谈和持续跟进后，决定进行结案时，实习学生要对个案对象的问题和具体跟进情况进行评估，以便确定是否适宜结案。此表可以帮助实习学生思考个案跟进的全过程，包括自己在过程中对专业的反思和服务质量的评估。

（6）个案录音/录像同意书

保密　　　　　　　　　　　　　　　　　　　档案编号：

个案录音/录像同意书

本人现授权并同意＿＿＿（服务单位名称）对本人及家人的辅导/治疗过程进行录音/录像。本人明白该项□录音/□录像数据只会用作：

一、个案督导及培训用途；

二、学术、论文研究及文章著作，案主身份绝对保密；

三、学术研讨会、工作坊或赞助机构的个案示范。

此同意书的内容经由＿＿＿（服务单位名称）的负责人向本人解释清楚，本人知道可以于任何时间要求停止录音/录像，或以书面通知取消录音/录像同意书的授权协议。

签署：＿＿＿＿＿＿＿＿＿　姓名（正楷）：＿＿＿＿＿＿＿＿＿

签署：＿＿＿＿＿＿＿＿＿　姓名（正楷）：＿＿＿＿＿＿＿＿＿

签署：＿＿＿＿＿＿＿＿＿　姓名（正楷）：＿＿＿＿＿＿＿＿＿

签署：＿＿＿＿＿＿＿＿＿　姓名（正楷）：＿＿＿＿＿＿＿＿＿

签署：＿＿＿＿＿＿＿＿＿　姓名（正楷）：＿＿＿＿＿＿＿＿＿

签署：＿＿＿＿＿＿＿＿＿　姓名（正楷）：＿＿＿＿＿＿＿＿＿

签署：＿＿＿＿＿＿＿＿＿　姓名（正楷）：＿＿＿＿＿＿＿＿＿

　　　　　　　　　　　　　　　　日期：＿＿＿＿＿＿＿＿＿

实习学生在需要进行录音/录像时，必须经由实习机构和个案对象的同意，签署此表。此表可帮助实习学生明确实习过程中的相关保密原则。

（7）个案全程活动记录表

填写此表，可以帮助实习学生系统掌握个案活动的进行，也便于实习督导和机构督导了解实习学生对个案的相关工作进展并提供相关的建议。

保密						档案编号：

个案全程活动记录表

个案姓名：何＊＊　　辅导社工：贺＊＊　　王＊＊

日期/时间	活动					备注
	面谈	家访	电话	网络	书信	
2011.10.28	√					
2011.11.21			√			
2011.11.26	√					
2011.12.15	√					
2011.12.23	√					
2012.1.4			√			
2012.1.5	√					
2012.1.15				√		
2012.1.17	√					
2012.1.18			√			打电话告知附近寿衣店
2012.2.10			√			关心后事处理情况，表示慰问。此外，预约家访时间
2012.2.24			√			了解经济赔偿情况的进展，评估案主家属的经济状况

可复制延长表格

督导签名：　　　　　　　　填写日期：＊＊年＊＊月＊＊日

7.5　小组工作

7.5.1　小组工作过程

小组工作的过程包括从计划的构思到小组最后结束和跟进的全部阶段。从计划活动到执行活动再到活动评估，笔者参考张兆球等（1999）

在《活动程序计划、执行和评鉴》一书中有关程序计划的订立,总结出小组工作的过程主要包括以下基本步骤(见图7-3)。

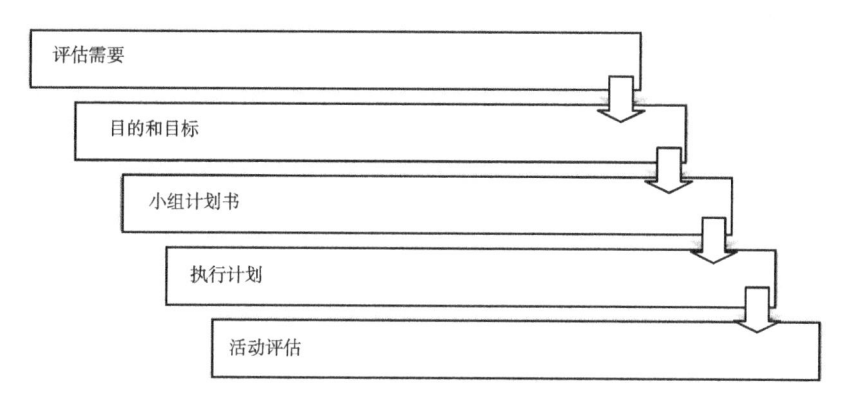

```
评估需要
   ↓
  目的和目标
     ↓
    小组计划书
       ↓
      执行计划
         ↓
        活动评估
```

图7-3 小组工作过程

1. 评估需要

实习学生在进行小组计划时,第一步要做的就是评估需要。实习学生根据自己对机构、社区资源的把握和对服务对象的初步了解,订立小组计划的目标对象,可以通过问卷、非正式交谈、收集已有数据等方法去了解目标对象的特征和需要。评估目标对象的需要后,进一步结合相关的理论进行思考,以便更好地指导小组计划设计。

2. 目的和目标

在清楚地了解了目标对象的需要后,需要为小组计划订立目的(Goal)和目标(Objectives)。这里需要区别"目的"和"目标"两者的不同。"目的"常定义为机构希望达到的长远成果,目的的订立通常较为概括。"目标"则具体指出期望于活动完成后的指定时间内要达到什么改变(张兆球等,1999)。一般来说,目标要符合"SMART"原则。

(1) S(Specific)——目标是具体的、明确的。

(2) M(Measurable)——目标是可量度的,有明确的指标,可以评估活动的成果。

(3) A(Action-oriented)——目标是具有行动指向的,可以在实际行动中实践。

（4）R（Realistic）——目标是可达到的，设立目标要根据现有的资源，考虑小组活动可产生的效果。

（5）T（Timely）——目标是有时限的，设立目标时要指出在什么时间内可达到的成果，使目标对象在指定的时间后，说明可达到的成效。

3. 小组计划书

在订立目标后，便需要进行小组计划书的思考和制订，一般小组计划可以按"6W+2H+1I+1E"的原则进行（张兆球等，1999）。

（1）理念（Why）：为什么要组织这个小组？有哪些需要存在？

（2）目的和目标（for What）：小组的目的和目标是什么？希望通过小组达成哪些长期或短期的具体改变（这在第二步已进行，但需要在小组计划书中呈现）？

（3）对象（Whom）：参加者是什么人？把握年龄、性别、职业、学历等资料。

（4）性质（What）：小组活动的内容是什么？以什么形式进行？

（5）时间（When）：举行的日期、时间并考虑若出现意外（如大雨）时的延期问题。

（6）地点（Where）：在哪里举行？有哪些后备场地？

（7）程序（How）：如何进行（活动的次序、宣传、招募等）？

（8）资源（How Much/Many）：包括人力（如义工、助手、人员分工）、物力（如道具、音响效果）、财力（财政预算，包括物资、资助等各项支出的预算）。

（9）应变计划（If...then...）：预计可能出现的困难（如天气、场地、财政、招募反应等），并预先构想如何应变，提出解决建议。

（10）评估（Evaluation）：构思评估如何进行（指标、资料收集方法、量度时间等）。

通常，实习学生可以先撰写小组总计划书，明确小组的总计划，然后在具体每一节的开展过程中，明确具体程序和内容。

4. 执行计划

在执行部分，实习学生将先前的构思和计划变成实际行动，这既是实习学生的一种尝试，同时也是测试实习学生是否能够胜任小组活动工作的过程。因为实习学生在执行计划过程中，不仅仅是将计划按程序开展，还要与参加者互动，面对各种参加者不同的情绪反应和互动模式，处理小组在不同发展阶段产生的各种小组动力，这对实习学生的小组带领技巧有很高的要求，但也能让其从中学习运用小组技巧并反思积累。需要注意的是，从执行开始，进入"体验"部分，更重要的是参加者的体验。参加者体验到了什么、获得了什么、反思了什么才是这一部分的核心，实习学生在这一过程中要避免仍将重心侧重于自身。所以，要求实习学生在每一节的小组活动结束后进行具体的小组记录和反思，提交实习督导修改和提供反思意见。

5. 活动评估

活动评估在于确定活动是否达到目标，并找出改进的意见。针对小组计划的评估要思考两个问题：一是如何评估活动是否达到目标；二是如何收集资料，了解参加者对活动的满意度。在构思小组计划书时已明确评估的指标，所以在每节小组活动结束后和最后小组活动完成时，实习学生要根据指标评估活动是否达到目标。对于满意度的了解，通常可以在每节小组活动结束后听取参加者的意见，或者是在小组活动最后结束时派发问卷，邀请参加者进行填写和反馈。

7.5.2 小组工作过程的注意事项

在进行小组工作过程中，需要把握以下几方面的注意事项。

1. 角色

注意实习学生的角色定位——实习社会工作者，这代表了其责任和义务，即实习学生是社会工作者，但同时也只是在实习过程中的社会工作者。社会工作者不是万能的，更何况实习社会工作者，其角色定位需要时刻铭记，明确的角色定位能帮助实习学生在构思小组活动中向有经验的前辈学习和在执行活动时更加小心地处理相关事项。

2. 价值取向

很多人都知道需求取向是社会工作者的基本价值观，但很多时候大多数社会工作者看事情会不知不觉变成问题取向，所以实习社会工作者在思考小组计划时更要坚持需求取向，并且不断检验自己的价值取向，在计划书中要注意措辞严谨。

3. 需求评估

进行需求评估时，可以参考 Bradshaw（1972）总结的四种类型的需求。

（1）规范性需求（Normative Needs）：通常是指专家厘定一个标准，若低于该标准便构成需求，所以也称为专业需求。例如，政府指出 7 周岁儿童应接受入学教育，若满 7 周岁未入学则有入学受教育的需求。值得注意的是，在这种情况下社会工作者主观认为的服务对象的需求，可能不一定是服务对象真正的需求。

（2）比较的需求（Comparative Needs）：是通过处境相近的两个群体相互比较得出的，如甲学校和乙学校相比，学生课余活动少，从而得出甲学校的学生有增加课余生活的需求。

（3）表达的需求（Expressed Needs）：是指将需求诉诸行动，也就是服务对象用行为表达出来的需求，我们通常可以在平时的接触和第一节小组活动中聆听和了解参与者的表达需求或观察到的需求。

（4）感觉的需求（Felt Needs）：是指服务对象切身感受的、对某些事物的真实态度。在四种需求中，这种需求是最难找的。

4. 目标订立

在小组计划中，往往会有人将目标描述为类似"通过游戏建立关系"。这带来的思考是，通过一个游戏是否真能如想象的那样建立关系。人与人之间的关系是通过日积月累的相处才能建立起来的，只有通过沟通和聊天的过程相互了解后才能建立关系，而一个游戏是无法达成这样的目标的。所以，实习学生需要仔细审视其目标，要真正符合"SMART"原则，而非为了目标而写目标。

想要做什么活动前，实习学生都需要想清楚活动与目标的关系，活动是否真的能够为参与者实现这样的目标，是否真的能够解决小组中出现的问题。小组中的活动不是想象能够做就直接拿来用的。以校园寻宝活动与成功体验的小组目标为例，在设计的时候要先想想这个活动是否能够给组员带来成功的体验，要通过什么方式才能实现这种"成功"。所以，实习学生在小组计划时更应该注意目标的订立，在小组中找到一个自己熟悉的、具体的载体，从中将真正能达到的目标带出来，而不是指向一些无法真正实现、评估，以及远远超出能力的目标。

5. 评估的操作化

在进行评估工作时，小组设计的评估包括自评和外评。自评是小组工作者（实习学生）通过观察组员的表现进行的。外评包括参与者的评估或邀请其他有经验的同工帮助结合自己的小组计划进行的评估。要注意的是，参与者的评估只是评估对小组的满意度，参与者是评估不到小组的设计成效的。而自评和外评的准则都是可量度的，要有明确的指标，让自己可以根据指标进行评估，而不是感觉上的自评。数字量化是经常被运用的形式。例如，在评估组员对小组的满意度时，用1~10分表示满意度越来越高，让组员评分，从而掌握组员对小组的满意度情况。

7.5.3 工具性表格

同样为了帮助实习督导和实习学生能更好地运用小组工作过程的相

关工具性表格(其功能与个案工具性表格相似,可参考 7.4.2 的说明),这里以广州市启创社会工作服务中心所提供的小组表格为例,以案例形式,向大家呈现小组文件夹清单、小组总体计划书、小组每节计划书、小组每节记录报告、小组最终评估报告 5 份工具性表格,希望能给初用者提供相关的参考。依据保密原则,相关个人隐私信息将匿名或省略。

1. 小组文件夹清单

保密			档案编号:	
		小组文件夹清单		
编号	项目	检查内容	是否提交/清算(√)	
1	小组总体计划书(1 份)	打印文稿	√	
2	小组每节计划书(**份)	打印文稿	√	
3	小组每节记录报告(**份)	打印文稿	√	
4	小组最终评估报告(1 份)	打印文稿	√	
5	小组成员花名册(1 份)	手填表格	√	
6	小组反馈评分表(**份)	手填表格	√	
7	小组照片(3~5 张)	晒出照片	√	
8	小组借用物资	归还	√	
9	小组支出	报销	√	
10	小组相关媒体报道	复印文本或提交电子文件	√	
11	小组招募海报/传单/文本	打印文稿	√	
12	所有文件电子档	刻碟	√	
13	其他			

经本人检查,与本活动相关的文书资料已全部提交,物资已归还,资金也已清算完毕。

负责社工(签名): ***　　　　日期:******

单位主管(签名): ***　　　　日期:******

2. 小组总体计划书

保密　　　　　　　　　　　　　　　档案编号：

小组总体计划书

1. 小组名称：＊＊＊＊村落志愿者培训小组
2. 小组理念：志愿服务理念
3. 问题、需要、背景及理念

助人者能够从助人行为中获得满足感，并且在助人过程中不断获得自信，提高与人沟通等方面的能力。

4. 小组目标

（1）整体目标

①通过小组培训，鼓励志愿者个性化的兴趣和潜能发挥，提升志愿者自信心，提高与人沟通和人际交往能力，强化志愿者的社区归属感。

②通过个别发掘、团队建设、村落探访、共同服务等过程循序渐进，促进志愿者自身表达能力以及团队沟通、协助能力的成长。

③培养及成立5个＊＊＊＊村落服务志愿者队伍，协助及自主开展村落服务，服务本地。

（2）具体目标

①确定每村志愿者队伍成员，建立团体归属感。

②由志愿者带领探访其所在村落，发现社区资源，建立社区归属感。

③通过绘制社区地图的方式增强学生对村落的熟悉程度，在绘制过程中锻炼志愿者分工协作的能力。

④调动志愿者参与积极性，树立服务使命感。

⑤完善村落地图，通过引导学生整理社区资源，让学生意识到我们熟悉的东西都是特别的社区资源。

5. 小组背景资料

（1）小组性质：开放性小组、学习性小组、成长性小组

(2) 对象（年龄、性别比例、背景等）：＊＊小学三年级及以上的＊＊＊村、＊＊＊村、＊＊＊村、＊＊＊村、＊＊＊村学生

　　(3) 日期：2011年9月29日至2011年12月30日

　　(4) 举行次数：8次

　　(5) 每次时间：40～50分钟

　6. 筹备及介入策略

　　在筹备阶段了解现时山村的一些志愿情况，了解有意向的志愿者的意见，先初步间接宣传和建立关系。

　7. 招募及宣传：贴招募通知，接受志愿者报名

　8. 工作日程

节数	日　　期	名　　称	内　　容
一	2011年10月12日至 2011年10月27日	＊＊＊＊＊志愿者见面会	◇ 组员相互认识 ◇ 了解志愿者服务使命,制定小组规则
二	2011年10月12日至 2011年11月6日	社区寻宝记	◇ 探访村落,准备绘制社区地图 ◇ 选举志愿者小队长
三	2011年10月25日至 2011年11月8日	画出我们美丽的家园	◇ 绘制社区地图

　9. 小组环节设计

小组节次	主题	内容	目标
一	＊＊＊＊＊志愿者见面会	1. 社会工作者自我介绍 2. 邀请组员介绍自己（可说兴趣、爱好等） 1. 村落志愿者成立后我们将做些什么 2. 制定几条小组协议,让志愿者达成共识并严格遵守 总结并通知下次小组活动的时间及主题	确定每村志愿者队伍成员,建立团体归属感

10. 预期困难及解决方案

预期困难	解决方案
各村志愿者报名人数不多	增强宣传,主动外展学生,邀请其报名参加
志愿者在村落活动设计这一层次还不能胜任	社会工作者事前先准备好活动方案主体,鼓励及引导志愿者集思广益,锦上添花,共同完善活动计划,过程中使志愿者感受到成就感,增加其服务积极性
村落服务时间都安排在周六,如遇小雨,活动恐怕无法开展	根据具体天气情况,灵活调节周末休息时间

11. 财政预算

项　　目	金额
大白纸、A4 纸	合计 25 元
铅笔 10 支、橡皮擦 5 个、彩笔 2 盒、蜡笔 2 盒	合计 40 元
志愿者工作证 35 个	35 个 × 1 元 = 35 元
村落服务车资	5 村 × 4 次 × 30 元 = 600 元
总　　计	700 元

12. 评估/检讨

对评估小组的目标达到情况、小组结构的适合性、活动内容的适合性、组员表现及转变等方面进行评估/检讨。

3. 小组每节计划书

保密　　　　　　　　　　　　　　　　　　档案编号:

小组每节计划书

1. 背景资料

(1) 小组名称:******村落志愿者培训小组

(2) 举行日期及时间:2011 年 10 月 12 日至 2011 年 10 月 27 日,13:00 ~ 13:40

(3) 第几节/总节数:第一节/共八节

(4) 主带工作员:**

（5）协助工作员：＊＊

2. 本节小组目标

（1）工作目标（小组需要完成的具体任务目标）

确定每村3~4名志愿者队伍成员，通过小组活动建立团体归属感，明确小组服务目标与个人成长目标

（2）过程目标（小组关系性、小组动力发展方面的目标）

志愿服务目的及使命了解、小组协议制定

3. 本节小组流程

时间	项目/目的	内容	物资	备注
10分钟	社会工作者自我介绍与组员相互认识	1. 社会工作者自我介绍 2. 邀请组员介绍自己（可说兴趣、爱好等）		
25分钟	志愿服务目的及使命了解、小组协议制定	1. 村落志愿者成立后我们将做些什么 2. 制定几条小组协议，让志愿者达成共识并严格遵守	A4纸2张、彩笔1盒	

4. 准备工作情况

场地、道具、工作纸、反馈表等

A4纸2张、彩笔1盒

5. 评估/检讨

对评估小组的目标达到情况、小组结构的适合性、活动内容的适合性、组员表现及转变等方面进行评估/检讨。

4. 小组每节记录报告

保密　　　　　　　　　　　　　　　　档案编号：

小组每节记录报告

1. 背景资料

（1）小组名称：＊＊＊＊村落志愿者培训小组

（2）举行日期及时间：2011年10月25日至2011年11月03日，13：00~13：40和16：40~17：20

（3）第几节/总节数：第二节/共八节

（4）出席：6人

（5）缺席：0人

（6）主带工作员：＊＊

（7）协助工作员：＊＊

2. 本节小组目标及内容

目标	内容
分享	1. 派发志愿者工作证，分享上次探访，等待未到成员
增强学生社区归属感	1. 组织志愿者讨论社区地图主要绘制哪些内容（道路走势、村委地址、人口密集区等） 2. 鼓励志愿者分工协作，一人负责一部分 3. 社会工作者需注意各志愿者的分工，统筹意见
总结	总结并通知下次小组时间及主题

3. 小组过程报告及分析

过程	小组动力分析 如沟通/互动模式、小组气氛、小组规范、次小组、凝聚力、领导才能表现、决策模式、矛盾解决模式等
1. 重申及重检小组契约 2. 分享上周日的课业辅导情况 3. 引导志愿者们表达自己对村落的感受 4. 向志愿者讲明村落小导游相关安排 5. 绘制村落地图	1. 分享村落服务，同学们反馈不错，很愿意继续参与服务，也希望自己作为村落的主人给他们提供一些服务 2. 绘制地图的过程中，组员未事先做分工便开始动手画，结果组员有异议，所以地图一直涂改，时间也浪费了，且组员HCY流露出了细微的负面情绪，其他组员未察觉和找到解决问题的方法。这时我出面帮大家厘清了绘制地图的思路，大家才重新动手，由HCY、CX主笔画，其他同学给意见及帮助完善其他辅助设施，共同完成了地图的绘制

4. 评估/检讨

4.1 目标达成程度：本次小组活动进展顺利，达到预期效果

4.2 小组活动合适程度：内容及形式，分享、叙说感受，绘制地图

4.3 个别成员特别表现：如参与度、角色、变化等

组员	具 体 表 现
＊＊＊	小组活动开始时，沉默不语，不是非常主动地参与到小组活动中，通过社会工作者鼓励，后面环节有所改善
＊＊	对小组约定的时间没有概念，没能准时出席，社会工作者在组后进行面谈，其表示会改善

4.4 小组发展阶段评估

小组进入第二节，组员之间已逐渐熟悉，小组的认同感仍有待提高，A 与 D 因来自同一村，有亲戚关系，在小组中表现出小团体现象，有挑战社会工作者的行为。E、F 性格较内向，主要表现为跟从者。其他组员能够积极参与小组活动。组员之间的沟通和协作仍有待提升。

4.5 社会工作者的角色改变及技巧、表现评估

社会工作者的角色在本节从主持人转变为使能者，不仅仅是介绍相关信息和调动气氛，而且在小组活动中更注重促进组员间的分工协作和互动。主要运用鼓励和澄清的技巧，而在有关小组动力的更准确评估和跟进的应对方面仍有待提高。

5. 跟进计划

5.1 对小组成员小组外的关心

一位成员参与度不高，在小组活动结束后需要继续联系他并与其沟通。

5.2 修订小组计划

志愿者为高年级学生，学习压力较大，参与小组时间需尽量控制。

5. 小组最终评估报告

保密　　　　　　　　　　　　　　　　　　　　档案编号：

小组最终评估报告

1. 背景资料

（1）小组名称：＊＊＊＊＊村落志愿者培训小组

（2）小组性质：学习性、成长性小组

（3）日期：2011年9月30日至2011年12月30日

（4）举行次数：8次

（5）小组举行频率：一周或两周一次

（6）每次时长：40～45分钟

（7）组员：（姓名、性别、年龄、来源等）

姓名	班级	性别	电话	住址
彭＊＊	五年级三班	女	—	—
李＊＊	五年级三班	女	—	—

（8）出席情况

姓名	第一次	第二次	第三次	第四次	第五次	第六次	第七次	第八次	个人出席率(%)
＊＊＊	√	×	√	√	—	—	—	—	75
＊＊＊	√	√	√	√	—	—	—	—	100
—	—	—	—	—	—	—	—	—	—
总体出席率(%)	100	50	100	100	75	100	75	100	—

2. 活动安排

小组节次	主题	内容	目标
一	＊＊＊＊＊志愿者见面会	● 组员相互认识 ● 了解志愿服务使命，制定小组规则	加强组员间的了解，确立小组规范
二	社区寻宝记	● 探访村落，准备绘制社区地图 ● 选举志愿者小组长	确定每村志愿者队伍成员，建立团体归属感
三	—	—	—

3. 评估

3.1 目标达成总体情况

（1）通过初步的社区探访，村落志愿者了解了整个社区的构造，并开始绘制社区地图，通过志愿者间共同的沟通、交流与协作，进一步强化了组员的社区意识。

（2）志愿者小组建立初期，由于组员对志愿者概念较为模糊，通过展板形式进行志愿者理论培训，让志愿者们明白了服务的使命及荣誉感，增加了服务的积极性。

3.2 招募及宣传方式

通过海报和宣传单页，向村民介绍相关情况，并顺利招募到组员。

3.3 小组结构的适合性（如组员数目、时间、节数、场地等）

（1）小组内容结构：村落志愿者小组形式多样，村落探访、绘制社区地图、志愿服务理念培训、小导游阶段培训等。在整个小组中，总体上体验式服务较多，小组内容及结构层层递进，受到志愿者喜爱。

（2）小组组员结构：本村的志愿者小组中，志愿者男女比例分配较均匀，思维模式得到互补。

3.4 活动内容的适合性

村落志愿者小组设计不局限于常规小组的室内开展形式，而是结合服务体验，很多内容放在村落开展，故在时间和趣味性上有很大优势。在小组过程中，小导游部分的内容设计最受志愿者喜爱，志愿者参与程度也较高，是志愿者在经过前期培训之后的一次服务的体验，在体验服务的过程中挑战自身能力，促进自身成长。

3.5 个别组员表现及转变

小组前期，由于本村志愿者性格总体偏内向，不善表达自己，小组氛围较为安静，且组员中有两位志愿者间存在私人矛盾，对小组活动的开展造成了一定的影响，故而小组前期社会工作者带领较多，组员自主参与程度不够。小组中期，经过社会工作者的引导及不断表扬与鼓励，组员试着表达自己的意见，参与逐渐增多。小组后期，组员试着挑战自己，完成了小组目标，自身能力得到了挑战及成长。

3.6 小组动力（如沟通及互动模式、领导才能、小组气氛、小组决策模式、小组规范、小组矛盾解决模式、凝聚力）

在小组初期，组员之间的沟通模式是链状沟通，组员大都是只与自己周围的组员进行沟通。到小组后期，通过活动的参与和互动，组员之间的沟通模式主要转向环状沟通和轮状沟通，组员与周围的同学沟通比较充分。在小组的最后，组员间都有较多的互动，在分享时基本上能够对别人的做法进行中肯的评价，也能够做出分享，从整体上来看，小组较和谐。

3.7 小组发展阶段

小组初期，组员因为不熟悉而未能较好地协作，通过初期社会工作者的鼓励和引导，到小组中期，组员能够积极参与活动和相互分享，到小组的后期，整体还算和谐，但因个别组员的原因，小组的凝聚力并不高。

3.8 社会工作者的角色

小组前期，受小组内容影响，在小组中主要是请志愿者主动参与及带领小组开展活动，社会工作者给予及时的引导与鼓励，担任协助者的角色。小组中期，由于多为志愿者相关理念培训及社区地图的绘制，在前期社会工作者与志愿者初步关系建立的情况下，志愿者能够在活跃的气氛中完成小组目标，社会工作者起到合理的领导者角色。小组后期，多为参与体验式内容，此阶段社会工作者邀请＊＊＊志愿者共同参与，志愿者本身作为小组的主体自主参与，但本村志愿者性格总体偏内向，不善表达自己，且有 1 位组员纪律性不够强，有碍于小组活动的开展，故小组后期社会工作者主导时间及比例还是较多的。

3.9 社会工作者的专业态度、知识与技巧运用

在小组开展过程中，社会工作者能够通过认真准备相关事宜，期

待推动小组的正向发展,也能在小组结束后不断反思,查阅资料,理解相关知识,但是在小组动力的准确理解和及时介入方面仍有待积累经验。

4. 财务报告结算

项目	金额
大白纸、A4 纸	合计 20 元
铅笔 10 支、橡皮擦 5 个、彩笔 2 盒、蜡笔 2 盒	合计 35 元
志愿者工作证 35 个	35 个 ×1 元 =35 元
村落服务车资	5 村 ×4 次 ×30 元 =600 元
总计	690 元

7.6 社区活动

7.6.1 社区大型活动过程的注意事项

各个社会工作专业院校在实习课程中强调对个案、小组和社区三种基本方法的实践,所以学生的实习任务包括开展社区活动方面的要求。以中山大学社会工作专业为例,实习课程要求实习学生完成 1~2 次社区大型活动。社区工作的服务手法作为社会工作三大工作手法之一,在社会工作专业实习过程中是实习学生所需要实践和强化的。社区活动作为社区工作的一种手法,不同于个案工作和小组活动,相对于后两者,社区大型活动的筹备和开展更考验和锻炼实习学生的资源链接和统筹能力,因此在专业实习中最不易开展。一般情况下,社会工作实习学生都会选择协同实习机构或单位原有的大型活动,完成社区大型活动中的一部分工作。此外,社会工作实习学生也可向实习机构或单位提出自己的社区活动设想计划,在得到实习机构或单位的人力、物质、资金的保障和支持后,联合其他实习学生和机构工作人员共同开展社区大型活动。

社区大型活动的过程与小组工作的过程(见 7.5.1)大致相同,不同的是各个步骤里面向针对社区和社会工作者的角色更广泛（见图7-4）。笔者将结合相关经验和指引（以2008年台北市政府文化局出版的《公寓大厦——社区艺文培力手册》为主）对社区大型活动过程的注意事项进行说明。

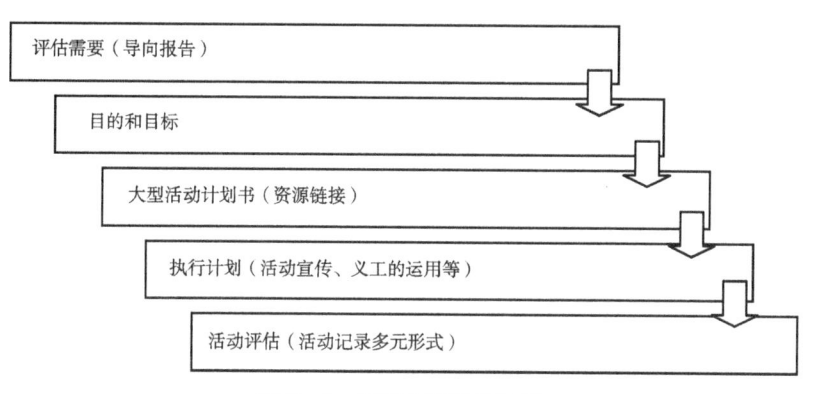

评估需要（导向报告）

目的和目标

大型活动计划书（资源链接）

执行计划（活动宣传、义工的运用等）

活动评估（活动记录多元形式）

图7-4 社区大型活动过程

1. 社区导向的思考

在正式进入实习期后，实习学生一般会在第一周和第二周进行机构和社区的导向报告活动，从而把握机构发展和社区特点。针对社区的导向思考可以从以下的指引进行掌握。

社区导向部分

背景资料

（1）社区背景及历史：如发展历史、居民来源及流动、以往发生过的重要事件或社区问题等。

（2）社区环境：如地理位置、附近环境、社区设施、交通、房屋类型等。

（3）居民/服务对象特征：如人口、年龄、组合、家庭人数、就业状况、收入水平、教育程度、居民社会网络状况。

（4）与受助对象有关的社会服务：如服务单位数目及类别、服务范围、人手编制、服务名额、服务需求、短缺或过剩情况、服务机构/单位之间的关系。

社区需要分析

（1）社区现存问题：居民的需要及居民对社会服务的需求，总结探索结果。

（2）对工作的启示：需要增加哪些服务？服务提供方式是否有改变的需要？

通过社区导向过程，初步掌握社区的特点，为构想社区大型活动提供最原始资料。实习学生可以通过5个面向（"4W+1H"）对表7-1的问题进行细化和思考，从而逐步构想出社区大型活动的策划。在这个过程中，实习学生要结合"实习学生"的身份对相应的问题进行细化思考。

表7-1 社区大型活动策划思考框架

4W+1H	具体内容思考
Why	1. 社区为什么要举办这个活动 2. 活动预期达成的目标是什么 3. 社区有哪些亟待解决的问题或急于满足的需要 4. 结合实习学生的角色，可以进行哪些层面的介入
What	1. 社区有哪些特色 2. 为呼应社区特色，可以设计怎样的活动 3. 社区是否举办过反响不错的活动，是否值得再次举办 4. 社区住户的职业、年龄、家庭人口数 5. 针对住户结构特色，可以设计怎样的活动
How	1. 活动要如何进行 2. 预计由多少人力来进行，人力从哪里找 3. 预计需要多少经费，经费从哪里找 4. 预计需要哪些器材用具，器材从哪里找 5. 有哪些内外部资源可以相互结合 6. 如何宣传并邀请更多人参与活动
When	1. 社区年度计划如何安排 2. 若不与既定的计划行程冲突的话，活动可以选在什么时候进行 3. 若结合既定的年度计划行程，可以怎样设计 4. 住户的作息习惯是怎样的 5. 什么时间住户参与度会最高 6. 作为实习学生，向实习督导和机构申请开展活动到批准的时间要求有哪些

续表

4W + 1H	具体内容思考
Where	1. 活动需要用到怎样的场地 2. 社区内有哪些空间可以运用 3. 场地的选择是不是顾及大多数住户的权益 4. 实习学生申请场地需要向哪些部门报备以及需要的时间期限

资料来源：张艾玲、廖雪琴、张伟瑜，2008。

2. 活动资源

在社区大型活动过程中，社会工作者要发挥很重要的角色——资源链接者。开展社区大型活动，链接社区的资源既是活动所需，其实也是活动本身的目的，而在进行社区资源链接之前，实习学生需要通过社区导向去把握社区现有的资源，清晰了解可以为之所用的，然后再针对活动的目标和性质去把不同的资源整合起来，从而在过程中锻炼整合资源的能力。

在进行资源链接前，很重要的一步是要把握资源的种类（见表7-2）。

表7-2　社区大型活动资源链接指引

资源种类	说　　明	来　　源
经费	可以支付活动所需的各项开销	除了机构自行编列的预算外，可以向合作部门（街道、企业等）寻求赞助
人力	可以协助活动的各种专业或非专业人才	除了组织社区内的居民外，也可以向社区外的学校、企业等单位寻求合作
物品	举办活动所需的各项物品，如帐篷、音响设备等	除了机构的自行配备外，可以向相关部门借用
场地	可供活动举办的空间	除了可使用机构和社区内的公共空间，也可向学校借用活动场地
宣传路径	可以协助将活动资讯传播出去的各种管道	除了社区的公告栏和社区网站传播信息，也可请社区周边商家、新闻媒体协助发送
表演节目	可以担任活动的表演单位，减轻筹备单位构想节目的负荷	除了社区的专业团体、社区居民外，也可与学校、幼儿园合作，以义务或支付车马费的方式担任表演团队
经验传承	不直接参与活动的执行工作，但以提供经验的方式，作为活动的执行顾问	邀请民间团体进行经验分享
专业能力	重用个人的专长，协助专业部分的工作	善于运用社区居民资源，如由从事美术设计的居民负责活动宣传的制作，或者邀请一些医生进行义诊等

资料来源：张艾玲、廖雪琴、张伟瑜，2008。

而在进行资源链接的过程中，要注意以下三点。

一是向可利用的资源合作方表示其重要性，结合资源方的特点，从资源方的角度出发，思考其在活动参与过程中的获益情况，从而说服和邀请其参与。

二是在活动结束后要及时以相关的形式向资源方表示感谢，可以通过照片、感谢卡等方式，既凸显其资源发挥的作用，又表达谢意，并且为下一次的合作保存美好的印象。

三是作为实习学生，如何进行资源的链接要请示机构督导和跟从机构的指引。

3. 活动宣传

社区大型活动的开展，其面向的群体很广，甚至包括整个社区居民，所以大型活动的宣传是不可忽视的重要工作，通过宣传工作，可以让更多的居民了解活动的相关资讯，扩大活动的影响面。

活动的宣传工作可以分为两种：一种是通过宣传单页、海报等宣传品向居民进行书面的宣传；另一种是基于书面宣传的基础上，再通过活动体验进行宣传，这其实就是一种"体验营销"，让居民先试着体验相似的活动，从而决定是否参与。在一般的活动设计中，通常以宣传单页的书面宣传为主，而活动的宣传需要花费更大的人力和物力，但是其效果相对于书面宣传更显著。

4. 组织社区义工

社区活动往往面向的群体更多，需要花费的人力和物力也相对较多，所以组织社区义工对于支援社区大型活动的开展有不可忽视的作用。并且，社区活动最基本的目的也在于通过居民参与活动的方式，加强彼此的互动。所以，通过组织社区义工的形式，让居民以义工的身份参与活动，既能够实现活动本身的目的，而且也能够让社区居民通过自己的实际参与，加强对社区的归属感。

组织社区义工，首先要建立起社区义工资源库，通过社区的相关团体、离退休老人、学校、平时赋闲在家的妇女等,寻找并发动其成为义工资源,有针对性地发挥其能力,使其参与到义工工作中。

而在进行组织社区义工时,实习学生或者社会工作者要特别注意自身对社区义工的定位。一方面,应当给予社区义工足够的尊重,在进行社区活动过程中,更强调团队的合作。由于人的能力和观念等各方面的差异,将不同人组织起来完成同一个任务是有挑战的,所以更应强调彼此的"尊重",特别是实习学生或者社会工作者要避免自己以"专业"的身份去评定社区义工工作的好坏。实习学生或社会工作者切忌把社区义工当成完成活动的"工具",更应强调"人"的重要性,强调参与互动的过程,而非活动的成败。另一方面,要使社区义工更有效地发挥其自身的能力和配合社区活动的需要,实习学生或者社会工作者需要在活动开展之前对社区义工进行培训,进行活动流程和注意事项的说明,同时可以听取社区义工的意见,从而进行适度的调整,以便大家更好地合作,协助活动顺利开展。

5. 活动记录多元形式

活动记录的重要性在于:一方面,可以协助更好地进行工作总结;另一方面,也可以呈现活动过程和向相关责任方进行汇报,并作为资源储备和为进一步发展提供参考。

针对活动记录的方式,《公寓大厦——社区艺文培力手册》做了很好的归纳,现摘取如下(见表7-3)。

表7-3 社区大型活动记录方式列表

方式	说明
照相	◆ 这是最基本也是经常被采用的记录方式 ◆ 在一个活动的过程中,通常会建议至少安排1~3位专门负责照相的人员,除了可以机动递补减少遗漏外,也可以同时以不同角度来记录 ◆ 最好找有拍照爱好或经验的人来负责此工作,避免照出不能用的照片 ◆ 善用数码相机成本低的优势,可尽量多拍照,而电子档案也方便运用与保存 ◆ 尽量托付有责任感的人负责此工作,避免临时离开而错过精彩画面 ◆ 活动前务必与照相人员沟通好拍摄的重点 ◆ 除了记录活动开始后的影像外,建议不妨从活动筹备过程(如筹备讨论的过程、场地的布置或善后的过程等)就开始展开记录,让人对整个活动的过程有更完整的了解

续表

方式	说明
录像	◆ 可以补充照相平面记录的不足，动态影像更能传达活动现场的气氛 ◆ 录像机的操作复杂度较高，尽量要在使用前先熟悉机器的操作方式，或者邀请有自备机器的居民义工协助拍摄 ◆ 通常一个活动中，安排1~2人来负责即可 ◆ 跟照相记录的方式一样，建议将活动前后的工作过程一并记录
录音	◆ 通常是用于记录筹备讨论的过程 ◆ 将录音资料摘录成简要的记录，除便于查阅外，也可连同其他资料一起建档
文字	◆ 如会议记录、活动报道、调查整理或是影像的辅助说明文字等 ◆ 与影像记录相互搭配，更有画龙点睛的效果
剪报资料	◆ 当活动受到媒体采访时，务必要记得询问消息何时会登出，并立即收集相关报道资料 ◆ 目前多数媒体都同时有平面与电子化两种出版形式，因此剪报时，尽量将两种资料都收集起来 ◆ 剪报资料除可作为结案报告的附件资料外，也可公开分享给社区居民，借由外在的肯定来增加居民对社区的认同感
各项成品	◆ 活动过程中所累积的各种成品，如宣传品、计划书、资料等，都尽量保存下来，作为日后举办类似活动的重要参考

通过多元形式记录活动，不仅用于存档工作，也可以用于活动回顾、成果展示、网络成果宣传，或者是冲印出来作为活动参与纪念品等，从而更好地呈现活动的成效。

7.6.2 工具性表格

与前几章一样，为了帮助实习督导和实习学生能更好地运用社区大型活动过程的相关工具性表格（其功能与个案工作工具性表格相似，可参考7.4.2的说明），这里以广州市启创社会工作服务中心提供的表格和案例形式，向大家呈现社区大型活动文件夹清单、社区大型活动计划书、社区大型活动总结报告3份工具性表格，希望能给初用者提供相关的参考。依据保密原则，相关个人隐私信息将匿名或省略。

1. 社区大型活动文件夹清单

保密　　　　　　　　　　　　　　　　档案编号：

×××社区综合服务中心

活动文件夹清单

编号	项目	检查内容	是否提交/清算（√）
1	活动计划书(1份)	打印文稿	√
2	活动总结报告书(1份)	打印文稿	√
3	活动义工招募海报/传单/文本（若有）	打印文稿	√
4	活动义工花名册(1份)	手填表格	√
5	活动宣传海报/传单/文本	打印文稿	√
6	活动照片(5~8张)	晒出照片	√
7	活动借用物资	归还	√
8	活动支出资金	报销	√
9	活动相关媒体报道	复印文本或提交电子文件	√
10	所有电子版文件	刻碟	√
11	其他		

经本人检查，与本活动相关的文书资料已全部提交，物资已归还，资金也已清算完毕。

负责社工（签名）：＊＊＊　　　　日期：＊＊＊＊＊

单位主管（签名）：＊＊＊　　　　日期：＊＊＊＊＊

2. 社区大型活动计划书

保密　　　　　　　　　　　　　　　　档案编号：

×××社区综合服务中心

活动计划书

活动名称：亲子嘉年华

1. 活动背景及理念

此次亲子嘉年华时值学校第七届艺术节及运动会，为了充分体现艺术节的多元性和内涵，同时展现学校"以生命影响生命，联动家校共同关注学生全面健康成长"的办学理念，为家庭教育、亲子互动创造一个沟通平台，亲子嘉年华将以游园会的形式温情呈现。

2. **活动目标**

（1）整体目标：丰富学校校园文化生活，营造多彩温馨的艺术节。

（2）具体目标：增进家长与学生之间的亲子互动，表达家校合作、共促学生发展的理念。

3. **活动内容**

（1）活动性质：亲子互动大型活动

（2）活动对象：XXX 学生及家庭

（3）日期：2011 年 11 月 25 日下午

（4）举行地点：XXX 学校操场

（5）参加人数：400 人左右

（6）活动类型：大型活动（大型活动人数大于 100 人，中型活动人数为 50～100 人，小型活动人数为 50 人以下）

4. **宣传及招募**

（1）展板宣传

（2）学生口头宣传

（3）邀请卡

5. **活动准备日程安排（人手、分工、资源）**

准备工作项目	具体工作内容	负责人	完成日期/时间	备注
项目计划书	各主题摊位计划书的初稿与完整稿	黄＊＊、向＊＊	11月4日～11月7日	
活动宣传	社会工作站校内宣传栏、活动通告张贴	向＊＊、李＊＊	11月4日	
义工招募与培训	1. 联系大学生义工，确定大学生义工参与准备 2. 义工专项培训	黄＊＊、李＊＊	11月7日～11月18日	

续表

准备工作项目	具体工作内容	负责人	完成日期/时间	备注
节目准备	1. 初步确定学生表演节目、社会工作者表演节目 2. 节目彩排,查漏补缺	李＊＊、向＊＊	11月9日~11月18日	
物资准备	确定所有物资清单	向＊＊	11月15日	
人员安排	整体分工及人员安排协调	黄＊＊、李＊＊、向＊＊	11月22日	

6. 活动流程安排

时间/时长	内容/目的	具体做法	负责人	备注
50分钟	"描绘童年、放飞梦想"亲子DIY	1. 1~2年级"七彩创意,亲亲世界" 2. 3~6年级"快乐生活,从动手开始" 3. 7~9年级"继续着的童年" 4. "小鬼来当家,寿司的诱惑"	向＊＊	详见附件一
40分钟	"携亲挑战向前冲"亲子闯关总动员	规则:将10个写满数字(1~10)的球装在一个纸盒内,每个家庭抽取相应数字并完成相应任务者,可获得相应的奖励 1 袋鼠一家亲　2 亲子抛球　3 亲子搭桥 4 亲密无间　5 亲子扭气球　6 亲子闯关 (1):123　(2):234　(3):345 (4):451　(5):512　(6):134 (7):1235　(8):1245 (9):2345　(10):12345 1~6:全家福 7~9:全家福+亲子书签或卡片 10:全家福+精美手工1份(含亲子书签或卡片)	李＊＊	详见附件二
60分钟	"倾心·简单爱"园区	1. 征集一:七彩创意展示园 征集内容:剪纸、折纸、泥塑作品、变废为宝、布偶、串珠、绘画、书法等 2. 征集二:爱心义卖园 征集内容:爱心精致手工艺作品 3. 征集三:爱心交换园 征集内容:爱心精致手工艺作品、二手玩具、书籍、体育用品等	黄＊＊ 陈＊＊	详见附件三

7. 财政安排及预算

预算收入(元)		预算支出(元)	
参加者收费 外间资助 其他收入		详见物资清单	1000元
合　　计	—		1000元

物资清单

名称	单价	数量	总额	备注
海报				
纸盒				
书签				
卡片				
剪纸				
布偶				
……				

8. 预计困难及应对方法

（1）参与人员众多，场地有限，活动场面可能显得有点混乱。积极做好秩序维护工作，对义工做好培训。

（2）活动时间只有一个多小时，所以可能会很仓促。活动之前做好彩排与演练，活动时提高效率。

（3）要准备的屋子较多且比较杂，可能会漏掉一些。出发前按照清单清点物资，并且准备备份的物资。

9. 评估方法

（1）设置活动留言板，请参加活动的家长、同学留言。

（2）现场口头访问家长对于活动的满意情况。

3. 社区大型活动总结报告

| 保密 | 档案编号： |

×××社区服务中心

活动总结报告

1. 基本资料

（1）活动名称：亲子嘉年华

（2）时间：2011年11月25日

（3）地点：XXX学校

（4）参与对象：XXX学生及家庭

（5）主带社工：黄＊＊　　协助社工：向＊＊、李＊＊

（6）参与活动人数：800人左右

（7）实际活动类型：大型活动（大型活动人数大于100人，中型活动人数为50~100人，小型活动人数为50人以下）

2. 活动目标

（1）丰富学校校园文化生活，营造多彩温馨的艺术节。

（2）增进家长与学生之间的亲子互动，表达家校合作、共促学生发展的理念。

3. 活动过程评估

活动内容	具体情况及效果分析
义工培训	因为之前对义工进行了专门分工培训，保障了整个活动的顺利进行。由于大学生义工时间协调事宜，只是在活动现场进行分工，因此大学生义工整体表现不是太好，以后需要多加强前期沟通和准备
亲子DIY	1. 从时间方面来看，整体活动时间较短，涉及的需动手制作的摊位，其作品完成时间不够。由于大家参与热情很高，所以有些不尽兴的感觉。这也是之前与学校在时间沟通上出现的临时变动 2. 从物资准备情况来看，因为前期分工较为明确，各自摊位有专门同事负责，所以各摊位物资准备比较到位。不过对于场地摊位布置，虽然之前做过摊位平面图，但未实际演练，因此活动当天，摊位布置花了一些时间。因为忽视清点整体物资情况，现场布置发现警戒小旗不在，这对现场秩序的维护造成了一定影响

4. 社会工作者反思

（1）活动形式的适合性

像这种大型的亲子游园会形式的活动学校之前从来没有开展过，活动促进了学生与家长之间的互动，达到了非常好的效果。

（2）参与度及气氛

参与者基本上都能很好地融入活动中，充满热情，现场的气氛非常活跃……

（3）宣传及招募评估

活动宣传达到了预期的目标，各学生家庭都踊跃报名参加……

（4）场地及设施评估

场地稍显有限，活动场面显得有点混乱……

（5）人手安排及资源运用评估

因为前期分工较为明确，各自摊位有专门同事负责，所以各摊位物资准备比较到位。不过对于场地摊位布置，虽然之前做过摊位平面图，但未实际演练，因此活动当天，摊位布置花了一些时间。因为忽视清点整体物资情况，现场布置发现警戒小旗不在，这对现场秩序的维护造成了一定影响。

（6）社会工作者的技巧/态度

从人手安排来看，因为之前对义工进行了专门分工培训，保障了整个活动的顺利进行。由于大学生义工时间协调事宜，只是在活动现场进行分工，因此大学生义工整体表现不是太好，以后需要多加强前期沟通和准备。

（7）遇到的困难

个别家长不太理解这种亲子活动的意义，觉得只是玩，会耽误学习。

（8）跟进及建议

整体活动时间较短，涉及的需动手制作的摊位，其作品完成时间不够。由于大家参与热情很高，所以有些不尽兴的感觉。这也是之前与学校在时间沟通上出现的临时变动。

5. 财务报告

实际收入(元)		实际支出(元)	
参加者收费	无	活动物资	528.90
外间资助	无	宣传亲子卡片等	131.00
其他收入	无		
合　计	0	合　计	659.90

参考文献

史柏年主编《社会工作实务》（初级），中国社会出版社，2007。

张和清：《农村社会工作》，高等教育出版社，2008。

张兆球、苏国安、陈锦汉：《活动程序计划、执行和评鉴》，（香港）香港城市大学出版社，1999。

张艾玲、廖雪琴、张伟瑜：《公寓大厦——社区艺文培力手册》，（台湾）台北市政府文化局，2008。

J. Bradshaw, "A Taxonomy of Social Need", *New Society*, March, 1972.

第八章
社会工作实习评估与结束

| 本章导语 |

正如社会工作开展一项服务需要评估介入的成效一样，实习的过程及结果也需要进行评估。实习的评估不仅仅是学生关注的分数，评估的过程、评估的方式、评估的理念也都直接影响着社会工作实习的目的是否能够达成。本章介绍实习评估的框架及操作方式，同时也配合讲述实习结束前后实习学生应该做哪些工作，以顺利交接及完结实习期间的服务工作。

掌握社会工作实习中评估考核工作表现的程序和可以使用的测量工具是非常重要的。实习督导通过督导面谈等方式对社会工作专业学生的实习表现进行评估，并给予意见反馈。机构督导与学校的实习协调员也会提供给实习学生正式或非正式的意见，以让实习学生知晓自己的实习表现情况。

一般情况下，实习评估分两期进行：一期在实习过程的中段，称为"中期评估"；一期在实习结束之前，称为"最终评估"。这两次评估都涉及实习督导评估、实习机构评估以及实习学生自评三部分内容。这三个实习主体的评估是互相配合而又相对独立的。

8.1 实习评估的内容

实习是将所学的知识转化为实际行动的过程,因而对社会工作实习学生的评估,不同于课堂教育那样通过考试来评估学生学习的效果,而是以整个实习教育过程中社会工作实习学生的行为表现,特别是运用专业知识和伦理来提供服务的工作表现,作为评估的重要依据。

有很多文献对工作表现的本质进行了讨论,但至今仍未形成一个权威的结论(Landy & Farr,1980;Ritchie,1992)。依照 Ritchie(1992)的说法,若从科学的角度将社会服务作为一个机械的过程,我们会倾向使用许多客观标准及精确的计量方法;反之,若将社会工作视为一门艺术,则倾向于讨论相关标准的界定及使用。

结合这两种观点,现在越来越多的人认同社会工作是科学与艺术的结合。从这个角度看,工作表现可以从三个方面来理解,即标准、行为及过程。在社会工作实习教育过程中,相对应的则是机构期待、服务素质和实习学生表现。机构期待指实习机构所制定的服务标准;服务素质指提供服务过程的表现;实习学生表现指实习学生的具体行为过程。这三个组成部分是互相影响的,社会对实习机构的期望支配着机构对实习学生的期待;服务对象的需要则决定服务方向及服务的素质;实习学生的个人及专业技巧、操守影响其具体的实习行为。三者相互联系,在资讯、权力、时间、金钱及人力资源之间互济有无。Tsui(1998)曾用下列图示表示了这个动态的过程(见图 8-1)。

在对实习学生进行评估时,我们不能仅仅从一个方面来进行考查,而应该将工作表现的三个方面综合起来考虑。有时候,机构期待与社会工作实习的目标存在分歧,因为实习是一种体验式的教育模式,其本质在于使实习学生通过实践来学习,但机构有时会期待实习学生能带来非其能力所及的改变。所以,在进行实习评估时,重点从以下两个方面来考查实习学生。

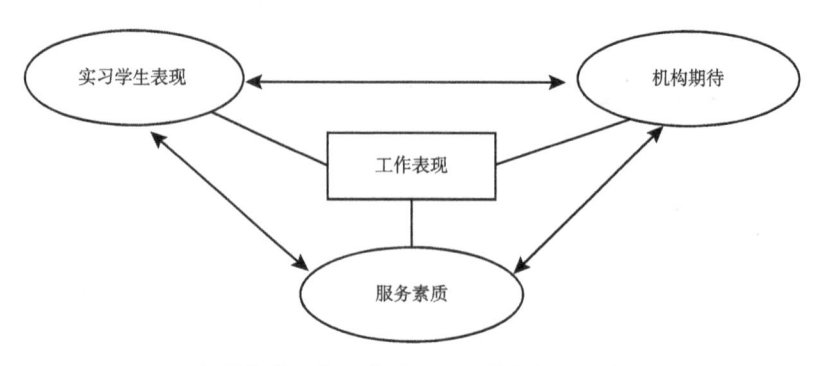

图 8-1　机构期待、服务素质及实习学生表现间的动态过程

8.1.1　服务评估

服务评估是指将所提供的服务与先前所拟定的实习契约相比较，以评定服务对象所得到的服务素质的一种评估方法。服务评估使我们清楚地知道实习学生开展服务的目标是否达到，主要包括四个方面的评估：服务效能、服务效率、及时性及所调用的资源。服务效能指原先所制定的目标是否达到；服务效率指成本与效能的比率是否适中；及时性指服务能否在最短的时间内提供给服务对象；所调用的资源指投入的有形或无形资源的多寡。这四个方面都是服务评估的重要指标。

8.1.2　表现评估

表现评估是指确认、评估实习学生表现的过程，其中包括实习学生在日常工作中有无迟到早退等不遵守实习纪律的情况；实习学生在整个实习过程中的积极性及投入实习的程度；与同工相处的情况；个人其他品质的表现情况以及与实习督导、机构和院系之间的关系互动频率。表现评估作为一种对实习学生实习过程的评估，弥补了服务评估以"成败论英雄"的弊端。有时候，对专业的热爱和献身程度高的实习学生，在某种程度上要比天赋聪颖但对专业认同感低的实习学生更能被培养成为一名优秀的专业社会工作者。

8.2 实习评估的方式

一般来说,学校的实习课程都会使用某种类型的评估量表或评估考核工具,以此来监督和评估学生在实习课程中的进展。而评估考核过程大多是将学生的实习工作表现与事先建立的一套标准与准则相互对照比较。此外,学生在实习计划书或实习契约中所确定的学习目的、目标与活动内容等,都可以作为实习评估的依据,并与学生的工作表现相互比较,得出评估的结果。针对实习学生的工作表现评估,大体上可以分成两种类型:正式评估与非正式评估。

8.2.1 正式评估

正式评估考核倾向于详细讨论实习表现、标准、期待之间的差别,通常依各个社会工作专业院系的实习办法和实习手册来实施,且大多在实习临近结束或期末时进行。也有一些社会工作专业院系在中期评估中采用此种评估方法,如中山大学社会工作专业的中期评估亦要求实习学生、实习督导和实习机构按相应标准进行评估。就实习教学过程中的需要而论,正式评估又可以分为诊断性评估、形成性评估和总结性评估。

正式评估考核所呈现的文本多以书面报告和评估量表进行,以中山大学为例,由院系提供一套设计好的实习评估表,并针对每一项目给予评分,实习督导亦可在评估表上加上开放式的反馈栏,以描述学生的特长、能力,或在实习中表现出的有待改善之处。报告当中也包括对未来实习工作或下一次实习评估的建议,如需加强的学习经验、需补充的知识技巧、需改正之处等。

按照中山大学社会工作专业的实习规定,学生在接受评估考核之前需要准备一份实习总报告,描述学生实习所参与和组织服务活动的操作过程及达成成果的文件,借此作为对其实习表现的辅助说明,并最终与各类实习评估表一起存档,以此作为实习课程结束的证明。

依据各个学校对实习的要求和实习督导的经验,学校实习协调员有时也需要参与对实习学生进行的正式评估考核。也有少数机构在机构层面对实习学生的评估中,会要求机构其他的同工共同评估实习学生的工作表现,其前提条件是这些同工必须在实习期间督导或参与过实习学生的工作,并确实了解实习学生的工作状况与表现。

8.2.2 非正式评估

非正式评估则包括实习督导日常所给予的反馈、建议,此种评估可以是每周,甚至是每天开展的。最终可以通过实习总结报告中的部分内容反映出来,在期末评估中占有很大的分量。从一定程度上来说,非正式评估最终将整合到正式评估之中。

实习督导对学生的非正式评估是普遍存在的。实际上,实习督导的一举一动,都透出对学生实习工作表现的评价与态度,如皱眉、微笑、点头等,而这些行为均带有评估的意味,只是学生对实习督导的行为可能有不同的认知反应而已。一个焦虑情绪较高的学生对实习督导没有任何反应的行为,可能解释为"我简直一无是处到了他话都懒得说的地步",而一个自信的学生可能解释成"我的表现好到让他没有话说"。由于非正式和无结构评估都不可避免地会发生在教学者与学生的互动中,因此评估必须正式化,以便让学生明确地了解他的学习状况和需要,并且通过学生的正式参与,评估才会显得更客观。

8.3 评估考核的客观性

保持较高的信度与效度同样是实习评估考核所期望达到的目标。然而,我们也必须了解,考评工具的发展很难同时兼顾明确性与可调整性。也就是说，考评工具必须能够一方面清楚明确地描述需要达成的标准与评判；另一方面又要具备足够的弹性，以准确和公平地评估复杂且难以直接通过观察的社会工作实务效果。近年来，中山大学的社会工作实习，正逐步将硬性的实习评估考核转变为有计划的改变过程的评估，在一整套实习评估量表的基础上，加大实习督导和实习学生对实习开放式的、描述性的总结并提高其所占分数比重，允许适当依据现实情况增减评估项目。

虽说评估考核应尽可能地保持客观性，但即使是设计精良的考评程序仍需要实习督导、实习机构负责人和实习学生的个人判断和评价，而这种个人的评论常常会因其主观性而受到不够客观的挑战。例如，评价实习学生的合作度、动机等是很难加以衡量和测量的，除非这些表现是落在极端的范围内。所以，有时候实习督导与实习学生的评估结果会存在一定的差异。

可以通过关注以下相关方面，确保降低实习督导和实习学生对实习评估产生分歧的程度。

（1）对实习学生的工作表现和能力的评估考核，应该着重在与社会工作相关并且与达成实习机构的宗旨和目的有关的工作内容方面。

（2）用来评估实习学生工作的评判标准尽可能明确与客观。

（3）有关评估考核的标准及机构所期待的实务工作成果，应该在实习之前或在实习评估开始前告知实习学生。

（4）评估时最好将实习学生的工作表现与书面、成文的标准相互比较，而不是与未明述的标准进行对照。

（5）在最后正式评估之前，应针对较差的实习工作表现给予持续性的反馈，甚至在实习结束前一段时间时给予口头或书面警告。

（6）评估考核工作表现的标准应依照实习学生的实际情况制定，如低年级实习和高年级实习、第一期实习和第二期实习、本科实习和研究生实习应该有所区分。

（7）进行评估时，最好能够针对某些特定实习工作表现或实际的行为提供书面的说明，并以此作为评分的基础。

（8）在评估时，应该对产生评分过低的可能情况加以考虑，如学生因缺少学习的机会而无法展现是否具备某种技能，实习督导太忙而没有足够的时间观察或了解学生的实际表现，等等。

（9）在评估过程中，应该认定并记下不同特质的学生所表现出来的不同学习状况，如不同的动机、能力、知识，以及特定的实务技巧。

（10）评估时也应该考虑到给予学习的实习工作或服务内容的本质与复杂性。

（11）评估考核应该能够确认学生在实习过程中的成长，肯定其正向的实习工作表现，同时也应指出并澄清学生在实习中所表现出来的问题、需求、缺点，以利于学生能够持续地学习。

8.4 收集实习评估资料

为了完成一份完整的实习评估报告，实习督导、实习学生和实习协调员要做的一项重要工作就是收集那些能体现实习学生在实习过程中优势和仍需提升之处的资料。所需的资料包括以下两类。

8.4.1 直接性资料

- 实习督导与实习学生共同工作
- 直接观察实习学生的工作表现
- 实习的影像记录
- 现场督导
- 实习学生的角色扮演
- 情景模拟
- 同工、服务对象对实习学生的服务反馈

8.4.2 反思性资料

- 个案研究资料
- 小组讨论情况
- 日常的实习作业
- 机构记录、实习日志等记录性的文件

不管实习督导运用何种资料对实习学生进行评估，一定要尽量使评估报告所依据的资料能够清晰、具体地解释实习学生在实习中的能力表现和学习进步的程度。

8.5 评估前的准备事宜

当实习学生准备进行正式的评估考核时，应先回顾实习契约，重温之前所订立的目标和活动，并参阅学校所使用的实习评估表格，对实习学生在实习期间如何逐步完成各项责任和交付的工作予以仔细地思考，并准备一份清单，包括所完成的各项工作任务、作业、参与过的服务、方案、活动、督导及讨论，以便更全面地评估检验实习学生的整个实习课程。当实习学生与实习督导进行最终的正式评估之前，有时实习督导和实习机构会要求实习学生先进行自我评估。并且，实习学生需要做好心理准备，抱着开放、真诚的心态去接受对自己实习工作表现上的反馈，以帮助自己更好地看到自己的优势和劣势。实习学生应尽力了解实习督导对自己实习工作表现上所观察到的具体事例，以及对自己反馈的结论。例如，与实习督导谈论自己表现较差的部分时可以请实习督导给出具体的描述或例子，并建议如何加以改善。这样才能加深实习学生对自己各方面的了解。

如果实习学生和实习督导对于实习工作表现持有不同的看法，实习学生应该准备一份描述事实的文件来说明自己的观点和看法，并且促进彼此双方的相互探讨。

实习督导除了建设性的批评之外，对于实习学生做得较好之处，也要进行肯定和赞赏，并且与实习学生自己所认定的长处相互对照，鼓励实习学生以原来的长处为基础不断加以积累，帮助形成实习学生在专业知识与技能上的根基。

从体验社会工作者的角色的层面来看，在学生实习期间，一些实习学生可能会发现自己并不适合成为一位专业社会工作者，社会工作服务比其以前所料想的要艰难得多，或原来实习学生感兴趣的领域已不再有那么强的吸引力，以上种种都会为实习学生带来挫折和苦恼。但这些其实是非常重要的发现，因为它们代表着实习学生正在开启和进入一扇新的机会之门。实际上在我们的生活、工作和学习中，要过得充实、满足且快乐，我们必须依据准确的资讯和自我特质来做出职业生涯的抉择，这些资讯和我们所拥有的长处和天赋，以及自身的限制，能够使我们真正了解自己的能力所及和能力不足的地方，而通过实习评估会使我们更加深刻了解自我，在自我职业生涯上做出更适合的抉择。

社会工作实习在于为将来培养专业的社会工作者，但这并非要求每一位实习学生都要进入社会工作行业，而是应根据实习学生的自身特点和期望，找到自己的职业定位。通过实习，实习学生受到社会工作人文关怀精神的熏陶，即使未来不从事社会工作，对实习学生也是有益的人生经历。

8.6 进行正式实习评估

8.6.1 中期评估

严格来说，一个完整的实习评估分两次进行：中期评估和最终评估。这是因为，经历一次较长的实习期，特别是经过初期的兴奋与新奇后，面对真实服务的繁忙和可能出现的一些困境，实习学生会进入一个实习瓶颈期，如成就感降低，挫败感增强，对实习产生畏难情绪，因而通过中期评估，对实习前半段进行一次系统总结，能够协助学生克服上述的困境，及时对实习过程中所出现的情况给予反馈，激励实习学生。

中期评估的重点在于探讨实习的进展和学习的具体情况，并针对实习在理论方面、技巧与应用方面和专业态度与价值观方面进行反思。中期评估具体围绕以上三个方面展开，具体来说，可参考以下内容进行。

1. 理论方面
- 辨别服务适合的理论
- 探讨所用理论与服务的意义

2. 技巧与应用方面
- 探讨实习学生所遇困境的主观与客观限制
- 指出实习学生面对服务困境的原因
- 指出服务所存在的局限
- 提供相关经验做参考

3. 专业态度与价值观方面
- 与实习学生讨论对所遇问题不同角度的看法和改变的过程
- 对质实习学生出现的矛盾看法
- 给予实习学生目前现状的反馈，并依据现实情况给予赞赏
- 探讨社会工作者的角色
- 鼓励实习学生反省如何在日后恰当实践自己的想法

中期评估对于促进实习学生对专业实践的理解有着承上启下的作用。实习学生对社会工作实习教育可能存在着一定的困惑，中期评估时有必要与其探讨实习教学的历程与方法，解决实习学生对实习模式的一些疑惑，探讨其对实习模式的反思和意见，强调社会工作理论与实践相统一的重要性，提供机会让实习学生表达对督导方式的建议，并且赞赏

实习学生在实践中的主动性和反思学习,让学生清楚自己对实习教学模式的疑惑是一种正常的反思过程。

8.6.2 最终评估

最终评估并非仅仅是一次最后的督导评估会议,实质上,最终评估是一个系统评判过程,力求客观、公正地评判实习学生的实习表现。在最终评估中,实习督导和实习学生将主要围绕以下的内容进行回顾和评估。

- 回顾实习学生对实习的期望与收获。
- 整个实习的教育历程——探讨在实习中所应用的理论、示范技巧和实务尝试。
- 如何在实习中应用课堂的学习——回顾各种教学方法;从示范教学中得到的启示与灵感;从实务中积累的经验与能力的提升;鼓励同学总结实务心得。
- 整体学习与评估——赞赏学生的进步;鼓励持续学习与成长;分享印象深刻的学习片段。
- 有关在实习机构中的表现——鼓励学生对实习机构的服务提出批评与意见;反映同学在机构中的优点与缺点。
- 实习学生对实习督导的评估——实习督导教学方法给予实习学生启迪,并协助同学反思其存在的问题。
- 实习学生个人的专业成长——具有关怀社会福祉和严谨工作的态度,对社会服务有热忱;处理压力与控制实践的能力得到了一定的增强;积极思维的能力;终身学习的意愿;反省性格中的弱点和欠缺。
- 实习总报告——格式规范,文字清晰,语言通顺,记录详尽。
- 实习最终评估报告——让实习学生查阅最终评估的分数与等级,并做适当的解释说明。

8.7 实习评估可能出现的偏误

当出现下列情况时,实习评估考核可能会出现不公或偏误。

8.7.1 实习学生对机构的期待不够了解,或不清楚评估考核实习表现所要施行使用的标准

存在这样一种情况,社会工作专业院校在开始实习课程之前并没有清晰的想法和实习计划,而是直接让学生进入实习机构,学生在实习机构未能明确自己的实习工作和任务,使得学生在整个实习过程中无法找到正确的方向,以致进行实习评估时,实习学生、实习督导以及学校的实习协调员都不知该如何评估、从何考查实习学生的工作表现。

8.7.2 评估考核实习表现所使用的标准、规则、指标需要调整改变,且在改变后没有事先告知学生

实习评估表并不是一成不变的,而是根据实际的服务情况,每隔一段时间就要进行修订。中山大学社会工作专业在每一年级完成实习后,会专门召开实习检讨会,修订实习手册和实习评估表是其检讨的重点。在实习评估表修订后,需要及时告知尚未开展实习的学生,让其更好地理解实习,把握好实习的方向,提高实习的效果。故而中山大学社会工作专业在每次实习开始前,会开设实习工作坊等课程向学生诠释实习手册内容,特别是实习评估表。

实习督导在进行评估考核时,他们多半会使用学校提供的考评工具。该考评工具将反映实习学生的价值观、态度、知识、技能等方面的情况,而这些是学校认为在实习学生的专业发展上相当重要的层面。实习学生要尽早了解实习评估表,并依此建构和制定自己在实习过程中的

实习契约，如此才可以在未来需要被考评的项目上获得不断学习和成长的机会。

8.7.3 实习学生得到的分数偏低，但没有任何附带的说明或叙述低分的原因

实习评分并不是一个秘密的操作过程，从评估的专业要求来讲，每个学生的实习评分都需要一个合理的说明，特别是对于实习分数偏低的实习学生，要保证其对实习评分过程和结果的知情权，可以附带一个简短且清晰的说明，以便让实习学生了解自己分数偏低的原因并寻求提升。

8.7.4 评估准则或标准不切合实际，或超出范围，甚至与社会工作实务没有关系

关于实习工作量，无论是个案、小组、社区，还是社会行政工作，在制订实习评估表时，应该对实习机构、实习学生的能力有所了解，并对实习评估表的评判准则留有一定的弹性，因为实习的过程是一个有计划的改变过程。

8.7.5 学生的实习表现明显有很大的不同，但评估结果或评分却没有什么差别

实习督导在整个实习评估中起着举足轻重的作用，在一定程度上实习最终的评分由实习督导来评定。但同时，实习督导和实习学生也必须明了，在考评某人的实际表现时，实习督导可能也会产生一些缺失或评估误差。

- 光晕效应——只观察到部分的工作表现，就认为整体上皆是如此表现的倾向。
- 倾向平均的误差——倾向于将所有的实习学生或工作人员评为

相同或评为表现平平，而忽略了他们在工作表现上的差异。
- 宽怀仁慈所产生的偏误——倾向于将所有的实习学生评为优秀，或因为要避免争议、冲突或伤到他人的感受而给予过高的评价。
- 过度严格所产生的偏误——倾向于给所有的实习学生过低的评价，因为评估者本身不切合实际和期望过高，或评估者误认为较低的评估可以激励受评者在未来能有更好的表现。

实习是社会工作专业教育中一个非常重要的部分。实习督导和学校实习协调员所要行使的使命是要加强学生的自省、自强和自信，并且肯定学生服务他人的爱心、热情和使命感。

实习督导进行评估要坚持以教学为目的，并在信任和坦诚的关系下进行，让学生了解实习督导对他的看法，也让学生表达自己不同的意见，以避免学生采取防卫行为。

8.8 评估中止实习

在某些状况下，实习督导或学校实习协调员可能会认为学生不应该再继续开展实习，可能是实习的情境无法满足实习学生的学习需求，或因为学生表现出不负责任的行为，完全无法符合最基本的期望，或出现无法使实习继续下去的特殊事件，如实习学生生病或有其他要事需处理，经批准主动申请中止实习。当出现以下问题时，实习督导、实习机构或实习协调员可决定中止学生的实习课程。

8.8.1 实习学生不法的行为举止

- 学生在实习工作中出现不负责任或不符合专业要求的行为，如无故上班迟到早退达到一定的次数，完全无法保证实习时间；无故不参加实习机构要求的活动，上班时间做与实习无关的事情，等等。

- 实习学生无法进行有效的沟通，包括口语和书面的表达。社会工作是助人的专业，必须具备一定的与人沟通交流的能力，如果实习学生在有效的沟通方面存在困难，则有必要中止实习，实习学生本身则需要一定的辅导和训练。
- 实习学生对实习督导充满轻视或敌意，且抗拒学习。
- 实习学生呈现与情绪困扰有关的症状，进而影响实习工作，如怪异荒唐的行为、无法集中注意力、精神长期处于恍惚的状态、具有侵略性、退缩等。
- 实习学生不适当地与服务对象分享自己个人的意见、经验与问题，且明知道这些是无法被接受的行为。
- 实习学生与服务对象之间发生专业协助以外的关系，如与服务对象约会、向服务对象兜售物品、要挟服务对象等。当发现学生与服务对象有以上关系时，应立即中止实习。

8.8.2 涉及法律问题的严重行为

- 严重违反社会工作伦理守则，如与服务对象发生性关系。
- 一而再、再而三地违反机构规则和不听从实习督导意见，对机构利益造成损害，且有确凿的证据。
- 在机构中藏带、使用或销售非法药物和器械。
- 因服用过多非法药物或过量饮酒而使工作受到很大的影响。
- 因为莽撞或威胁性行为，而使得服务对象与机构工作人员都面临着严重伤害的危险。
- 故意隐瞒、扣留某些资讯，或欺骗机构督导，导致机构无法提供适当、完善的服务，甚至因此伤害到机构在提供服务时的整体声誉。
- 伪造机构的记录与报告。

- 以接受来自机构的不当的礼物，或向服务对象索取财物作为他或她想要获得的某种特定服务的交换条件。

8.9 实习结束的总结与跟进工作

实习学生在完成实习时数和相对应的实习内容后，可以进行实习的结束工作。实习学生一方面需要着手准备评估工作；另一方面需要对自己所负责的个案、小组和社区活动做好结案工作，特别是交接和跟进工作。

结案是一个转折性事件，实习学生要处理好自己所负责的工作事项的交接和跟进工作。首先，实习学生要注意服务对象的结案反应并进行相关的处理，在结案前和服务对象一同回顾服务的过程，并且评估结案的时机是否成熟。如果时机成熟，实习学生要提前让服务对象知道结案的时间，让服务对象早些做好心理准备；如果时机还不成熟，仍需要提供长时间的服务，那么实习学生就需要与机构的其他工作人员协调，可以的话进行转介。其次，面对一些还剩下收尾工作的个案、小组和社区活动，就算实习时数已达到，实习学生也仍需要做好跟进工作，与机构负责人及实习督导协调讨论，安排好时间完成所需要跟进的工作。这在行政安排层面，实习学生可能已完成实习的终期评估，但是从实习完成的完整性来说，是否做好实习的结束和跟进工作，也是实习有效性的重要评估点。最后，实习学生需要就自己的实习结束工作和跟进情况，向实习督导和实习协调员做最终的报告，进而由实习协调员进行确认，明确其实习的完整结束。

参考文献

Landy, F. J., Farr, J. L., "Performance Rating", *Psychological Bulletin*, 87（1），

1980.

Ritchie, P., "Establishing Standards in Social Care", In D. Kelly & B. Warr (Eds), *Quality Counts: Achieving Quality in Social Care Service*, London: Whiting & Birch, 1992.

Tsui Ming - Sum, "A Job Performance Model for Professional Social Workers", *Asia Pacific Journal of Social Work and Development*, 8 (2), 1998.

图书在版编目(CIP)数据

社会工作实习教育与指导手册/罗观翠主编 .—北京：社会科学文献出版社，2013.5（2021.2重印）
ISBN 978 - 7 - 5097 - 4230 - 3

Ⅰ.①社… Ⅱ.①罗… Ⅲ.①社会工作 - 实习 - 中国 - 手册 Ⅳ.①D632 - 45

中国版本图书馆 CIP 数据核字（2013）第 014796 号

社会工作实习教育与指导手册

主　　编 / 罗观翠

出 版 人 / 王利民
项目统筹 / 高　雁
责任编辑 / 冯咏梅

出　　版 / 社会科学文献出版社·经济与管理分社（010）59367226
　　　　　 地址：北京市北三环中路甲29号院华龙大厦　邮编：100029
　　　　　 网址：www.ssap.com.cn
发　　行 / 市场营销中心（010）59367081　59367083
印　　装 / 北京虎彩文化传播有限公司

规　　格 / 开本：787mm × 1092mm　1/16
　　　　　 印张：18.25　字数：254千字
版　　次 / 2013年5月第1版　2021年2月第3次印刷
书　　号 / ISBN 978 - 7 - 5097 - 4230 - 3
定　　价 / 49.00元

本书如有印装质量问题，请与读者服务中心（010 - 59367028）联系

▲ 版权所有 翻印必究